U0858529

1965：耀邦早春行

李大斌　著

陕西出版传媒集团
陕西人民出版社

图书在版编目（CIP）数据

1965：耀邦早春行/李大斌著. —西安：陕西人民出版社，2013
ISBN 978-7-224-10951-1

Ⅰ.①1… Ⅱ.①李… Ⅲ.①纪实文学—中国—当代 Ⅳ.①I25

中国版本图书馆 CIP 数据核字（2013）第 291112 号

1965：耀邦早春行

作　　者　李大斌
出版发行　陕西出版传媒集团　陕西人民出版社
（西安北大街 147 号　邮编：710003）

印　　刷　陕西汇丰印务有限公司
开　　本　787mm×1092mm　16 开
印　　张　17.5 印张　2 插页
字　　数　300 千字
版　　次　2014 年 6 月第 1 版
印　　次　2014 年 6 月第 1 次印刷
书　　号　ISBN 978-7-224-10951-1
定　　价　39.00 元

[序]

胡耀邦为什么深得人心

——以他的安康之行为例

写出胡耀邦在安康的事，这个想法算来已有20年的时间。

1989年4月中旬，胡耀邦逝世的消息公布之后，安康各地的读者，自发地不断地写来赞美他远见卓识、品格高尚的文章。作为编辑的我，迅速编发。从那时起，我就留意胡耀邦在安康的事了。

胡耀邦到安康时，我还是一个不省事的孩子。老实说，我在幼时、少时，是没有胡耀邦这个概念的，作为城市贫民后代的我，并不知晓胡耀邦到过安康。

成人之后，特别是1989年4月之后，我发现胡耀邦的安康之行，是安康人津津乐道的话题。他们往往喜形于色，甚至眉飞色舞地谈胡耀邦如何大胆地放人，如何提高安康人的二十五斤半口粮，如何没有官架子，微服私访，如何雷厉风行、刀下见菜地解决问题。在安康，许多上了年纪的人，都说胡耀邦是一位真正的共产党人。

我试图把胡耀邦安康之行的事串起来，向安康以外的读者做一介绍。当我有了这样的打算时，一是觉得资料太为匮乏，毕竟胡耀邦安康之行离我们是比较遥远的一件事了。二是觉得现有资料太为混乱。我翻阅胡耀邦所到过的几个县的县志，原本应该严谨的县志却大都出错，要么张冠李戴，要么以讹传讹。

2004年秋，我决心完成此事。到市档案局复印回当年供批判用的胡耀邦安康之行的材料，细读之后，无比激动和愤怒。激动的是，这些鲜为人知的材料竟然无人阅读过、使用过，是不是冥冥之中注定要我来完成这项事业？愤怒的是，胡耀邦为安康人民做了这么多的好事，安康人民却知之甚少；胡耀邦安康之行讲话内容丰富多彩，而整他的人却攻击一点，不及其余；胡耀邦在安康提出的诸如以经济建设为中心，干部的好坏要以生产成绩来衡量，要向前看，要抓大事，要解放思想，要尊重知识、尊重人才，要按经济规律办事，等等，已成为20世纪80年代之后党和政府的政策、决策、口号和流行语，胡耀邦平反冤假错案无数，而他的安康之行却被批判，从来就没有谁为他认真平反过。这对胡耀邦太不公正！

写胡耀邦的过程，也是思考胡耀邦的过程。

胡耀邦的安康之行，只有短暂的八天，是他波澜壮阔人生中小小的插曲，但滴水映射太阳，插曲亦叫人荡气回肠。他的形象，永久留在了安康人民心中；他的精神，永远为安康人民赞颂。

胡耀邦为什么深得人心？

从他的安康之行可以看出，胡耀邦是一位理解人、善待人、关心人、爱护人的人。仁者爱人。他对犯错误的人，要求惩前毖后，治病救人。他是一位饱经沧桑，也深受过错误路线迫害的人。他的工作方法不是疾风暴雨，而是和风细雨；不是残酷斗争、激烈对抗，而是讲事论理、抵达人心。我以为这是更符合人性的方法，用现在的话说，叫人性化关怀，叫富有亲和力。所以他深得人心。

从他的安康之行可以看出，胡耀邦是一位实事求是、坚持真理的人。胡耀邦在安康提出“两手抓，双丰收”，代表省上免掉安康的三千担棉花征购任务，提出农副土特产谁给的价格高就卖给谁，按经济规律办事，等等，都是从当时当地的实际出发，都是为安康人民谋福利的事。所以他深得人心。

从他的安康之行可以看出，胡耀邦是一位心地坦荡、光明磊落、作风民主的人，“不同意我的意见，可以探讨，可以当面指出，也可以不执行。该说的还要说，该发脾气的时候照样发脾气，只要是为了人民的利益，为了国家的利益，为了党的利益，讲什么我的情面，你的情面”。所以他深得人心。

从他的安康之行可以看出，胡耀邦是一位雷厉风行的人。能解决的问题立即解决，绝不拖泥带水，能马上处理的事情马上处理，绝不“研究研究”。刀下见菜、立即行动是他的作风。所以他深得人心。

从他的安康之行可以看出，胡耀邦是一位琢磨事不琢磨人的人。他的安康之行，八天跑了七个县，全想的是安康的人思想如何解放，生产如何搞上去，哪里想过人事纠纷，哪里想过整人害人！所以他深得人心。

从他的安康之行可以看出，胡耀邦是一位博闻强记、善于学习、善于总结的人。他听人短暂汇报，或者阅读有关资料之后，能记下那么多的数字，且基本准确；能把所见到的事很快上升到一定的理论层面。他的能力超强，让人心悦诚服。所以他深得人心。

从他的安康之行可以看出，胡耀邦是一位平易近人、不摆架子的人，一位真正权为民所用、情为民所系、利为民所谋的公仆。所以他深得人心。

胡耀邦到安康，正是他刚从团中央书记到陕西省委代理第一书记的角色转换之际，也正是他年富力强，正欲大干一番事业之际。谁知他的安康之行却成了他“文革”前走向低谷的导火索，其后更有十年“文革”的作践，失去了为党为民做出更大成绩的“黄金十年”。但他安康之行表现出的勇于改革、敢于开拓的精神和行为，的确如一股摧枯拉朽的旋风，似一道扫荡阴霾的闪电，像一声划裂长空的惊雷，让安康人的耳目为之一新。安康人至今把他的安康之行看作安康人民思想上的一次大解放，是不无道理的。

在纪念自1978年以来中国改革开放30周年的当儿，媒体把胡耀邦、叶剑英等八人誉为中国当代的“改革八贤”。从胡耀邦的安康之行可以看出，胡耀邦的改革思想是由来已久的，他于极“左”思潮盛行的1965年，在极“左”思潮的重灾区安康提出的种种观点、措施，不仅显示了他作为一个改革家的雄才大略，更显示了他作为一个政治家的远见卓识。胡耀邦在安康坚持实事求是的精神和他后来主持真理标准大讨论、全国性的冤假错案平反是一脉相承的。胡耀邦在安康的超前改革，可以看作他后来领导全国改革的一次尝试，安康是胡耀邦的一块改革试验田。了解胡耀邦的安康之行，一方面看到他的壮志难酬，一方面又看到他的壮志必酬。与其说胡耀邦的安康之行是他“文革”前走向人生低谷的拐点，不如说他的安康之行，是他人生的亮点之一。

在写胡耀邦这段经历时，我曾遍访档案馆，希望能找到一两张他安康之行的照片。很遗憾，一张也没找着。看来那时没有什么虚张声势，摆阔显派，或者领导出行，警车开道、警笛声声，或者领导下乡，记者尾随、镁灯闪闪的热闹事。

曾陪同胡耀邦此行的时任安康地委书记韦明海回忆说，记忆中没有宴请过一次胡书记。

那时不兴迎来送往，公款吃喝。

偏巧在写这部书稿的时候，我见到有关部门接待省上一位部长的“安排表”，谁在什么地方迎接，迎接到什么地方，谁陪、吃什么饭，都有非常详细的安排。

又听到一位为领导干部起草讲话稿的秘书讲，那讲话稿有楷体、宋体等几种不同的字体，把“各单位清点一下到场的人”、“有没有意见”、“散会之后在什么地方就餐”等等都打印得分分明明，台上的人只需按字体所标发问、停顿就可以了。这样的官也着实好当了。

写胡耀邦的往事，发现如今不少人确实把我们党许多好的传统给丢掉了。难怪人们怀念胡耀邦。

人们怀念他，是怀念一种作风，一种精神，一种传统，一种信仰。

胡耀邦这个人，敢于直言，心地明净，我敬仰他。我把他的安康之行写出来，是献给他的一瓣心香。

有好心的文友劝我不要写胡耀邦这一段历史：一是我国的政治文明还没有达到一定的程度，胡耀邦毕竟是一位有不同评价的历史人物；二是时过境迁几十年了，为什么那么多的人不涉足，你偏要涉足？

我坚信我国的政治文明正在推进，我坚信胡耀邦安康之行的所作所为并没有什么过错，我坚信一个有信念的人总要担当一点责任，于是，坚持把它写出来。

打听到某人听过胡耀邦的讲话，了解到某人知晓胡耀邦在安康的事，便骑着一辆破旧自行车前去采访。就这样于酷暑下、于严寒中穿梭于山城。没有谁指使我这样干，也不是我的职业写作，却是我认定的事业。我将把它作为记忆保存，我对此无怨无悔！写他人生中的这一段经历，我有时也有一丝滑稽和悲凉掠过。但我确实又时时发问：为什么那么多高手不来写胡耀邦的安康之行呢？我不写，胡耀邦的安康之行会不会永远无人知晓？那就太对不起人民爱戴的胡耀邦了！

写胡耀邦的安康之行，我尽量把历史资料保存得多一些。我想，那些几乎与世隔绝的沉寂的档案资料，可能只有通过我的这本书，与广大读者见面，让读者看看历史的真面目，或者为历史保存一份真实，材料多比少要好。

为了真实，我没有做什么技术加工。胡耀邦在安康讲话时说到的"阶级斗争"、"林彪元帅"、"走资本主义道路当权派"、"帝修反"等等，我全部照录无遗。胡耀邦是时代中人，也会受到时代的局限，也只能在当时的语境中讲话。胡耀邦是人不是神。

尊重历史，就是对胡耀邦的尊重，就是对读者的尊重。

因此，当书稿画上句号时，我如释重负。可能还有若干细节未发掘出来，可能也有失于剪裁、显得芜杂、文学手法不够等毛病，但我可以说，我尽力了，总算把胡耀邦安康之行的来龙去脉交代清楚了。

为完成这部书稿，我采访的人物不下几十。每位被采访者都高度评价胡耀邦。他们中有的人说，且不论胡耀邦作为国家领导人、作为领袖的风范，就是作为普通的干部、普通的人，也是我们学习的榜样，他的安康之行，表现了太多的一个人的优秀品质。

对胡耀邦做出最终评论，那是国家的事、党的事。我作为一个普通安康人、一名普通记者，愿将采访的真实情况奉献大众，好让人民大众去评说，胡耀邦是怎样一位人物，为什么会深得人心。

我希望这部书稿能告慰胡耀邦在天之灵！

2009年11月27日

于安康江北寇家沟安康日报社二楼办公室

目　录

1965年2月8日。汉阴。 /39

“我们人为什么要长两个耳朵？长两个耳朵就是要兼听，听两方面的意见。”

“今天发表意见的只有八九个人，讨论得不仔细。下去以后，你们自己讨论，不要马上投我的票。”

“从今年开始，不要着急，不要喊口号，不要说苦干三天改变面貌，苦干一冬改变面貌，这些都不行，不要重复过去的教训。要一步一个脚印，要三年、五年，甚至十年地干！”

“我再活十年可以看你们出成绩，看你们怎样领导汉阴19万人民在经济上翻身。翻不了，什么名字都是可以起的：吃干饭的。”

“讨论政治问题，就是讨论为人民服务问题。政治问题要争论，争论就要争论为人民服务，多做些工作。”

胡耀邦到城关镇西北村柑橘园场去参加劳动。苏大娘围着他的小轿车看稀奇。他请大娘坐进车，让司机拉着在公路上兜了一回风。

1965年2月8日。汉江上。 /55

当了解到汉江梯级开发已有规划时，胡耀邦说：“真的开发了，安康就富了。”

当听到汇报全区公路情况的同志没到过西万公路的另一端万源时，胡耀邦有些愠怒了：“你们这是鸡犬之声相闻，老死不相往来呀。……公路部门的同志有机会要去那里了解了解情况。”

“你那个水库能容纳多少立方水？你知道一亩稻田从插秧到收稻谷要消耗多少立方水？你那个水轮泵的扬程多高，半径有多大？”那干部却回答不上来。“一亩田从种到收要耗水666方。你说的那个水库容量，我计算了一下，一天24小时，一年365天不停机地抽水也不够两万亩田的用水量。当领导的要研究问题，要学科学知识，不然就会让有的人把你蒙了，你办的工程就成了劳民伤财的工程。”

1965年2月8日。旬阳。 /63

面对不按经济规律办事，限制农民把土特产销向湖北的事，胡耀邦发了少见的脾气："这是蠢！死官僚！反党中央！……中央讲商业渠道，我们有的同志却反对中央讲的商业渠道。自己封锁，自己祸国殃民。搞社会主义连方向都不明确了。不想到国家，做官当老爷，哪里做事这么荒唐！"发脾气的事，后来成为胡耀邦的一条罪状。

几件没有任何关联的师生恋被传为有组织、有预谋的青年教师流氓案。对此，胡耀邦说："我们自己文化不行，外地来了人，我们又不注意，发生了问题，我们又要抓人。这个问题，要做进一步研究。你们这个地方为什么有文化的人少？老师，我看没有多少权。我这是说公道话，因此，你们要对这项工作更加谨慎。"

1965年2月9日、10日。白河。 /79

胡耀邦来到会场，看到会场设有主席台，他立即要求撤掉，桌子围成圆形，以拉近同与会人员的距离。

听说胡耀邦来了，前来参加会议的人不少。后面的人看不到讲话人的身影，纷纷站在凳子上瞭望。胡耀邦见势，一跃而上站到自己坐的木凳上讲话，满足了后排同志们要看看讲话人的愿望。

"我们有些同志只看到眼前的三尺布证、二十五斤半粮，要回去搞单干。我们共产党人至少要远看五年、十年，我们不能只看到眼前，要向前看。"

面对前来找他反映情况的妇女，他当下掏出一盒纸烟，倒出几支烟，拆开烟盒，拿起笔写了两行字。那位妇女拿着这张巴掌大的纸找到公社书记，解决了口粮供应和户口问题。

1965年2月11日。平利。 /95

去城外一个大队了解生产情况，胡耀邦对耕牛询问得特别详细："能耙田犁地的有多少？老弱病残的有多少？"陪同的人不便介绍胡耀邦的身份。农民说："这人恐怕是个贩牛的吧？"

去会场做报告，随行的一位秘书夹着胡耀邦的大衣先入会场，人们使劲鼓掌，以为是书记来了。那人越摆手让停住，大家越是鼓掌不休，以为是胡耀邦谦虚。直到县委书记陪着胡耀邦进场，做了介绍，大家才又一次热烈地鼓起掌来。

“黄河、长江，还有你们这里的汉江，都是往东流的，河水都往前看。河水打一次转转就往前进了，你们老是打一圈五八年，再打一个转转还是五八年。……历史是前进的，事物是发展的，要立足现在，面向将来，经常向前看。”

1965年2月12日。安康。 /121

他让生产搞得好的基层干部上台讲话，说“他们其实比我们这些人更有发言权”。

“顿顿吃红苕馒头，那个东西才不好吃哟。开始吃那么一顿、两顿，还甜甜的，越吃越不是味道了。队上的青年团支书问我，好吃不好吃？我说不好吃。还吃了两顿榆树叶子，那个东西也不好吃哟。”

“生产搞不好，叫什么大好形势；生产搞不好，叫什么为人民服务！天大的事情，就是把生产搞好，这是前提、根本嘛。根本就是生产上升，其他都要为这个根本服务。”

“困难时期不要卡死。困难，卡死；卡死，困难。越卡越困难，越困难越卡死，这叫恶性循环！为什么要卡呢？放开嘛！放开，就是在自由市场上收税嘛，打击那些真正的投机倒把，主要还是为了互通有无，发展经济。农民的互通有无，什么时候都得有。”

“同志们，二十五斤半怎么够吃啊！你允许少量红苕上市，不就对了嘛。所以，我讲，在灾荒下我们要把经济搞活一点儿，卡得太死，对人民不利，对生产不利。”

大型现代汉剧《梅刀新传》，演出将近两个小时，胡耀邦一直聚精会神地观看着。剧作者党永庵局促地坐在胡耀邦的身旁，听着他伴随剧情发展而不时发出的或爽朗或低浅的笑声。当然，胡耀邦有时也陷入一种不易觉察的深思之中。党永庵多想得到他哪怕一句对剧本的评价，但他始终愉快地看戏，没有发表观感。

1965年2月13日。安康。 /149

他向台下一看，见不少干部掏出钢笔、笔记本，一副记录他讲话的架势。这在不少领导干部看来是求之不得的情景。而他却发话了：“不要记，又听又记的，不嫌麻烦。”台下的干部感到不适应了。这胡书记和别的领导干部的风格确实不一样。

“汉剧《梅刀新传》有些地方不太适合。头两句就是投机倒把，香油一斤半。农民种自留地，多余的吃不了，有的要换生活资料、生产资料，卖了香油买弯刀。一斤半香油不能叫投机倒把。”

“所有把生产搞得好的公社干部、大队干部都是好干部。生产搞不好，你叫什么好干部啊？哪里有这个道理！叫‘好干部，赖生产’，‘孬生产，好干部’，哪有这个道理?！我不相信这一条！”

一方面免去了安康地区的棉花征购任务，一方面又鼓励安康农民多种棉花，为农民种棉花找出路、算细账。这是一种怎样的情怀！

免去安康地区的棉花征购任务，后来成为他的一条罪状。

“在省上、中央，我不能充老资格。到了安康，我有两个可以充老：第一，是老革命，先后搞了35年。在座的搞35年的寥寥无几，鄙人就算一个。第二，五十大寿。有胃病、有痔疮，牙齿掉了五个。成绩不大，身体不好，悲观不悲观？可我还想搞三个五年计划。三五一十五，那时我才65岁；要搞四个五年计划就是70岁。人活七十古来稀，七十三、八十四，阎王不叫自已去，那时我就呜呼哀哉，重新参加地下党了。”

1965年2月14日。安康。石泉。 /187

公元1965年2月14日，这一天注定成为胡耀邦人生道路上最重要的一个日子，安康历史上最重要的一个日子，被后来的人们不断提起的一个重要日子。这天凌晨，胡耀邦在安康草成并发出《电话通讯》。《电话通讯》的核心是“放宽政策，搞活经济”。它是继1月22日在省委工作会议上提出的第一个治陕施政纲领“解放思想、解放人”后的又一个施政纲领。

《电话通讯》发出才三天，胡耀邦便受到西北局领导人的责难。说它否定一期社教成绩，说可能引起翻案风……胡耀邦自此陷入无穷无尽的批斗之中。《电话通讯》成为胡耀邦“文革”前走向低谷的导火索。

现在看来，《电话通讯》是一份真正的马列主义文献。我国新时期全面改革的许多观点和提法，已在其中露出端倪。

1965 年 3 月 7 日晚。西安人民大厦。　/205

是晚，胡耀邦在西安人民大厦看望安康籍的岚皋知青王建元，鼓励他谦虚谨慎，好好干。知他患有关节炎，拨给 1000 元专款治疗。

西北局抓住《电话通讯》不放，“批胡”的浪潮一浪高过一浪，大有置胡耀邦于死地而后快的阵势。西北局、陕西省委一共召开了 13 次批判胡耀邦的会议。胡耀邦在会上检讨了 6 次都未过关。批判会上，罗列胡耀邦的错误有四五条之多，要把胡耀邦朝“右倾路线”上推。

胡耀邦对速记员郭步越交心：“这是万万不能承认的，我虽然个子小，体重轻，但骨头还是硬的。”

1965 年 9 月。安康。　/215

遵照西北局、陕西省委的指示，1965 年 9 月，安康开始对胡耀邦进行专题批判。

“走路、吃饭，都不要议论”，“单单片片要注意自行销毁”。透过这文字不多的“会议保密制度”，可以想见当时的政治气氛和如临大敌的场景。

历史的烟云已经散尽，今天我们可以通过档案材料洞若观火地看看昔日批判的残酷，或做一番长吁短叹，或一览有些人看风使舵的劣根性、落井下石的“本领”、黑白颠倒的手段，亦可看出不少智者的斗争技巧、浊世中的人性光辉。

当批斗会转入肃清“习仲勋反党集团”“罪恶影响”的时候，有人提出胡耀邦和赵守一是两个坏人勾结在一起，是“高、彭、习反党集团”的人。当时的安康地委书记韦明海站出来说：“不能把‘高、彭、习’的问题和胡耀邦同志的错误扯在一起，这是很不妥当的，是性质不同的两个问题，不能混为一谈。”正是由于韦明海的发言，一锤定音，才没有把胡耀邦推向“高、彭、习反党集团”行列。

■ 1964 年 12 月、1965 年 1 月间。西安。

人人自危的时刻，胡耀邦果断做出“三个暂停、六个不查”的决定；生产一片凋敝，他提出全力以赴把生产搞上去。他要还陕西一个清明的政治，大有挽狂澜于既倒的气概。他大异于人的讲话和踔厉风发的举措，犹如声声春雷，震响三秦大地。

这张照片摄于1984年9月30日。因种种原因，《中国青年报》并未及时刊用。直到差不多五年后的1989年4月22日，中共中央在人民大会堂为胡耀邦举行追悼会的当天，《中国青年报》在头版头条刊出此作，文字说明只有八个字：一身正气，两袖清风。

《中国青年报》记者贺延光　摄

1964年11月16日，已近49周岁的胡耀邦接到中共中央的任命：任中共中央西北局第二书记兼陕西省委代理第一书记，以接替因病不能理事的西北局第二书记和陕西省委第一书记张德生，并保留共青团中央书记处第一书记的职务。

在胡耀邦49岁生日后的第十天，他带着秘书戴云（此前是共青团中央宣传部副部长）、李传华和一名公务员，于1964年11月30日晚乘火车到了陕西省省会西安。

临行之前，胡耀邦曾去拜别中共中央办公厅主任杨尚昆。杨尚昆深知胡耀邦敢说敢为的秉性，劝告他“到任后一年不要说话”。

半个月之后的12月14日，胡耀邦接到通知返京，出席第三届全国人民代表大会第一次会议，同时出席研究制定全国社教文件的中央工作会议，这一待就是35天。其间，他于12月24日向西北局、党中央和国务院递交了《走马上任报陕情》的报告，汇报了他到陕西之后的所见所闻、所思所想，如实谈了陕西生产的落后、农民生活的困苦和社教运动的过火。

胡耀邦的这个汇报，多少有点儿不合时宜。当时的中央工作会议精神是“以阶级斗争为纲”，西北局的领导也主张“阶级斗争无时不有时时有，无处不在处处在”。他的汇报大有逆流而上诤士直谏的味道。

胡耀邦为什么敢有这个举动呢？这是因为，此时的毛泽东主席养成了深居简出的习惯，正为听不到全国各地的真实情况而苦恼着。毛泽东一再要求与会者“冲口而出”。崇拜毛泽东的胡耀邦在冲口而出的感召下，递交了他的陕情汇报。他想他对人民的一片忠诚毛主席会理解的。更重要的是，胡耀邦在到陕西后不长的时间里，夜以继日地听取了47个厅、局的汇报，了解到陕西非同一般的情况——

陕西省在1964年的社教运动中，粮食总产量由1956年的108亿斤，下降到87亿斤，单产竟比西藏还低；棉花132万担，单产只有40斤；多种经营被“以粮为纲”而割了资本主义尾巴。八百里秦川，自古就是富庶之地，而当时陕西的农民，生活过得比河北、山西的农民还苦。

1963年5月至1964年10月间，陕西省在第一期社教运动中清出的有问题的人竟达17560人，逮捕了6470人，拘留了5000人，平均每天抓人30余名，高于全国各省的比例。受到开除公职处分的干部和教师1450余人，受到开除党籍处分的有3200多人，被整死的有六七百人。几近人人自危，人心惶惶。

当时，陕西省在陕北、陕南、关中各有一个社教试点县：延安、西乡、长安。三县共清查退赔现款813万元，平均每个基层干部183元，比当年全省人均收入122元多出61元。在山上砍柴进城卖了，进城当保姆，其收入都要退赔。三县发生自杀事件430多起，死亡364人。试点县的农民常常要参加清算会、批斗会，社员们无法正常生产，无心正常生产，土地荒芜、减产减收成为必然。

在中央工作会议期间，当着周恩来总理和李先念副总理（兼财政部部长）的面，胡耀邦请求把陕西省17亿斤征购粮减到了14亿斤，以休养生息，恢复农民的生产积极性。同时他希望中央拨款在陕西建几个化肥厂，以解决陕西连一个小化肥厂都没有而造成的化肥紧缺问题。周恩来总理、李先念副总理深表同情，同意了胡耀邦的请求。

1 月 17 日，胡耀邦从北京回到西安。

此时已是腊月时分，再有十来天就要过春节了。他要利用这段时间，好好梳理梳理大家心头的认识，让人们多年神经紧绷的脸上有点儿笑颜。

1 月 18 日，胡耀邦在丈八沟招待所主持召开了陕西省委工作会议，传达学习中央刚刚制定的《农村社会主义教育运动中目前提出的一些问题》。

作家刘心武在一篇创作谈中感慨说：外国人要读懂中国小说，必须借助注释，否则会如坠五里雾中。因为中国大大小小、长长短短、惨惨烈烈的运动太多。其实，中国当代读者要知晓昔日之事，何尝不需要闹通某个“运动”的脉络呢？

譬如“社教”。

“社教”在今天的生活中，已经渐行渐远。而在 20 世纪 50、60、70 年代却是一个使用频率甚高的热词。

“社教”，自然是“社会主义教育运动”的简称。

社教运动有第一期社教和第二期社教之别。

1962 年 9 月，中共中央八届十中全会之后，中国大陆的阶级斗争浪潮一浪高过一浪。这是第一期社教。1963 年 5 月和 9 月，中共中央先后制定了“前十条”和“后十条”，要求各地训练干部，进行试点，为在全国范围开展农村社会主义教育运动做好准备。1964 年 9 月，中共中央又发出《农村社会主义教育运动中一些具体政策的规定（修正草案）》。将前后两个“十条”对比来

胡耀邦爱读书、会读书，中外古今书籍无所不读。读书使胡耀邦胸怀宽阔，知识渊博，思想敏锐，见解独到。

——截屏自 2010 年 4 月初香港凤凰卫视中文台《我的中国心》栏目

看，修正草案对阶级斗争形势的估计更加严重，似乎时时处处事事都有阶级敌人在捣乱作祟，挖社会主义墙脚。修正草案提出了“民主革命补课”和派工作队领导运动的问题。10月，中共中央批转了当时的华北局书记李雪峰给刘少奇的信。批语中写道：应及时提出反对右倾的问题。还要求对所谓烂掉了的地区和单位的领导机构进行夺权斗争。在城市，反对盗窃、投机倒把等的“新五反运动”，也发展成为全面开展阶级斗争的城市社教运动。

1964年12月5日至1965年1月14日召开中央工作会议之后，下发会议纪要《农村社会主义教育运动中目前提出的一些问题》。这是第二期社教。这个历史文件总共有二十三条，人们也就习惯称之为“二十三条”。“二十三条”据说由陈伯达、王力起草，由毛泽东最后审定。胡耀邦作为中央委员出席了这次工作会议。

胡耀邦的气节和人格在当代中国政治家中堪称一流。提起胡耀邦，由不得就要和正直、正派等字眼联系起来。人们把他看作正义的化身。

——截屏自2010年5月初香港凤凰卫视中文台《我的中国心》栏目

作为第二期社教纲领的“二十三条”，比第一期社教在指导思想上更“左”。它把“阶级斗争为纲”的“纲”举得更高，抓得更紧；把第一期社教的“清工分、清账目、清仓库、清财物”的“四清”上升到“清经济、清政治、清思想、清组织”的“四清”。“二十三条”要“继续坚持”第一期社教“民主革命补课”的思想，并且加上了“运动的重点是整党内那些走资本主义道路当权派”的提法。这个文件为后来的“文化大革命”埋下了伏笔。

但是，“二十三条”同时又提出了“有左反左，有右反右，有什么反什么”和“团结百分之九十五以上的群众和百分之九十五以上的干部”，重申了“政治、军事、生产、经济四大民主”，提出了“好话、坏话、正确的话、错误的话都要听，要让人家把话说完”，提出了反对“人海战术”和“神秘化”等等较为宽松的具体政策。

胡耀邦在早年革命时期，受过“左”的迫害，由此对党内的“左”祸深恶痛绝。在不断的实践中，他形成了一套进行民主改革的思想。到陕西任职之后，他第一次得到在一个省的范围独当一面的机会，就对“二十三条”做了符合人性、民主、求实的解释。

1 月 19 日，胡耀邦到西安交通大学参加全体师生大会。

同日，胡耀邦在《陕情简报》内部材料上，看到有一篇标题为《西安市放手发动群众，整顿市场打击投机倒把活动获显著成绩》的文章，文章中说西安市已抓了近万名投机倒把分子。读后，他立即把这份材料批给了省委副书记赵守一、冯基平等人。他在批语中说：“（西安市打击投机倒把活动）是否都打得很准，有些老实的劳动人民因为家计困难，做了一点小额的贩运活动，是否也算作了投机倒把分子？退赔了没有？对这种人因为退赔和斗争，是否出了问题？对吊销了营业证的一些确系家计困难的贫民，是否有妥善的安置？——这些问题都要仔细研究。”他提出：“为了总结经验，可否考虑把群众性的打击投机倒把活动暂停一下？”

1 月 20 日，胡耀邦到西安市中等学校参加全校师生大会。

在以上两所学校的师生大会上，胡耀邦针对当时盛行的好议论、好盘查男女关系的风气，说：“查什么男女关系？男女之间就是有关系。我们反对的是道德败坏——对于事实没有搞清楚的，不要主观臆断。领导干部道德败坏影响到党的威信的，要检查、批评，甚至处理，但对社员、工人、知识分子中的男女关系问题，一般不查，主要是教育。”

1月22日，胡耀邦在陕西省委工作会议上发表了长篇讲话，以他观察到的陕西情况作为依据，以他惯有的勇气和魄力，鲜明地批评了陕西第一期社教运动中“左”的表现，提出了一系列旨在纠偏的政策思想。

他摆了第一期社教中的五大问题：开除党籍、开除公职多了，重了，抓人太多；斗争面、打击面偏严，偏大，地主富农出身的学生很孤立；小地主、小富农也叫了起来；对贫下中农代表查“三代”（父辈、祖辈、太祖辈）、“五夫”（舅夫、姑夫、姨夫、姐夫、妹夫），伤了广大群众的感情；交代政策交代得不好，全省因被批斗等各种原因致死的共300多人。“三百，多了，两百也多了，一百也多了”。

他代表省委果断提出了“三个暂停”：一、暂停捕人；二、暂停“双开”，留待运动后期处理；三、暂停面上夺权，待重新部署后再行动。他提出对已集中训练，即变相关押的人员不要虐待。“把‘二十三条’给他们看，让他们讨论，不要搞成监视，不要把他们当犯人看待。春节临近，要让他们回家过年，跟老婆孩子团聚，这怕什么？是他一个人的问题，也不是他老婆孩子的问题嘛。不让他们回家过年，谁对我们都不同情，人民不同情，连娃娃也不同情。”

他分析了陕西省第一期社教中为什么有那么多的问题，说起来就是八个字：“坚决有余，清醒不足。”他提出：我们不但要有坚决的革命精神，还要有清醒的头脑，就是要有科学分析。

在1月22日的陕西省委工作会议上，胡耀邦借传达“二十三条”之机，展示了他来陕西的第一个施政纲领：解放思想，解放人。在这个纲领下包括十二条内容，即：（1）解放思想；（2）主要反“左”；（3）学习毛泽东思想，不要学习片言只语，不能样样突出政治；（4）对阶级斗争，要进行具体分析，有就是有，没有就是没有，有多少说多少；（5）社教运动是要教育人，不是要整人；（6）走资本主义道路就是贪污盗窃、投机倒把、腐化变质、做官当老爷；（7）抓关键，向前看；（8）维护人权，尊重风俗人情；（9）党组织和领导人要听反对的话；（10）反对依靠少数积极分子而不依靠广大群众；（11）提倡政令公开，反对神秘化；（12）在学术文化领域，要以正面教育和多出成果为标志。

1月28日，胡耀邦和共青团陕西省委书记曹廷甫谈话，他鼓励青年要敢闯敢为，“只要合乎社会主义方向，合乎党的政策，合乎党对青年的要求，就应该解放思想，放手大胆工作”。

1 月 29 日，胡耀邦出席陕西省和西安市文艺工作者大会，他以大无畏的精神宣布停止正在进行的文艺批判和学术批判。他主张文艺、新闻、科学、教育部门的社教运动着重正面教育和学术讨论。他说，光有批判不行，要繁荣创作，社会主义的根本目的是发展生产力。他号召大家要勇敢地创作，创作出好作品来，演出好节目来。他说：“认识世界不是我们的目的，改造世界才是我们的目的。繁荣社会主义的文艺，才是我们文艺界改造世界的光荣任务。”

从 1 月 18 日到 30 日，连续十余天，胡耀邦不知疲倦地向工厂的干部和科技人员，向省市党员干部、军队党员干部、高校师生、中学干部和教师、新闻工作者、文艺工作者、统战干部、民主人士做报告，逐条讲解“二十三条”，对带有普遍性的“左”的表现毫不留情地批驳之。

他的讲话，让人们的思想活跃起来。以前认为是革命的做法，他否定了；一些人们长期认为只能如此的观念，他推翻了；一些似乎已经习以为常的是非标准，他颠倒了。他的观点和老陕过去听惯了的观点大不一样。他的讲话像声声惊雷，在八百里秦川滚动；他的诸多见解，像缕缕春风，吹散了笼罩在人们心头的疑云。一个个思想锁链，被他的讲话砸碎，人们开始过上了有人格、有尊严的生活。

西安人民过了一个多年来少有的心情轻松的春节。

春节之前，胡耀邦在陕西省委书记处会议上提出，现在干部思想不解放，缩手缩脚，顾虑重重，这样的精神状态何日能把生产搞上去？他建议春节之后，除了个别人外，书记处的同志都下去，分别到各地、县参加多级干部会议，直接宣讲和落实“二十三条”。书记们分了工：胡耀邦和省委第二书记赵守一、省长李启明及严克伦分别去陕南、关中，舒同、章泽继续在点上抓社教；肖纯抓城市社教，冯基平留在机关主持日常工作。

■ 1965年2月6日、7日。宁陕。

在秦岭深处，目睹“大跃进”时期遗留下来的一排房子闲置着不让人住，群众却住在不远处的草房甚至岩洞里，胡耀邦说：“世界上竟有这样荒唐的事情!”

7日早上，胡耀邦从县公安局局长的眼皮下“失踪”了，他遛到东河河边去私访。一位农村妇女用布半露半盖着卖菜，见了胡耀邦避躲不及。那妇女怕被发现，晚上要在生产队挨批斗。胡耀邦给这位妇女壮胆：“不要怕，你就说省上胡耀邦让卖的。”又对一位背柴进城来的老人说：“共产党允许农民进城卖柴。”

今日宁陕县城

谭海波 摄

公元1965年2月6日，大年初五。古城西安还能听到稀疏的爆竹声。

胡耀邦早早起床，阅读了西安市委、市人委上报的关于企业及事业单位办学情况的报告，并在上边签署了自己的意见。他建议在适当的时候，召开一次有条件办职工子弟学校但尚未办和已办而提出困难的部分厂矿企业、事业单位有关负责人的座谈会。

约莫10时，两辆四开门的北京吉普车向祖国南北分界线的秦岭山脉开去。此时的秦岭，雪原如银。山崖车道间，小车时而攀上，时而俯下，向着安康方向驶来。头一辆小车上坐着胡耀邦、速记员郭步越，后一辆小车上坐着省委副秘书长白瑞生、省公安厅处长艾蕴药。

到安康地区调研，这是胡耀邦自1964年11月底主政陕西之后第一次离开省会到专区出行。

胡耀邦在春节前的会议上建议省委书记处的同志们春节后到各地去宣讲中央“二十三条”。为什么他第一次出行选在安康？

这得从一份文件说起。

1965年1月5日，陕西省民政厅党组给陕西省委报送了一份《关于当前生产救灾情况和意见的报告》。该报告称："去年我省夏季成灾地区的人口有1059万人，秋季成灾地区的人口有745万人，灾情较重的县有33个，其中以安康、宝鸡、商洛三个专区的一些县比较严重。灾区群众口粮比上年大有减少。安康专区每人每月平均口粮在20斤以下的共达132万人，占全区农业人口73%。最近，部分灾区已经发生了缺粮、断炊、外流、乞讨、浮肿、干瘦和病饿死亡等现象。安康专区去年12月20日不完全统计，断粮人口达36000多人。安康县已有浮肿、干瘦病人120多人。紫阳、安康、汉阴三个县还发生了与生活困难有关的自杀、病饿死亡事件11起12人（已死9人）。紫阳县西河公社（应为平利县西河公社）在去年11月下旬至12月下旬的一个月时间内，因生活困难就发生了自杀事件5起（死3人）。"

1月9日，陕西省委以陕发〔65〕8号（机密）电报的形式，发出了关于加强救灾工作的批示。

作为刚刚走马上任的省委代理第一书记，一定认为安康是极"左"路线的重灾区，饿死人是人命关天的大事，安康，相比较其他人所去的地方，问题似乎更大些。一贯勇于挑大梁、肯担当的胡耀邦，选择到安康去调研，是情理中的事。

莽莽雪原，少有人烟。从西安到宁陕有秦岭、月河梁、平河梁"三座大山"挡道。小车翻过第一座大山秦岭主峰后，出现了大山中少有的一条街——广货街。稍事休息时，胡耀邦发现一排房子空着。一问，方知道是1958年"大跃进"时代大炼钢铁的铁厂留存下来的。

车继续前行，翻越第二座高峰月河梁，在一个叫沙沟的地方又见一排房子静卧山中。一打听，仍是铁厂的房子。

广货街、沙沟都在江口区的管辖之下。

江口区的区委书记沙怀贵闻知胡耀邦路过，赶忙接待。胡耀邦问沙怀贵："那么多空房子为什么闲着无人住？"回答："那是铁厂的，没有人敢住。"

车过旬阳坝，旬阳坝是宁陕县西部一个比较大的集镇，胡耀邦在此地却见到有不少老百姓住在岩洞里。

胡耀邦面带愠色地对沙怀贵说："这太不像话了，世界上竟有这样荒唐的事情！我们是共产党，是为老百姓的，为啥把房子空着，叫老百姓住岩洞?!"

下午4时，胡耀邦一行六人来到素有“西安南大门”之称的宁陕县城关口。他们由长安河上安运司宁陕车站旁的狭窄小桥直接开进县委大院。

县委通信员胡兴友忙上前问走在最前边的那位同志：“请问，你们找谁?”胡兴友打量此人，身材不高，年近五十，外披着蓝色旧大衣，头戴当时十分普通的有檐帽，脚蹬一双圆口布鞋。

这人正是胡耀邦。胡耀邦笑答：“找王志歧。”王志歧是当时中共宁陕县委书记。

胡兴友不敢怠慢，揣摸着来人一定是某一级的干部，便说：“都在三楼会议室开会，你们先在接待室休息一下，我去给你们叫。”

胡耀邦说：“不用了。”两位司机收拾着车子，胡耀邦和他的秘书等四人径直上了县委四角大楼的三楼会议室。

胡耀邦见会议室的门虚掩着，自己推门而入，自我介绍道：“我是胡耀邦，我找王志歧。”

王志歧立即起身与胡耀邦握手相见。胡耀邦此行并未提前给专区和县上打招呼。

胡耀邦在王志歧身旁的座位上坐下。县上正在召开研究春耕生产的部局长会议。会议室内的设备十分简陋，中间一张黑色长方桌，四周围着几张长条木椅。

王志歧向胡耀邦汇报了全县的简况，请胡耀邦讲话。

胡耀邦并不客套，先问当时文教局局长田丰元全县教育和教师情况，又问商业局的霍有亮全县物资供应情况。接着问工交局的崔俊礼：电站一年发多少度电？城市居民点一个15瓦、25瓦、40瓦的电灯泡一月要交多少钱?胡耀邦问得很细。

当时，宁陕县城旁的水电站发电不稳定，居民也没有安电表以度为单位来计算用电量的条件，只能以电灯泡的个数来定价。

崔俊礼以15瓦的灯泡为例，说每月5角。

胡耀邦当即指出：“太高了，要降下来。不能以电灯泡的个数来定价，要以灯泡的瓦数来定价才合理嘛。”后来崔俊礼向安康电管局请示，15瓦灯泡每月定为3角，其他瓦数的灯泡也给予合理定价。

工交局副局长汇报全县公路建设情况，说到城区有电，农村无电。胡耀邦也请副局长说说城里总共要用多少度电，农村要用多少度电，城区15瓦灯泡一个月5角，农村是多少？那副局长一时回答不上来。胡耀邦说：“搞社会主义不能糊里糊涂。”

宁陕县是一个山大人稀、森林覆盖率高的县份，在当时“以粮为纲”政策的统领下，县上的同志也有些迷茫。宁陕县林特局局长屈自恒汇报全县林业情况。

胡耀邦插话，“林业和农业要分开”，“宁陕要大力发展林木，国家缺乏的是木材，不是缺粮食”，“你们做个统计，把山货特产和林业加起来，收入会大大超过农业生产的”，“宁陕设林特局很好，宁陕林业大有前途。你们要好好抓林业，你们立即做个长远发展规划给我”。

胡耀邦针对宁陕山大人稀的特点，强调第一要抓粮食，第二要抓山货特产。胡耀邦讲话的当晚，县委就组织专人制订了全县林业发展规划，不久送给胡耀邦。第二年春季，县上在关口杏子坪和关口后山大栽松树、核桃树。现在人们乘车从安康到西安，在西万路上看到的郁郁树丛，就是那时开始栽种的。

胡耀邦对商业工作谈的意见很多。他讲，“商业工作没打开局面，为什么山货土特产上不去呢？主要是做商业工作的同志不懂政策，搞社会主义价格政策不对头，生产就上不去。县级领导要研究价格政策，要讨论党的政策。比如什么叫经济民主？讲经济民主，是生产者的经济民主，不是什么大家的民主。经济民主是可以讲的。”

县上汇报全县困难户占总农户的2.5%。胡耀邦说：“民政部门要做调查工作。”言下之意，困难户不止这个比例。

有人谈到宁陕地方穷，来此地的工作人员少。胡耀邦说：“把自己的地方搞好，人就来多了，强迫来了，积极性也不高。”

最后问到县公安局局长、县政法组成员李云斌：“监狱里关了多少人，都是哪些类型的案犯?”李云斌做了简要汇报。

胡耀邦是遇事立即就办的人，马上让王志歧安排县上干部董民生、孙福印、陈国超等五人要来相关案犯的卷宗。胡耀邦一边翻阅案卷，一边要求当即释放陈、赵、黄等几位在押人员。

胡耀邦谈到他在广货街、沙沟、旬阳坝所见的情况，说：“房子空着，叫老百姓住岩洞住草房，世界上竟有这样荒唐的事情！什么叫群众观点？什么叫阶级路线？我们共产党人做这样的蠢事，看到这种情况，我们就不同情吗？不痛心吗？”胡耀邦要求县上立即解决这个问题，要把铁厂的房子分给没房住的农民，再也不能看到老百姓住岩洞了。

胡耀邦走后不久，县上就把沙沟铁厂的空房子分给无家可归的老百姓居住了。

一路过来，胡耀邦对宁陕山高水深平地少的地形地貌有了了解。他看到沿途有些地方用筒车抽水，表态说，宁陕的水利建设要因地制宜地发展筒车，每部国家可扶持200元到300元。

他提出县上每年可拿出2万元奖金奖给生产搞得好的生产队、生产大队。有人问：“奖不奖给干部本人？”“可奖一点点。”他说。

散会后，在县委食堂吃饭，由县长毕可昌亲自擀面。炊事员苏万国炒了两个菜上来，胡耀邦先尝了一口，用他的湖南口音说：“谁做的菜？”毕可昌回答：“是县委炊事员苏万国。”苏万国就在旁边，愣愣的，不知是炒得好还是炒得不好。胡耀邦笑笑说：“味道不错嘛，来来来，一块儿吃。”苏万国吃也不是不吃也不是，只好夹了两筷子。

宁陕县老县委大楼原址

谭海波　摄

饭后，胡耀邦步行到招待所。宁陕县城本来就小，他想借机看看县城的模样。

晚上，胡耀邦召集县上领导继续开会，他关心的是地方病防治、农民公购粮负担问题。会议正在进行时，电灯突然熄灭了。胡耀邦问："为啥停电?"有干部回答："冬季枯水，水电站要蓄水才能发电。水放完了，就发不成电了。"

趁着没电的当儿，胡耀邦请宁陕的同志介绍情况。同志们颇为自豪地说："这里有国家一、二、三类保护动物，什么大熊猫、小熊猫、大灵猫、金丝猴、羚羊、毛冠鹿、娃娃鱼、林麝等。"有同志介绍林麝产下的麝香是名贵中药材，可治中风痰厥、神志昏迷。胡耀邦风趣地说："宁陕麝香多，但吃多了，脑子会冰凉的，搞生产建设热不起来。"会议直开到深夜 12 点才散。

第二天早晨，要吃早饭了，却不见胡耀邦的人影。县上的领导问随行的秘书，秘书也说不知道。急得县委派人到处去找，李云斌吓得满头是汗，派公安干警四处查访。原来，早早起床的胡耀邦沿着傍街的长安河，到了三里开外的东河河边。

他见到当时县兽医站的干部田荣金正在河里提水，上前问道："你是哪个单位的?"

"我是县兽医站的。"

"那好，你知道全县的养猪情况吗?"

田荣金很快把全县养牛、养羊、养猪的情况一一做了介绍。

胡耀邦问："你是哪里人？这里好不好？安心不安心在这里工作?"

田荣金并不知晓对方是谁，脱口而出道："这里不好，山高水深，交通不便，我到这里几年了，连媳妇都找不到。"

胡耀邦又由关口下街沿街而上，了解市场情况。

行至廖家药铺时，见一农村妇女提着竹篮子，竹篮里有几把葱，却用一块白布半盖半露着。村妇见披大衣的干部来了，急忙用布把葱盖严，躲在就近的一家大门内。她是起早由 15 里外的华严公社赶进城想做点儿小营生的。

胡耀邦疾步赶上问道："你卖的啥？为啥要躲?"

村妇赶紧答："我不卖，我是送人的。"

胡耀邦和颜悦色地对村妇说："你多种一些蔬菜，供应城镇，机关干部也要吃菜嘛!”

村妇见来人面善，不是往日市管人员恶煞的口气，便应声道：“不敢卖。发现了，晚上要在队上挨批斗。”那时“割资本主义尾巴”的风气遍及城乡。

胡耀邦给村妇壮胆：“不要怕，你就说省上胡耀邦让卖的。”

再前行，到县人武部门前。见一老人背了一捆劈好的引火柴，胡耀邦问：“柴是卖的吧?”

老人惊恐地回答：“不卖。”

胡耀邦以和善的口气与老人攀谈，问他的身世，家住何处。他对老人说：“给你们家里和邻居说，街上缺柴，多背些柴上街来卖。你就给大伙儿说：共产党允许农民进城卖柴。”

这一下，老人高兴起来：“我们卖把柴，想买点儿盐。”

胡耀邦安慰了老人几句，之后又进了县百货公司和副食公司，了解到市场供应全凭票证的紧张局面。

县上的领导到招待所来送行，胡耀邦要求他们关心青年同志，并让两天内拿出县上公路规划图。

胡耀邦说了，可以放心大胆地到城里去卖菜了，共产党允许农民进城卖柴，胡耀邦把抓错的人当下放了。宁陕的群众这样一传十、十传百地传着。城关镇梁家庄一农民发自肺腑地说：“胡书记真是咱老百姓的贴心人啊!”

■ 1965年2月7日。石泉。

“你们‘左’，我有点儿右，是不是？我的意思是，犯错误的人，只要承认错误，要给出路。宽中有严，严中有宽。”在石泉，有人不同意他对干部的处理意见，胡耀邦这样说。

了解到石泉乡党委书记平均月工资三四十块钱时，胡耀邦显然有点激动了：“毛主席万岁！共产党万岁！中华人民共和国万岁！未必党委书记30块钱也万岁。”

今日石泉县城街心广场

胡树勇　摄

2 月 7 日上午，胡耀邦一行在宁陕县吃罢早饭，驱车近百里，直奔石泉县城。安康地委书记韦明海闻知，偕行署副专员吴仲壁，从正在搞全省社教试点的汉中专区西乡县赶往石泉。

石泉和西乡相邻。石泉县抽调了大批县、区、社的干部去西乡县参加第一期社教，各机关单位只有少量人在家。西乡社教试点后要在安康专区进行新的“四清”，石泉自是首当其冲。第一期社教中干部如何遭整的消息不断从西乡传来。虽是正月初六，石泉县城却显得异常冷清。

石泉县委机关大院，此日上午干部们却出出进进。全县五级干部会议今日开始报到，县直和各区党政主要负责人到大院参加预备会议。

大约 11 时左右，胡耀邦一行在韦明海的陪同下来到石泉县委二楼书记办公室。

胡耀邦没有休息，立即召集有省地县直干部参加的会议，开始紧张的调研。

在家主持工作的县委副书记、县长高志宏简单介绍了县情，地理环境，生产经济状况。

胡耀邦一边看石泉地图，一边提问，问石泉县的总面积、耕地面积、森林、荒山、河道、道路等都是怎样的情况。

县计划委员会副主任胡仕佳回答：“现在只有比测数（按地图比例测算出的数），全县面积是1518平方公里，折合228万亩，耕地31万亩……”胡仕佳是当日上午得知胡耀邦要到石泉，在办公室整理出的数据，现在派上了用场。

胡耀邦立即伸出左拳，用右手食指在拳包处一点一点地说：“你们是森林荒山面积超过180万亩，潜力很大嘛。你们这里的水资源也丰富，可以在拐弯处裁弯取直，打洞建电站嘛。”

胡耀邦掉转话头：“你们县安排群众生活返销粮是多少？”在青黄不接的2月，群众的饥饱是胡耀邦心头的大事。

高志宏答道：“290万斤。”

在座的韦明海补充：“昨天，地委已下达返销粮数字，石泉是400万斤。”

胡耀邦一听，说：“这样日子就好过了。有吃的了，生产才能上得去。这块石头落下了，要向群众大讲。”

胡耀邦问石泉的山货特产主要是啥。胡仕佳答道：“有生漆、苎麻、黑木耳、五倍子、蚕茧、桐油、魔芋等。”

两人还就产量、单价做了问答。胡耀邦一边记在他的工作笔记本上，一边喃喃自语地换算着。

“去年全县土特产收购总量是多少？这个问题请供销社主任来回答。”胡耀邦点名了。

县供销社主任姚洪斌有点儿措手不及，吞吞吐吐说不准。

胡耀邦为了化解尴尬，问姚洪斌：“你是哪里人？”

“湖北人。”

胡耀邦风趣地说：“天上九头鸟，地上湖北佬。搞商业要学会做生意嘛。”

不一会儿，姚洪斌找到了报表，向胡耀邦汇报：全县去年购进70万元，销售280万元，总额350万元。

胡耀邦又问棉花的种植情况。

胡仕佳答："全县种棉花六七千亩，上级下达的指标是1万亩。"

胡耀邦说："上边不能下达种植指标，要给农民自由。"

稍顿，胡耀邦把话题一转，问高志宏："你们县处分了多少人？抓了多少人?"

高志宏答曰："捕了32人。有工人，有干部。干部主要是指县检察长王衍琛。"

胡耀邦问检察长主要是什么错误。

高志宏答："主要是违法乱纪，搞男女关系十多个。"

"对这个人准备咋办?"胡耀邦问。

韦明海在旁边说："已经开除党籍了。"

胡耀邦说："你们批判、斗争、处分他，我完全支持，就是不要判徒刑，给他安排个工作，让他劳动改造吧。"

韦明海让大家把学习"二十三条"以来干部思想动向谈一谈。

副县长胡忠诚如实汇报道："不少干部一怕春节后开'五干会'，二怕受到批判斗争的人向积极分子大发怒气，三是有的干部准备交代自己的问题。"

胡耀邦让大家畅所欲言都谈谈："县上一共批斗了多少人？基层干部还有什么意见?"

代检察长井德炳谈："全县批斗250人。"

"有的干部准备卸任不干了。"高志宏说。

"有人说干部当久了没有好下场。"胡忠诚说。

一个多小时的座谈，胡耀邦对石泉的县情大略掌握。

吃中午饭的时间到了，县上提出"为胡书记一行摆上一桌"。胡耀邦表示不必。中午吃了一碗县委食堂的鸡蛋面，而且是在县委大门口的台阶上边吃边和县机关的干部交谈，没有一点儿省委书记的架子。

下午2时许，胡耀邦参加了石泉县公社书记以上人员参加的县委扩大会议。一进会议室，胡耀邦就举起右手大声说："大家好，你们辛苦了。"

与会的干部都站起来鼓掌欢迎他，久久没有坐下。

胡耀邦风趣地说："你们都坐下，我也坐下，这样才公平嘛。"

会场立即活跃起来。

胡耀邦开门见山说道："我来陕西不久，去年 11 月来的，又回到北京开了 35 天会，来陕西实际才 33 天，情况不了解，下来来了解你们的情况的。

"我上午 11 点 10 分到的，已到了三个钟头，要我讲什么？你们县 13 万人口，31 万亩耕地，去年粮食 5200 多万斤，32000 多头猪。30 个公社，333 个大队，1770 个生产队，城里 7000 人，总面积 228 万亩，等于每人两亩半耕地、15 亩荒山，刚才算的账。去年棉花产 8 万斤，最高年产量曾经到过 68 万斤，生猪到过 34000 头，现在 32000 多头，油料 39 万斤。这些数字不是背给你们听。我是给自己背，为了记。"

"你们到会的都是党委书记吗？"胡耀邦接着问。

高志宏答："还有党员社长，还有四个非党员社长没来。"

胡耀邦一一询问各区、社的书记来了没有，能来多少人。他说："听说有的不敢来，怕斗争。"

又问："我还没问，你们有多少党员？"

高志宏答："2200 多人。"

胡耀邦又问："团员多少？"

徐光印答："3606 人。"

饶峰区委书记鲁延喜回答他们区能来 80% 的干部参加县上"五干会"。

胡耀邦问鲁延喜："你去了好久？"

鲁延喜答："一个月。"

胡耀邦"哦"了一声，说："你是新官上任三把火啊。"言语中透露出一种赞扬和肯定。

当胡耀邦询问了大坝公社来人后说："大坝远，能来百分之九十，为什么你们新田（公社）只能来百分之七十，什么原因？"

副县长陈振田答："部分生产队干部'嗯嗯吞吞'，不想来。"

胡耀邦问大家："'二十三条'学了没有？有什么问题要问我？"

又问高志宏："'二十三条'讲了没讲？"

高志宏回答："讲了。"

胡耀邦说："党委书记看了没有？可能有些名词闹不通，像'烦琐哲学'、'形而上学'等等，把主要问题闹通就行了，不要咬文嚼字。"

确实有许多区和公社干部没来参加会议，怕开会挨斗争。

深知生活复杂和受过错误思想折磨的胡耀邦历来反对斗争哲学。

“刚才县长讲，干部怕来开会挨斗争，所以有些不想来。该斗的还是要斗，不该斗的就不斗。叫我说不斗，我不敢讲这话。有的同志讲，西乡干部都斗了，关了。韦书记从西乡来的，你们问问，是不是都斗了，都关了？大部分没有斗，没有关。以后我们要不要斗呢？那不一定，你们要看该斗不该斗。

“你们县上的王衍琛关起来了，我们刚才商量，也在房子里开了个‘三干会’，有省上、地委、县上的同志，给王衍琛开除党籍处分，不判徒刑，放出来劳动锻炼，当工人。我的意思，不开除公职，你们再考虑。我听说他违法乱纪，民愤很大。这个人，听你们讲是山东人，跑到这个地方来革命，开始革命，以后不革命，跟着共产党开始是革命的，为人民服务，以后不为人民服务。把他放出来，当然不一定今天放出来，承认了错误，我们的意思是留下来。”

会上，胡耀邦对王衍琛提出处理意见：“开除党籍，放出来，劳动锻炼。”他问大家赞成不赞成。

有人插话：“对此人还是要关。”

胡耀邦说：“我们‘三干会’已决定，下级服从上级，还是放他出来，他是个中农成分嘛！还是劳动人民出身嘛，不要关，劳动锻炼，可以叫他当工人、售货员、采购员。这样把检察长放出来，我相信也会得到群众同情，大多数干部同情。将来搞得好，再加入党，纠正好了，五年以后可以重新入党。”

当年41岁的王衍琛，原任石泉县人民检察院检察长、县委委员。1964年12月11日以奸污妇女罪被逮捕，判刑三年，定性为蜕化变质分子，被开除党籍、开除公职。1965年2月7日，胡耀邦在石泉县委扩大会议上指示将其释放，实际上并未释放。

会上胡耀邦又了解到原县长杨贵元、县委副书记张茂钏被关的问题。他和大家研究处理意见。

他问这两个人都是什么问题，哪里人。

高志宏介绍："杨贵元是河南林县人，主要错误是包庇坏人。他爱人和汉中、安康、西安20多个投机倒把分子勾结，牟取暴利2300多元。"

韦明海插话说："投机倒把主要是他家里搞的。"

安康一带把"家里"作爱人、妻子解释。女以男为室，男以女为家。韦明海说"他家里搞的"，是想把这事原委说清。

胡耀邦问："对杨贵元斗争了没有？工作怎么样？"

有位同志说"工作一般"。

韦明海补充道："1956年以前还好，以后就不好了。"

胡耀邦诙谐地说："五六年以前走上坡路哦！五六年以后走下坡路，翻秦岭往下走哦！"

县法院院长张友亮说："杨贵元还和四个现行反革命勾结，据初步调查，他1944年在河南林县参加过皇协军，还有血债。"

在职业革命生涯中遭受过诬陷的胡耀邦对这样的提法立即警觉起来。他问："哪里的材料？"

那人回答："从当地党委和与他离婚的原爱人那里得来的材料。"

胡耀邦紧问道："你们谁敢发表意见，没有这个问题怎么处理？"

他又问张茂钏是什么地方人，犯什么错误；杨、张哪个问题更严重一些，工作怎样。

会场冷场了。他让大家都讲讲："党的会议，讲错了不要紧。"他指着在场的县妇联副主任贺凤英说："女同志讲，穆桂英挂帅。"

贺凤英发表了自己的看法和意见："张茂钏一贯闹不团结，男女作风屡教不改，一贯不好好工作，在某些问题上比杨还严重。"

当时的投机倒把主要是指连续的自然灾害之后群众没粮吃，有的人通过各种关系倒腾来粮食，吃饱肚子。在极"左"路线已经蔓延的1964年、1965年，一提投机倒把，十之八九便是指此。

胡耀邦给大家分析道："在你们安康，五九年到六二年是一个困难时期，25斤粮食，一个山东大汉吃不饱，我25斤吃不完。可烟不得够。烟不得够就'走后门'，钱是给了。'走后门'，那几年不少同志都走了后门。那时困难，这应该予以估计进去，干部就服了。干部困难，卖表、卖自行车，那几年要原谅一点，他 25 斤粮食不够吃，怎么办？就要叫粮食局供应几斤面粉。我看，在座的公社书记可能多少都有一点。我个子矮，容量小，21 斤粮就行了。”

说到这里，胡耀邦拍拍自己的肚子。他继续说：“那几年小量的多吃多占，吃了算了。这样的问题，小组会交代不交代都可以。搞投机倒把总是不好，要承认错误。”

关于男女关系问题，胡耀邦讲：“总的情况，男女总有关系。”胡耀邦指着贺凤英说：“你们女同志是反对我们的。老百姓乱搞两性问题不要查，干部搞两性关系不好，我们各级干部这里面总有不少，我跑了许多地方以后，注意到这些问题……以前的事情，不是强奸、不是军属，政治影响不太坏，我看睁一只眼闭一只眼算了。”这时，胡耀邦随手拿起面前的一本书，遮住半边脸，走几步，以哑谜示意大家，引得哄堂一笑。然后他又严肃起来说：“当然，我说的既往不咎，必须是情节不恶劣，不是强奸，政治影响不太坏，不是军属……我的意思，强奸从严，搞军属从严，政治影响很坏从严。”

贺凤英对王衍琛的问题紧追不舍：“王衍琛民愤很大，影响很坏，还是要从严处理。”

胡耀邦娓娓解释：“我们不是‘三干会’定了吗？不判徒刑，开除党籍。不当党员，不当干部，这也是从严嘛！我上面讲的这是中央精神，不是拿这个帽子压你们。‘二十三条’干部问题第六条指出，‘对于所有犯错误的干部，给以必要的适当的处分，这是为了教育他们，改造他们。只要他们愿意走社会主义道路，党就会团结他们，群众就会团结他们’。犯了严重‘四不清’错误的人，有的不当干部了，不当党员了，可以让他们当社员，好好劳动。”

对于杨贵元、张茂钏的处理，胡耀邦发表意见：“那两个人再研究一下，我个人意见，偏向不开除党籍，降级使用，降他们两级、三级，留党察看。”

他看到会场中许多人的态度是不以为然，他深知，多年来的斗争哲学，宁“左”勿右已成为人们思考问题、看待事物的出发点，要让大家接受他的思想并非易事。“你们‘左’，我有点儿右，是不是？我的意思是，犯错误的人，只要承认错误，要给出路。宽中有严，严中有宽。检察长是犯有严重‘四不清’的干部，走资本主义道路，可让他当社员，当一般的人，好好劳动。那两个县长、书记的问题，我的看法，也要严中有宽，宽中有严。我们要把精力用到学习、工作、蹲点上去。”

当时胡耀邦一定是想说，不要把精力用到整人上去，但他没有说出口。

有位干部思想仍是不通：“解放以来都是过去从宽，今后从严，现在还要宽，以后还会重犯，到底啥时候严？”

对于这种平时不说，出了问题再说的行为，胡耀邦甚感痛心。他细细分析道：“干部犯错误，要找你们的自由主义。开始不讲，不教育，错误就越来越大，犯自由主义的人也有责任。毛主席《反对自由主义》是1937年写的，你们学过吗？有的人认为是上级，不敢讲，不敢向党委反映意见。”（《反对自由主义》，是毛泽东的一篇重要文章。据资料介绍，它是毛泽东当年听取了胡耀邦的汇报后归纳整理出来的。）

这时，李少亭站起来发表意见。他说：“王衍琛可以不判刑，开除党籍，放出来劳动。杨贵元撤职、降级，可以送去好好学习，不开除党籍。张茂钏过去一贯不团结，男女关系屡教不改，要撤职、降级，但人还年轻，可以留党察看。”

胡耀邦赞扬这个人敢于大胆发表意见，问他是哪个单位的。

石泉水电站大坝

胡树勇　摄

李少亭说："我是栲胶厂厂长。我认识你，你是我的老首长。长征时你是我们政治部主任嘛。"

胡耀邦亲切地说："那咱们是老战友了，快坐下。"

胡耀邦和与会的同志研究了对三个人的处理意见，进而研究对干部的教育问题：采取什么办法？"洗手洗澡放包袱"，再看一年，不给处分。先放包袱，看一年，大抓生产，看工作，看生产，将功补过。"这次开会提倡放包袱，大家赞成不赞成？脸上有污点，不洗手洗澡不干净。"

正是在这次会议上，胡耀邦提出了"干部洗澡"论。关于"洗澡"，他提出了几种方式："小会洗，一般的小会洗，'洗澡'以后也不处分，不做决定"，"将功补过，不给处分"，"1000 多人大会上'洗澡'行不行？愿意洗的可以洗，不洗的也行，不批判、不斗争，可以谈一谈"。

他还提出"自己洗"，"不要卡脖子洗"。"你领导生产有什么缺点，干劲儿足不足，领导生产有没有保守思想，小手小脚的这些问题都可以洗。"他提出，在这样的问题上，"不要提反右倾"。凡事实事求是，不上纲上线，是胡耀邦的一贯主张。"这次会不斗争，不批判，不处分人。可以号召'洗澡'。洗什么？可以考虑。洗多少算多少。"

了解到许多人怕当干部挨批挨斗已成普遍现象，胡耀邦讲："教育中农、贫下中农，共产党不来你们能不能当干部？不愿干的，可以开展讨论，但不要批判。革命总是要人干的。马克思死了，恩格斯干，恩格斯死了，列宁干，革命自有后来人。"

他问在场的人："《自有后来人》，这部电影你们看过吗？"

有人答道："看过。"

他深知我们国家经过三年自然灾害，干部们被极"左"路线整怕了，又看不到光明的前景。他给干部们打气，讲国家的发展，讲一个地方的前途，"对干部要进行阶级教育、前途教育。我们国家好得很，国家困难时期过去了，正在走上坡路。三年前开始从阳平关修铁路，什么时间修到你们这地方？我不能开支票，十年要修到湖北"。（阳平关至安康的阳安线，本来应该在 1968 年修到安康，只因其后的"文革"，拖到 1972 年方才修到安康。）

胡耀邦为与会的同志描绘陕西的前景："'三五'（第三个五年计划）期间，陕西要建 200 多个工厂，汉中、安康专区要摆五六十个工厂，要修两河鹅项颈电站。同志们，好得很，西北局正在讨论计划，第三个五年计划期间，西北要搞1500万吨钢铁，要修几千公里铁路，青海几百里宽、几百公尺深的盐巴，到1969年要搞300万万斤，全国7亿人口，一个人40斤。前几年困难，有的同志看不清国家前途，要回家去。我在南方跑得多，我说回去要后悔的。困难几年就过去，这些人眼看不远，只看到自己眼皮底下衣服只发三尺多布票，只看到肚皮吃25斤粮食。三个五年计划、五个五年计划，大家再看我们的国家，好好地干工作吧。”

说到这里，胡耀邦激动了：“高级干部年纪大会老的，在座的50岁以上的没几个，我老兄今年就五十大寿了。”他拍着自己的胸膛，“50岁以上的人请举手。”

台下有七人举了手。

“连我才八个。”

韦明海插话说：“大多数30岁左右。”

“同志们，再干20年，才是我这么大年纪，有前途。谁说当干部没前途。干部有两个前途：第一，不好好干，犯错误，当‘检察长’；第二，好好干，为人民负责任。”胡耀邦讲了1935年长征爬雪山过草地到甘南武都地区时，他同行的一个同学，以为爬过雪山就有前途。爬过雪山一看，前边仍是莽莽雪原，感到没前途了，掏出手枪对准自己的太阳穴自杀了。

全场静寂。

“每个人有两个前途。当干部没有前途，谁讲的？毛主席不是干部？周总理不是干部？好好干都有前途。将来其他国家革命成功了，去当专家，指挥土改，搞‘四清’、‘五反’。到美国去搞‘五反’，不好好工作，就没有到美国的本事。”

机智、幽默的性格，职业革命家的胸怀，在胡耀邦的讲话中自然流露出来。

他似乎感到扯得离题远了，立即把话题拉近，拉到干部们身边，“好好地干，干什么？把生产搞上去，把生产搞好。生产什么？你们这里没有工业，只有一个栲胶厂，主要要把农业生产搞上去。农业生产是什么？两大条，第一农业，第二林业土特产。我的意见，以后提生产方针，以粮为纲，农林并举”。

韦明海插话："提林业，人们容易理解成只抓森林，我们过去提农业、多种经营并举。"那时的上下级似乎没有现在的上级一讲话便是指示的做派，下级干部是可以与上级干部商榷的。

胡耀邦立即说："这也好，我来才三个半小时，研究不够。"他并没有非要坚持自己的提法，显出一种从善如流的风度。

他接着谈："上午算了个账，农业主要抓四大项：第一，粮食。去年，你们县是5200多万斤，今年6000万斤，最高粮食产量达到7000万斤，如果由5200万斤搞到6000万斤，增长百分之十五。

"第二，棉花。最高搞到过68万斤6800担，等于68万块钱。去年只搞了8万斤，今年搞好多?"

胡仕佳插话说："22万斤。"

"棉花有没有把握?同志们，你们看搞到42万斤行吗?搞积极一点儿，要鼓足干劲。

"第三，油料。去年39万斤，最高60多万斤，今年56万斤，主要搞菜籽、芝麻、花生。你们花生亩产多少?"

胡仕佳回答："100多斤。"

"山东人会种花生，亩产搞得好，可到400斤。

"第四，生猪。生猪最高34000头，现在32000头……粮、棉、油、猪，这叫农业四大项。我们陕西粮食去年86亿斤，棉花130万担到150万担。我们陕西省粮食曾经到过108亿斤。为了把粮食、棉花搞上去，向中央请求减少征购任务。去年石泉征购任务950万斤，现在减少450万斤。给公社书记讲：安康专区只有7000万斤征购粮食任务，分配给石泉500万斤。"

韦明海插话说："石泉六二年征购粮任务1080万斤，等于减少了一半。"

"这下公社党委书记听了，今天晚上可以睡好觉了。大家不要因为减了征购任务就认为可以松劲了。不能这样，要一面做工作，一面积极加油。减征购任务不是为了睡觉，减也是为了加油干，减了大家高兴。"

韦明海道："马池多减，棉花要赶上去。"马池是石泉县的一个大区，人口多。

胡耀邦说："减到500万斤，农村基本上不返销粮。当然，若有特大自然灾害，另外研究。

“为了把粮食、棉花、油料、生猪搞上去，向老百姓宣布一条：公购粮减了，多产多吃，多产多留，多了可以喂猪。生活安排，听你们韦书记讲，大家怕死人，怕犯右倾，怕救灾出问题。应该不出问题，给了400万斤返销粮，12万救济款。我跑到你们这地方看，穿的、吃的，脸上气色还不错。你们的书记说灾区主要在南山，我还有工作，不能去南山了。要粮是对的，我是同情你们的。生活安排一定要走阶级路线，走群众路线，不能撒胡椒面。要把困难户照顾好。公社党委书记要很好地摸缺粮的底子，摸两种人，一种是严重缺粮，一种是缺一些粮食。摸底走群众路线靠什么？就是开贫下中农代表会，和群众研究。我们现在偷偷摸摸地摸底，十几天摸不出来。我看摸三等：头等缺粮户，二等缺粮户，三等缺粮户。我们在湖南生活安排上规定了六种人销，六种人不销，拟了一个六销、六不销的杠子，老百姓拥护得很。你们也可召开贫下中农会，规定几销几不销，群众通过，保证死不了人。”他谈离夏收还有100天，让群众度过春荒。又谈他刚在宁陕做过调查，四川巫溪的洋芋亩产可达2000多斤，亩产高，能接早，要推广这个好品种。

由生活安排，扯到政策的落实。由政策的落实，又扯到抓农业的措施。胡耀邦说：“抓农业，主要是抓措施，鼓干劲，水、肥、土、种、田间管理怎样赶上去。湖南冷浸田多，你们这里冷浸田多不多？最好办个磷肥厂，省上给你们支援一下。”

“安康发现有磷矿。”韦明海插话。

“怎么样？”胡耀邦十分关切地询问。

韦明海回答：“品位不高，要再做些地质工作。”

（或许是受胡耀邦这句话的启发，后来石泉县确实也办了个磷肥厂。）

“除磷肥外，还可搞种毛苕子，沤绿肥，湖北要给陕西十几万斤苕子种哩，都给安康吧。公社党委书记都懂得生产吗？”

当听到高志宏回答绝大部分同志都懂生产时，胡耀邦说：“那好，公社书记比我们生产应懂得多一些，不懂生产不行。我这回不考，下次来要考你们的生产知识。一定要措施落实。过去提的10分指标，12分措施，24分干劲，《人民日报》登了大标题。我们左手抓农业，右手要抓多种经营，靠山吃山养山，你们每人平均15亩山，山上还未解放或才半解放，这山上有龙须草、构皮、生漆、桐籽、茶叶、魔芋、棕片、竹子……”

胡耀邦博闻强记，善于提纲挈领，几句话、几个字就能理出眉目来。从石泉讲话可见他一贯风格。“我们石泉山上有多少项？编个顺口溜记住，脑子不要忘记嘛！毛主席在‘六十条’中提的 12 个字：粮、棉、油、茶；糖、丝、菜、麻；烟、果、药、杂。你们县上也编嘛！县委书记、区社书记都要记得这 12 个字。我的意思，扩大会议要讨论这个问题，山上的主要产品，每个党委书记都要记下，无非两个晚上不睡觉就背熟了。”

他给石泉算账：“桑苗你们种了 370 亩，明年可以收桑叶。茶叶也可以多发展一点。湖南从前年起一个大队茶叶上千亩，五年后每户平均收 200 元。紫阳搞，石泉也可以发展，安康都可以搞。湖南一人一亩茶，多富！山上还可以发展药材。镇巴原来的县委书记把长白山上的人参搬到镇巴山上，这个县委书记，我看要表扬。所有党委书记都要考虑，一年不行，两年；两年不行，三年；三年不行，五年；五年不行，七年；七年不行，就撤职嘛！你们必须告诉所有干部，15 亩咋办？今年做好准备工作，三年后大发展，要队队做规划。”

他又问石泉的社员分配，每年每人收入多少钱？

韦明海回答：“每人年平均 30 多元。”

听到回答，胡耀邦立即说：“太可怜了，有些大队平均一家人才二三百元。我去过的东北鹰不落大队，靠近鞍钢，每人收入 200 多元，就是靠果树，全大队 960 人，果子一成熟，他们用汽车拉。”

他又介绍了几个地方农民多种经营的做法。他说：“去年《红旗》杂志登的茅田区许智龙同志，虽有强迫命令的缺点，但干劲大，阴历腊月三十，他不过年，上山栽果树。全区 42000 人，87 万株树，一个人平均 20 株，去年收了十几万斤，将来一株打 30 斤，87 万株树，粗算 2610 万斤，5 分钱一斤，你们看卖多少钱？现在他们果树多了，劳力缺咋办？他们搞机械化。我到过广东、湖南，这些地方大规模地干。江西一个地方有两万亩的大果园，汽车开进去，半个多钟头出不来。这几年有不少的公社埋头苦干，茅田区平均每人一头半猪，社员把腊肉在家里挂满，还挂到外面屋檐下。有些人参观问，你们腊肉挂在外面不怕人偷？社员回答说，我们区都是这样，还怕人家偷？大寨大队主要是农田建设搞得好，粮食产量高，是一个大队，而茅田是一个区。”

韦明海插话，说看了《人民日报》上刊载的南方某一个县大力发展蚕桑和《看愚公怎样移山》的两篇文章。

胡耀邦立即说："县委书记要带头，区委书记、公社书记要后头跟，树立雄心壮志，咬紧牙干，五年把石泉干出个样子，不然就要落后。不抓山，肯定落后。"胡耀邦谈了春节第二天，也就是到石泉县来的前四天，他到西安市旁边的临潼县调研的情况，说："临潼前年棉花13万担，去年搞到20万担，增加棉花7万担，全县农业人口42万，每人仅棉花一项多收17元。"

他又对比临潼的情况说石泉："你们今年县上在搞苗圃，哪个不搞，要说服宣传，帮他算账，五年以后比高低，下决心，鼓干劲，从基本建设搞起。搞水轮泵，引水上山，搞好了，可以组织群众参观。

"15亩山怎样经营？把你们的粮食征购任务减下来，就是要你们上山，五年以后每人搞到100块钱，这才有点儿像社会主义。现在是什么？是社会主义底下的一穷二白主义。那时生活好了，社员会拉你们请吃饭。现在粮食缺，多吃几斤粮还要检讨。

"我们要把局面摆开，措施落实，走群众路线，埋头苦干。大寨、茅田区、罗治县搞得好，就是五八年以后一直没泄气。为了把农业生产赶上去，第一生产，第二多种经营，秋季评比，将功补过。

"宁陕准备在秋季评比中拿2万元奖，我主张石泉拿3万到4万元奖，报省上批拨。奖什么？奖化肥、牛、农具、水轮泵……公社、大队、生产队要大规模地发动群众，大搞群众运动，你们赞成不赞成？区、社、大队、生产队都要排队，像'二十三条'一样也分几种情况，到那时候，好的奖，中间的不问，落后的跃不上去又没有理由的要上台检讨。

"过去从宽，今后从严，这问题省委3月会议要做决定。要把这项工作搞好，商业、手工业、供销社工作都要搞上去。商业部门工作现在局面打不开，群众观点不够，总想挣钱，我主张一个县委书记、副县长专管这项工作，抓思想，政治挂帅。"

讲到动情处，他的声音略微大了点："把生产搞上去为了谁？为了13万人民翻身。共产党没有什么特殊利益，就是为人民利益，为人民利益是真本事，人民翻身，我们干部也翻身。"

他问坐在前排的一位干部："你叫什么名字，一月多少工资？"

那位同志一时半会儿没有回答。

刘积荣帮着回答："他叫李卓林，是石泉气象站站长，一月 51 元。"

"过几年就不是 51 元嘛，未必 51 块钱万岁！党委书记平均拿多少钱？"

胡仕佳接话道："平均拿三四十块钱。"

胡耀邦显然动情了："毛主席万岁！共产党万岁！中华人民共和国万岁！未必党委书记 30 块钱也万岁。我们生产发展了，干部生活也就好了，十年后大发展，我们国家将会大变样子。有的干部躺倒不干，你们就请他。一请他不干，你二请；二请不干，你三请；三请不干，我们就送瘟神。把十年前后比较一下，这就是向干部进行前途教育。"

胡耀邦石泉讲过话后，没有停留，2 月 7 日下午，在韦明海等人陪同下，沿汉（中）白（河）公路，向有着安康地区"白菜心"之称的汉阴县奔去。

韦明海坐进胡耀邦的车中，随时回答胡耀邦的询问。

■ 1965年2月8日。汉阴。

“我们人为什么要长两个耳朵？长两个耳朵就是要兼听，听两方面的意见。”

“今天发表意见的只有八九个人，讨论得不仔细。下去以后，你们自己讨论，不要马上投我的票。”

“从今年开始，不要着急，不要喊口号，不要说苦干三天改变面貌，苦干一冬改变面貌，这些都不行，不要重复过去的教训。要一步一个脚印，要三年、五年，甚至十年地干！”

“我再活十年可以看你们出成绩，看你们怎样领导汉阴19万人民在经济上翻身。翻不了，什么名字都是可以起的：吃干饭的。”

“讨论政治问题，就是讨论为人民服务问题。政治问题要争论，争论就要争论为人民服务，多做些工作。”

胡耀邦到城关镇西北村柑橘园场去参加劳动。苏大娘围着他的小轿车看稀奇。他请大娘坐进车，让司机拉着在公路上兜了一回风。

今日汉阴山城一角

戴辉旭　摄

2 月 7 日晚车到汉阴县城，早已是万家灯火时分。在县招待所简单吃过晚饭，胡耀邦来到县委书记阴汝平的办公室，召集有县、区部分领导参加的小型座谈会。

胡耀邦先请阴汝平谈全县在第一期社教“四清”中处理干部的事。阴汝平谈了四个问题：一是三年困难时期，县上动用了财政款 31000 元，补助了 100 多名有困难的干部，现已开始清退；二是县粮食局查出林德忠贪污粮票 77000 斤，已被判刑；三是丝织厂支部书记胡世禹、铁业厂厂长孙发成因贪污挪用公款被关押；四是凤亭公社党委书记谢选佳为几个生产队长恢复了职务，为“四不清”干部翻案，被判刑 20 年。阴汝平谈了全县当前干部的思想动态，主要是干部处分过重过多，人心惶惶。

胡耀邦听了汇报后归纳为“三万一”、“七万七”、“丝织厂”、“谢选佳”。并说，“听说你们县上压力大，这次我来就是为你们卸包袱的。‘二十三条’不是讲，有问题检查了，改了就行了，不要老揪住不放，天天检讨”。看着夜已深沉，胡耀邦说：“我看今天的座谈到此为止。”

2 月 8 日，一吃过早饭，胡耀邦就来到县政府大礼堂，出席有 80 多名区、乡干部参加的汉阴县委扩大会议。

会场没有主席台，与会者围了一个大圆圈，胡耀邦坐在中央。阴汝平简单介绍了胡耀邦是来汉阴了解贯彻中央“二十三条”情况的，然后请胡耀邦讲话。

汉阴县政府大礼堂旧址。1965年2月8日上午，胡耀邦在此出席汉阴县委扩大会议并讲话。大礼堂于1995年拆除，现为汉阴县人大常委会办公室。

戴辉旭　摄

胡耀邦问各社书记都来了没有。

阴汝平答道："有的是公社社长来了。"

胡耀邦问大家："你们都学过'二十三条'没有？"

大家回答："学了一遍。"

"你们都有'二十三条'小本本没有？"

"没有。"大家齐声回答。

"'二十三条'这个小本本7分钱，你们自己买一本，自己出钱，不要'四不清'。全县280多个大队，1800多个生产队，每个队买两本，装在口袋里，随时好学。"

昨夜的小型座谈会已使胡耀邦对汉阴县情况有了大致了解。他知道，要解放汉阴县干部的思想，先得从现实谈起，先从贯彻中央"二十三条"谈起。

"你们学了'二十三条'，有些什么问题？我的意见要肯定成绩，克服缺点。成绩大不大？要讨论一下。要共同来肯定成绩，要共同来克服缺点，不要说你是错误的，我是正确的。"

开场白后，胡耀邦直接进入主题："你们县上抓了8个人（指脱产干部），开除了40个，里面有张启龙，是黄龙（公社）的，谢选佳，是凤亭（公社）的，还有丝织厂一个胡世禹、铁业厂一个孙发成。张启龙你们熟不熟啊？判17年，谢选佳判20年。'二十三条'中讲四大民主，今天我们来个政治民主，大家来讨论。今天参加的有社、区、县、地、省五级干部，实行四大民主，来讨论这四个人，看他们有没有错误？处分重不重？该受什么处分？先讨论这四个人。这四个人讨论清楚了，其他就好讨论了，其他36个，你们自己讨论。我们在石泉讨论了三个人，一个叫王衍琛，一个叫杨贵元，一个叫张茂钏。"

一时半会儿没有人发言，胡耀邦就说："北京会议结束后，我们就要上飞机时，主席又将我们叫回去，特别强调我们的干部大多数是好的和比较好的。干部犯了错误，检讨了，认识了，改了就行了嘛，不要一犯错误就开除。"

见还是没人发言，胡耀邦又说："今天，我们讨论四个人。大家发言吧。我的意见有两条：一条是错误是有的，一条是处分过重了。错误是有，应该给一定的处分。这是'二十三条'中的九大条第六条，'对于有些犯错误的干部，给以必要的、适当的处分'，这是为了教育他们、改造他们。根据这个，是要给处分的。现在的这个处分，恐怕严重了些。咱们用半个小时来讨论，开门见山怎样？"

"张启龙是哪里的？"

"是铁佛（区）的。"

"谢选佳是哪里的？"

"是蒲溪（区）的。"

韦明海想把气氛搞活，插话道："武维桐来了没有？武维桐你讲一讲。"

武维桐是蒲溪区的区委书记。他说："谢选佳的问题有四点，主要是翻案风，把122个干部的经济退赔核减了。"

汉阴县1963年7月中旬到9月底，在凤亭公社进行第一期社教试点。1963年10月下旬到1964年2月，先后在天星、蒲溪、黄龙、凤亭的124个公社铺开社教。社教试点，一期社教，极“左”越演越烈，整人越来越多。凤亭公社的党委书记谢选佳感到冤假错案太多，他作为一名党员，给县委写了书面报告，要求县委对这些案件进行复查，“重新研究，予以纠正”。他的正确意见不仅不被采纳，反而被认定是为“四不清”干部翻案，以“现行反革命罪”于1964年11月2日被逮捕，12月14日被判处有期徒刑20年。

胡耀邦立即问：“核减得对不对？你们是不是一个一个都审查过？”

武维桐答：“没有。”

“这就是官僚主义。按照‘二十三条’，问题不严重，检讨又较好，经过群众同意，可以减、缓、免。”

胡耀邦又问：“谢选佳是什么成分？”

“中农。”

“过去工作咋样？”

“一般。”

“你说他有错误没有？”

“有。”

“处理重不重？”

“偏重。”

“你认为应该给什么处分？”

“我的意见可以给双开除。”

“可不可以不开除？”

“那要查。”

“你主张双开除。大家同意不同意他的意见？他现在表现咋样？”

县公安局局长刘朗轩说：“逮捕后，交代问题还老实。”

“你同不同意他（指武维桐）的意见？”

“我是同意他的意见的。”

县法院院长曹亚峰说：“我不同意武维桐同志的意见。谢选佳的问题，当时根据中央的文件精神，划为现行反革命分子是对的。要判刑，但是有些重了，当时是为了刹风。”

阴汝平问曹亚峰：“你的意见呢？”

“我的意见，判刑就要定罪，定罪的时间 20 年长了一点儿，可定 10 年。”曹亚峰表达了他的意见。

“开了大会没有？”胡耀邦问。

“开了 6000 多人的大会。”阴汝平答。

胡耀邦说：“大家讨论了没有？要组织大家讨论，开中会、小会讨论，让大家都受教育。大会只能鼓动鼓动。同志们，我们有官僚主义，区长、社长要注意。我们人为什么要长两个耳朵呢？长两个耳朵就是要兼听，听两个方面的意见。谢选佳为什么要支持队长？为什么不支持贫下中农呢？要么是受了贿赂，要么就是官僚主义……刚才这个同志叫什么名字？”

阴汝平答道：“叫曹亚峰。”

胡耀邦说：“刚才这个同志讲谢选佳的问题是严重的，定罪太重了、太长了一些。要定性，现在我们大家就来定性。干部有好的、比较好的、问题多的、性质严重的四种。你们还有什么意见？”

韦明海让平梁区平梁公社社长邓增富讲一讲。

邓增富说：“我不熟悉。”

韦明海说：“外区外社看问题更客观些。”

县公安局高庭秀接话：“我在下面听到的反映，有的同志说好家伙，一判就是 20 年。”

胡耀邦问高庭秀：“你的意见呢？”

高庭秀的回答也是：“我不熟悉。”

“还有哪个同志讲？坐了这么多解放军，现在全国都在学习解放军，学习‘四个第一’，你们讲一讲。”胡耀邦指着几个军人说。

军人们回答：“我们不了解。”

“你们是事不关己，高高挂起。”

县人行行长党思义接过话头：“我到涧池去听人讲，军坝大队的群众说，谢选佳当了干部看不起村里人。军坝大队支书叫罗正才，公社通知他开会，他女人不让去，拉后腿，并说，工作多了，会走谢选佳的路。”

胡耀邦听后说：“你说的是群众反映有两条，一是谢选佳当了‘官’，眼睛偏了，向上看，看不起村里人；一是对干部有影响，怕走谢选佳的路。你反映的这两条意见很好，反映了干部的心情。毛主席说，干部要以普通劳动者的姿态出现。我们共产党员、革命干部都是普通劳动者。你们看过旧戏中的曹操没有？曹操出来，两肩垫得高高的，走路摆架子。你们看过《四进士》戏吧？‘巡抚出朝，地动山摇’，这是旧社会的官僚架子。县长是七品官，社长呢？是九品官。不要对老百姓耍威风，不要在劳动人民面前耍威风，要在帝国主义面前耍威风，要在敌人面前耍威风。

“刚才这位同志讲得很好。还有哪位同志发表意见？我这里有一个名单，我要听听公社同志的意见。太平公社刘贵才同志，你说说你的意见。”胡耀邦点名了。

刘贵才说：“一般人反映，谢选佳是糊里糊涂的，有一个怪脾气。谢选佳都40多岁了，被判了20年徒刑，群众说‘球伙’了，刑满后就60多岁了。社教中处理了很多问题，大部分问题处理是对的，有些问题处理定性不准。”

胡耀邦听不懂“球伙”是啥意思，问阴汝平。阴汝平说，“球伙”是土话，就是完蛋了。

刘贵才又说：“谢选佳犯了一些错误，对他的问题，我同意蒲溪武书记说的，判得太长了，可以给双开除。对他的问题处理影响很大，现在很多基层干部都怕摘乌纱帽，人心不安，怕这怕那。对谢选佳‘双开’就行了，这样对他可以教育，对大家也教育了。”

“他家几口人？”

“七口人。”

“还有没有劳动力？”

“就是他爱人。”

城关区委副书记郭增义说：“谢选佳的问题，根据当时中央通报的文件精神定为现行反革命分子，是对的。但现在根据‘二十三条’的精神来看，就有些重。”

韦明海问：“你的意见是什么？”

郭增义回答：“我的意见最多判5年。”

高梁公社书记刘远寿接过话茬：“我同意蒲溪武书记的意见，应给谢选佳出路。”

听到“给出路”几个字，胡耀邦来了精神：“给出路，这很好，‘二十三条’十五条就讲的是给出路，犯有严重错误的干部，可以不再当干部，不再当党员，可以当社员。给出路，这是毛主席说的。你们再讨论，应该听大家的意见，不听大家的意见，我个人独断专行，就要犯错误。发表意见的都肯定了两条：有错误；重了！法院的同志和区、社的同志的意见有距离。我个人的意见，这个人有错误，是严重的，重新看这个案子的时候，法院也是维护群众利益的，处理案子的人不错。区、社同志的意见也是好的。有的同志讲，谢选佳的问题是按过去中央文件定的。‘二十三条’又指出，过去的文件如果和这个文件抵触，一律以这个文件为准。要记住这个。前面讲的是原则。我个人的意见，跟韦书记商量过，谢的问题严重，要受处分，可开除党籍，开除公职，不判刑。家有七口人，只有半个劳力，让他回去好好劳动。还有一个意见，如果要判刑，也可以，判上一年，先放回家劳动。放回家之前，跟他谈一次话，叫他回去好好劳动。还可以叫他当副队长，还可以给他讲清楚，表现得好今后还可以入党嘛，不要让他‘球伙’了。处分干部，处分人是为了教育人，处分不是目的，改造是目的。处分是为了教育人、改造人；抓起来也是为了教育人、改造人。如果相当多的家属拉后腿，社会主义就搞不好。请你们再讨论一下，把谢选佳的问题讨论清楚了，就有了一个标准，其他人就好办了。讨论实际问题，联系文件，不要搞什么‘烦琐哲学’。方案有两个，话说回来，我还是赞成第一个方案。”

韦明海道：“也代表我的意见，我同意胡书记的意见。”

胡耀邦接着说：“要注意广大干部的意见。广大干部有两种意见，一是认为谢选佳有错误，一是说‘球伙’了、‘二十年’。我们共产党员，要冷静地考虑问题，不要凭热情办事。不判，犯了右倾错误没有？没有。我看这是比较实事求是的。开了大会，开除了党籍，又开除了公职，又给了他出路，贯彻了‘二十三条’的精神，我看没有犯右的错误。这关系到咋样办案，要群众办案子，不要少数人办案子。监委的工作、法院的工作，今后要注意这个问题。今天发表意见的只有八九个人，讨论得不仔细。下去以后，你们自己讨论，不要马上投我的票。”

阴汝平道：“对！我们自己讨论。”

胡耀邦又继续说："地监委书记来了，要多住几天，把40个人的问题一个一个讨论清楚。胡世禹主要是投机倒把、腐化、蜕化变质，问题也是严重的。把谢选佳的问题讨论清楚了，就好办了。同志们，请你们注意这个问题，我们应从这40个人中得出一个什么教训。就是说过去、现在、将来，还会有走资本主义道路的人，阶级斗争还会反映到革命队伍里来，全县1000多干部中，过去出了一个谢选佳，将来还会出李选佳、赵选佳、钱选佳……（他们）违法犯纪走资本主义道路。还有没有犯错误的人？我看还会有。我们的干部经常有这种情况。出了问题怎么办？揭发嘛，批评嘛，斗争嘛。同志们，不要睡大觉，不要以为'二十三条'来了，全县干部就不犯错误了，就都成了马列主义者了。我们得出一条教训，就是对犯错误的干部，要及时地批评，及时地教育。各级党委要加强党的生活，健全组织生活，不要只谈生产，不管政治，要经常开会研究党的政策，研究党的工作。研究政治、思想、组织生活，要搞民主，搞'四个第一'。有的干部犯错误，几年不谈，谢选佳犯错误，你们提出过批评没有？对他提醒过没有？比如对谢选佳，你们这样说了吗：'老谢，我听群众反映，你有架子，瞧不起村里人？'革命战友，书记嘛，你们批评了没有？看来过去没有。我也不批评你们了，批评了你们又要背包袱。对有错误的同志，要敲警钟，对支部书记也要这样。"

很长一段时间，中国大地上无法可依，有法不依，长官以言代法，量刑、处理人，往往是官员们讨论议定。无数冤案错案大都是在这样的背景下产生的。胡耀邦当然也是生活在时代局限中的人，他也难逃讨论议定的模式。我们诅咒这种模式，但模式中的人却差别甚大。有的人依事依理，把人事处理得尽量公允；有的人则仗权仗势把事态扩大，把人整惨。胡耀邦属于前者。在法制不健全、被践踏的时代，胡耀邦更注重对犯错误干部的教育和帮助，不一味迁就，也不一棍子打死。

胡耀邦提出正确处理谢选佳等人的意见之后，汉阴县人民法院在已经宣布判刑20年之后两个月的1965年2月14日，改判为免予刑事处分，释放回家。

当日早晨的汉阴监狱，谢选佳被警察唤醒："收拾好东西，送你回家。"

谢选佳逮捕之时，要求判处死刑的呼声很高，后来才宣判为有期徒刑 20 年。

警察脸上冷若冰霜，他们对胡耀邦要求释放谢选佳的事本来就心存抵触，不想和成为阶下囚的谢选佳说更多的话，做更多的解释。

谢选佳头脑中马上过电：我的末日到了，我的罪行“升级”为死罪了，就要像悄悄拉出去的人一样“上路”了。

谢选佳连同他的被子被警察拎上汽车。一路没有话语，只有汽车的轰鸣声。那轰鸣，撕着谢选佳的心——明年今日，将是我的一周年忌日。

“哪一块地方，是我的葬身之所?”谢选佳惊悸至极地望着车外。

车到凤亭公社——他曾努力工作过而最终折戟的地方，谢选佳被喝令：“下去!”

谢选佳下到地上，却不见押送他的警察下车。他四顾茫然。

汽车开走许久，谢选佳仍惊疑不定：“我被释放了，是真？是幻?”他扛起被子，朝家中走去。

2 月 14 日，是胡耀邦到汉阴之后的第七天。

汉阴县对在 1965 年 1 月底前社教运动中处理的脱产和不脱产干部 307 人，改变处分共 102 人，占到原处理总数的 33. 2%。免除了一部分干部的牢狱之灾，挽救了一大批忠心耿耿干事业的人。人们如沐春风，心头阴云一扫而去。

只是好景不长，随着胡耀邦接下来遭到无情的批判，一些出狱的又重新入狱，改判的人又重新获刑，一场更大的磨难不可避免。——这是后话。

胡耀邦话锋一转，谈起干部的劳动。

“你们 288 个支部书记参加劳动怎么样?”

立即有人答道：“去年比前年好，个别人完不成规定的劳动日。”

“不能说是规定，应该说是自觉。不自觉参加劳动，就要犯错误。要及时敲警钟，要经常有民主生活会，常开支部会、党委会，犯了错误不改，就要批评、斗争，把政治生活搞好。”

胡耀邦接着谈他在石泉谈过的对“当干部没有好下场”的见解。他阐发对工作中出现错误的看法："错误有两种，一种是可以避免的，一种是难以避免的。如贪污你就不能说是认识不高嘛；偷盗，你总不能说是认识不清嘛。"

"有的确实难以避免，"他讲了自己在1958年"大跃进"时代的一段经历，"因为政治水平不高，没有经验，如亩产1万斤，我也想过行不行。我在中央团校搞了3亩地，坑挖了几尺深，层层上肥，忙了好多人，最后收了400斤。好了，这就有经验了。没有做过的工作出错，难以避免，错了就改，如亩产万斤啰，公共食堂啰。没经验啰！"

话题又扯到汉阴处理人上边来——"如果40人有相当一部分减轻处分，是不是又产生一个错觉？认为人家错误都减轻处分，我怕什么？有错误的人不承认错误或者不改正错误，谢选佳放回去了，我比他轻就不改正，坚持错误，大胆犯错误，可不可能？出现不要紧，现在就打招呼。"

胡耀邦讲了处理这种情况的一种办法："最好的办法今年11月、12月，来个工作大评大比。谁过去好，是功上加功；谁过去有错误，改了就是将功补过。公社、县上两级评比，可选择12月，评比以后好过年。根据'二十三条'四种情况，哪些是好干部，哪些是将功补过，哪些补了过还有余。有了余的，处分也不要了，批评也不要了。也可能有过上加过的，怎么办？我看，请他们做检讨。"

韦明海插话说："县上各部门、区上也评比。"

胡耀邦对汉阴县情已基本掌握了，此时他想必感到在纠错的问题上已经谈得够明了了，该谈实质性的问题——生产了。

他开门见山："生产两大问题，一个是农业，一个是土特产。你们全县是36万亩耕地，9万亩水田，去年搞了7600万斤，今年计划9000万斤，每人不到400斤。安康地区去年征购任务1亿1000万斤，今年7000万斤。今年地委减少你们县公购任务，由1550万斤，减少到850万斤。在干部会上要说这件事，我的意见，还要给群众说这件事。怎么说？减了任务，又要增产！可能有人会问，你们上面又搞什么名堂？就是又减任务又增产，就是这个名堂，把生产搞上去！我希望你们超过9000万斤，搞到1亿斤好不好呢？每人平均六七百斤口粮，我看好得很。"

胡耀邦讲话，不是长江黄河，一泻千里，而是时不时穿插一点点例子，用一种自问自答的方式引起听者注意。这是胡耀邦多年演讲形成的一种艺术风格。“我在湖南工作时，曾向一户群众做过调查。”他根据当时的情景复述道——

“你家几口人?”

“六口人。”

“分了多少粮食?”

“分了 16000 斤。”

“农民的眼光短，容易满足。分了 700 斤粮食就有人要去赌钱。

“粮食要搞好，别的也要赶上去。棉花你们达到过 68 万斤，去年只有 15 万斤。棉花征购任务今年不要你们的了，希望你们赶上去，但棉田的农业税还要缴。油料计划 90 万斤也要搞上去。还有生猪计划达到 5 万头，要赶上去。粉坊问题，有条件的地方可以搞粉坊嘛。

“这不够，还有第二大项，是把山搞好。

“你们全县 225 万亩山地，耕地是 36 万亩，每人只有两亩耕地，有十多亩山，要搞好山。靠山要养山。山上东西多不多？我看又多又不多。”

谈到“多”时，胡耀邦扳着指头数起来：“有桐油、蚕桑、龙须草、茶叶、生漆、棕片、木耳等。”

谈到“不多”时，胡耀邦说：“200 多万亩山，桐只产 80 万斤，去年才 30 万斤，有些山没有很好经营起来。省委希望，从今年开始，大规模开发山，经营山，不是有愚公移山吗？你们就是愚公移山。愚公，不能向山要宝吗？你们搞了 200 多亩桑苗，300 多万株，两三年就可养蚕，妇女、小孩就有活干了。”

胡耀邦是一个善于观察又善于总结的人。他接着讲：“昨天，我在路上看一亩麦地里有几十人锄草，抢工分，这是人海战术。没事干，只好搞自留地、养猪，你说他的思想是什么？十二三岁的孩子事情不多，精力充沛就打架。有人批评青年打架是没教育好，我不同意。只要给他们找个工作，有事干，打架就减少了。要考虑妇女、青少年，我们要想办法。办法就是搞多种经营，使他们有事干。山上要大干。从今年开始，不要着急，不要喊口号，不要说苦干三天改变面貌，苦干一冬改变面貌，这些都不行，不要重复过去的教训。要一步一个脚印，要三年、五年，甚至十年地干。

“去年，《红旗》杂志刊登了湖南茅田区改变山区的事迹。区委书记许智龙34岁，很能干，从五八年开始亲自带头种梨树、杉树等，到前年搞了87万株，光梨树一人平均20株，平均每人一头半猪，粮食亩产700多斤。猪肉挂外面房檐下。参观人问老百姓，你们猪肉挂在外面不怕人偷？老百姓说，我们这里无人偷，家家都有。

“我看了好几个大队，八九百人，一人平均一亩茶叶。主席的家乡湘潭一个谢家大队的支书，引我去看他搞的茶叶，前年300亩，今年700亩，他说：胡书记（胡耀邦于1962年11月10日至1964年6月曾兼任中共湖南省委书记处书记、湘潭地委第一书记），五年后每人平均一亩茶，每亩平均最低收50斤，就要收入35元（那时7元钱是一个人一个月的生活费），五口之家就要收入二三百元。”

胡耀邦继续鼓励大家，“同志们，五八年以来，我们有些人就一直没松劲，大庆就没有松劲，前几年那么困难，都不叫喊，不下马。一个大庆，一个大寨，一个茅田，他们还在埋头苦干。我们要学习他们。从今年起，大干不叫苦，干十年。茶叶打上去，蚕桑打上去，一年打一些，一年打一些。”（打，在湖南话里是上的意思。）

“我们干部不要完全听农民的话，不光是中农，还有一部分贫农、下中农的话也不要听。有些农民志气不大，理想容易满足，他们的眼光看得不远，有了几百斤粮食、一口猪就满足了，认为这是共产主义。所谓三十亩地一头牛，老婆娃娃热炕头。农民要在共产党领导下方能走社会主义道路。他们志气不大，我们党员要有志气，理想大些，要埋头苦干，干他三年、五年、十年，每年要有成绩。”

胡耀邦从不隐瞒自己的观点，这是他对部分农民落后思想看法的一次明确表达。

他环顾一下四周，见多是40岁往下的人。他发感慨了：“在座的50岁的不多。”他指着在座的地监委书记刘涛：“只有我们两位在这里可以摆老资格。我再活十年可以看你们出成绩，看你们怎样领导汉阴19万人民在经济上翻身。翻不了，什么名字都是可以起的：吃干饭的。

“县上做规划，区、社都要做规划。你们要修三条架子车路。要求支援钢钎、炸药。观音河水库今年不上马，明年上马。减了粮，减了棉，要求省上解决钢钎、炸药，没问题。关键靠你们 38 万只手，开动脑筋，想办法。交通、文化等，要好好搞，干出成绩，38 万只手就是巨大的物质力量。”

他又绕到人和生产的关系上来：“缺点错误容易办，40 个人的问题好办，半天就搞完了，不要‘烦琐哲学’。要把生产搞上去，写出决议，一个社一个队去落实，是大干、中干、小干、不干。不干也可能。哪个不干？要一穷二白？一穷二白万岁?！我看 40 个人半天就处理完了，可以将功补过。有的人就是多占了 100 元，苦干十年怎么才值 100 元?！我们要往前走，往后看，不但要认识世界，还要改造世界。前几年困难，粮食不够，布证不够，物资少……你们县上分了 5.8 万元，领导没拿，这是为大家，检讨就行了。这次不检讨了，小账不算了，算不清，要算前面的账，算大账，不要光往后看。我不跟你们算老账，我跟你们算今年、明年、后年的增产账。

“今后，我每年来一次。假若你们搞得好，我来看，你们光彩。如果搞得不好，我也不来，来了，对你们压力很大。搞得好，我可以来，搞得不好，我就从城外面溜走。哪个公社、哪个大队搞得好，我可以去考察。我们人从娘肚子里十月怀胎，出生来干啥？总希望干些好事，多想些办法，为党为人民干些好事情嘛！我们要讨论政治问题、思想问题、生产问题。讨论政治问题，就是讨论为人民服务的问题。政治问题要争论，争论就要争论为人民服务，多做些工作。”

在汉阴县城讲完话之后，胡耀邦一行继续南下。

汉阴和一些地方的习俗，农历正月初五过后就可以下地劳动了，谓之“破五”。2 月 8 日，是正月初七日，是汉阴县城关镇西北大队社员过完春节后第一天出工的日子。西北大队果园农场的场长苏成美带领着苏成全等十余名社员，正在龙岗山西段柑橘园里劳动。

胡耀邦见刚过春节就有人劳动，嘱咐司机停车，在韦明海以及汉阴县委副书记沙景玉等人的陪同下，到柑橘园里和社员一道劳动，他挥铲给果树根部施肥、松土。边劳动，边与社员谈论着。

胡耀邦对社员说：“你们在果树之间，间作粮食、蔬菜，一手抓粮，一手抓钱，搞多种经营，这个路子很好哇。”又问社员：“你们的粮食够吃不够吃？”

休息时，胡耀邦向场长苏成美详细询问柑橘的生产和管理情况。苏成美说，农民只是栽树，并不太懂生产技术，管理还谈不上，产量低。胡耀邦当即表态：回到省上后给予帮助解决。

后来，虽然胡耀邦遭到了无情的批判，但他在自身难保、自顾不暇的情况下，还不忘他的承诺，联系陕西省果树研究所的专家和技术人员，让他们驻队指导果园的柑橘生产技术。我国柑橘著名产区浙江省黄岩县柑橘生产研究所派来了技术员黄兆富，四川省金堂县派来技术员曾能凡。在他俩的指导下，西北大队解决了柑橘病虫害防治、修枝、施肥、品种老化、落果等一系列问题，现在的西北村靠柑橘走上了富裕之路。每说及此事，当地群众至今还念叨是胡耀邦为他们办了件好事、实事。

胡耀邦等“大干部”来西北大队柑橘园劳动的消息，立即引来生产队的群众围观。苏成美的老伴儿在胡耀邦乘坐的小车前摸来摸去的。胡耀邦问，坐过吗？大娘说，看才看过几眼，哪里坐过！胡耀邦立即叫过司机，请大娘坐进小车前排，让司机拉上大娘在公路上兜了一回风，引得围观的群众羡慕不已，欢快无比。看着大娘笑，围观的农民憨憨地笑着，胡耀邦也笑了。

离开汉阴，胡耀邦一行向陕南重镇安康驰去。

■ 1965 年 2 月 8 日。汉江上。

当了解到汉江梯级开发已有规划时，胡耀邦说：“真的开发了，安康就富了。”

当听到汇报全区公路情况的同志没到过西万公路的另一端万源时，胡耀邦有些愠怒了：“你们这是鸡犬之声相闻，老死不相往来呀。……公路部门的同志有机会要去那里了解了解情况。”

“你那个水库能容纳多少立方水？你知道一亩稻田从插秧到收稻谷要消耗多少立方水？你那个水轮泵的扬程多高，半径有多大？”那干部却回答不上来。“一亩田从种到收要耗水 666 方。你说的那个水库容量，我计算了一下，一天 24 小时，一年 365 天不停机地抽水也不够两万亩田的用水量。当领导的要研究问题，要学科学知识，不然就会让有的人把你蒙了，你办的工程就成了劳民伤财的工程。”

昔日七里沟

王爱萍　摄

安康县城，是安康地区政治、经济、文化的中心所在。安康专员行政公署设在安康城内。

安康建城已经有2000余年的历史，辉煌与悲壮始终与这座山水之城相伴共生。秦惠文王更元十三年（前312），设在现在安康城对面的西城县，就曾是汉中郡的治所。西魏废帝四年（554），因安康月河川道出麸金而得名金州。唐天宝元年（742），撤金州而设安康郡。明朝万历十一年（1583），汉水溢城，五千黎民葬身鱼腹，官府在城南高地处筑一座城，名曰新城，地名改为兴安州，喻意要复兴一方土地。清朝乾隆四十八年（1783），州升为府，这方土地称作了安康县，寄寓着“安宁康泰”之愿。安康由此名行天下。

1965 年 2 月 8 日下午 2 时左右，胡耀邦一行来到安康城西的七里沟。所谓七里沟，就是往时衙门，今日政府离此地有七里之远。胡耀邦一行并没有走进这座古城，而是顺着擦城而过的汉江朝安康下游旬阳县进发。

今日安康七里沟，汉江三桥飞架

吴定国　摄

胡耀邦不进安康城而先下旬阳县，与其看作是精心计划了行程，不如说更能体现胡耀邦的工作风格。他要到基层去做更多的调查，占有更多的第一手资料，最后再形成自己的观点。

当时旬阳到安康没有公路，两县往来靠的是亘古流淌的汉江河。

专区人民银行行长姚龄修、专区供销社主任孙杰、专区航管局局长段希融、专员公署办公室副主任李鸿宾、专区工交局的何建生、专区水利水电局的蒋维华等经济部门的官员和工作人员得到通知随胡耀邦检查工作，随时向胡耀邦汇报。

胡耀邦下车，和前来迎接的几位地委、专署的领导握手，没有过多地寒暄，随即上船。

市航管局派来了一条名曰“跃进号”的机动船，船长叫周正焰，船工都是根红苗正的“红五类”。这是一条长年往返于安康旬阳间的客运船，船舱里铺的木板晃来晃去。

胡耀邦见是条陈旧的船，说：“就是这样的船？”

周正焰回答：“这是目前安康航道上最好的船了。船工们正在加紧检修哩。”

上得船来，胡耀邦说："咱们既然到了汉江，就先说汉江吧。"专区航管局的段希融首先汇报。

船舱里靠驾驶员处放置了一个小方桌，作为汇报席，谁发言谁坐在桌前。胡耀邦和地委、专署的各方领导坐在两边的木凳上。

马达声轰轰作响，汇报人的发言被马达声压过。胡耀邦说汇报人朝前来。小桌子放在了船舱中间。

段希融从汉江发源说起，说汉江多长，流经哪些地方，在湖北武汉入长江……胡耀邦说："这些就不说了，只说与安康有关的事。"

段希融说省上规划了汉江梯级开发。介绍了石泉、喜河、安康、旬阳、蜀河、白河修电站的事。

胡耀邦问开工情况怎样，段希融说已经有了纸上的规划，但实际一级都没开发。胡耀邦说："真的开发了，安康就富了。"

胡耀邦问汉江航运是上升了还是下降了，回答说汉江航运下降了。

胡耀邦问其故，说是湖北的丹江修建了水库，堵塞了去湖北武汉的水路，安康许多基建下马了。胡耀邦问汉江上有多少只船，能运多少吨货，吃水有多深，问得甚为详细。段希融说："安康航运发展不起来，还有一个原因是险滩太多。"胡耀邦说，"那就抓紧疏浚嘛。"

胡耀邦见人们由江北到江南的安康城去，就靠一个趸船。他指点道："安康城应该有一座通城的桥。"（安康汉江大桥于后来的 1969 年 4 月动工修建，1971 年 7 月 1 日建成。）

船行到水西门外的安康港口前时，韦明海叫停机动船，说省委书记到安康，坐这样的船，也太不敬了，大家从港口上搬来几把藤椅，继续开会。

接下来是地区工交局的何建生汇报全专区的公路建设情况。

时年 32 岁的何建生因为家庭是地主成分，尽管他业务过硬，却无一职。当天他被通知去为省上领导做汇报。

胡耀邦问，有地图吗？亏了当天早晨何建生在等候省上领导到来时，让一位同事匆匆把自己办公室墙上的安康专区地图揭下送来。

"有。"何建生回答。

他立即在小桌上铺开地图，向胡耀邦介绍公路情况。

汉白公路介绍过之后，介绍西万公路，"西万公路一头起自西安，一头起自四川的万源。我区的宁陕、石泉在其线上”。

“万源去过吗?”胡耀邦问何建生。

“没有去过。”何建生如实回答。

“你们这是鸡犬之声相闻，老死不相往来呀，”胡耀邦面有愠色，“你是公路管理部门的同志，连万源都没去过，那老百姓更别提了。公路部门的同志有机会要去那里了解了解情况。”

何建生谈平（利）镇（坪）公路已经修到曾家坝，谈安（康）岚（皋）公路是晴通雨阻，谈汉阴县城到铁佛的27.5公里公路没有资金暂缓修建。

胡耀邦问把汉阴县城到铁佛区的公路修通得多少钱。何建生回答得180万元。胡耀邦立即不高兴了，说：“汉阴的同志说要160万元，你们要180万元，层层加码！没有一点儿自力更生的精神。”

“安康人穷，穷在哪里？穷在路不通。农民生产的东西运不出去，运不出去就挣不到钱。”胡耀邦以安康的桐籽为例进一步分析：“（桐籽）一般都被我们自己榨油点亮用了，运不出去，就烂掉在深山，而外国人购去了，深加工，加工成各种化工用品，成百倍地挣我们的钱。”

胡耀邦要求：“安康的地方领导每年至少研究一次公路建设，不，至少两次研究公路发展情况。”

胡耀邦见何建生汇报时由于拘谨而显得磕磕绊绊的。问是局长吗，说不是；是副局长吗，说不是；问是科长吗，说也不是。胡耀邦了解了情况后，说：“要大胆起用年轻人，老同志有这个责任，不要唯成分论，成分是上一辈子爹妈的事。共产党人是看中个人表现的。”

接下来是专区水利水电局的蒋维华汇报全区的水利建设。他提出专区准备搞一个大的水轮泵站试点工程，以保农业增收。

胡耀邦就此谈起他在汉阴的一件事。他说汉阴一位干部曾向他汇报县上要搞一个两万亩旱涝保收的水轮泵工程。他问那位干部，“你那个水库能容纳多少立方水？你知道一亩稻田从插秧到收稻谷要消耗多少立方水？你那个水轮泵的扬程多高，半径有多大?”那干部却回答不上来。“一亩田从种到收要耗水666方。他说的那个水库容量，我计算了一下，一天24个小时，一年365天不停机地抽水也不够两万亩的用水量。当领导的要研究问题，要学科学知识，不然就会让有的人把你蒙了，你办的工程就成了劳民伤财的工程。”

接下来，李鸿宾谈安康的生漆、天麻、木耳、五倍子等多种经营情况。韦明海也时不时介绍安康的茶叶、蚕茧。胡耀邦说，这些东西要形成规模，不然就没有效益。

胡耀邦边谈边介绍核桃、柿子从种苗到收成的周期，果树的大年、小年，大年丰收，小年歉收。显见他知识的广博精深。

孙杰准备了一个发言稿，但没有被问及，也就没做详细汇报。

见汉江两岸的麦苗多是黄秧，胡耀邦笑问韦明海这是几等苗，韦明海回答是二等苗。胡耀邦说："我看最多能算三等苗。"

胡耀邦有时也和同行的人拉拉家常。他问陪同的干部："你们说，为什么安康人割麦子、稻谷用齿镰而关中的农民用板镰？哪一个更快、更锋利些？"他的提问令同行的人一时半会儿回答不上来。

■ 1965年2月8日。旬阳。

面对不按经济规律办事，限制农民把土特产销向湖北的事，胡耀邦发了少见的脾气："这是蠢！死官僚！反党中央！……中央讲商业渠道，我们有的同志却反对中央讲的商业渠道。自己封锁，自己祸国殃民。搞社会主义连方向都不明确了。不想到国家，做官当老爷，哪里做事这么荒唐！"发脾气的事，后来成为胡耀邦的一条罪状。

几件没有任何关联的师生恋被传为有组织、有预谋的青年教师流氓案。对此，胡耀邦说："我们自己文化不行，外地来了人，我们又不注意，发生了问题，我们又要抓人。这个问题，要做进一步研究。你们这个地方为什么有文化的人少？老师，我看没有多少权。我这是说公道话，因此，你们要对这项工作更加谨慎。"

奇山异水太极城，美称“金线吊葫芦”

刘贵棠　摄

旬阳在安康下游，两县相距百余里。

2月8日下午约莫5时，胡耀邦一行乘坐的机动船到了旬阳县城百米之外的上渡口。

当时汉江旬阳段的主河床靠南。下船到县城，得穿过近百米长的沙洲。

旬阳县城设在汉江和旬河夹裹中的龚家梁上。人们把汉水称作大河，把旬河称作小河。沙洲之北邻近县城城堤，又有汉水灌入，成为一条时浅时深的河，人们称作套河。汉水、旬水满水时，汪洋一体，龚家梁上的山城，被水紧围，金线吊葫芦便成了旬阳城的美称。汉水、旬河缠绕山城，状若太极图上的阴阳鱼。清朝以来，有文人雅士便把这奇山异水称作太极城了。

县上派了几个人在江边迎接胡耀邦。江风微吹，寒风袭人。

县上一人前边带路，胡耀邦走在第二位。

他们一行过套河，顺着柳树林草房街六家巷，沿垭子口拾级而上，直向龚家梁最高处的县委、县人委大院走去。在西门洞口，胡耀邦询问西门的历史。县上领导做了回答，胡耀邦很感兴趣，嘱咐对城里的古迹要保护。

胡耀邦见街道上有欢迎省上领导来县视察的标语，又见所过街道大都关门闭户，冷冷清清的样子。一问方才知道县上在他到来之前实行了戒严。胡耀邦立即表现出不快来，说："我想要看一两间铺面都看不到，原来你们搞了戒严。不能这样搞嘛，我们是来工作的，不是来扰害老百姓的。"

旬阳县老县城西门

吴定国 摄

上至后城岔道口，胡耀邦欲去后城临旬河地方看一下。当地干部生活困难，城市居民也养猪，那街道看起来很脏，陪同的干部不想让胡耀邦去看。胡耀邦不悦了："这不能看，那不能看，我们下来是干什么的?！下来就是看的嘛。"胡耀邦执意到小巷去一转。

在快到政府的衙门口街，他发现有两个小孩在玩耍，脸上脏兮兮的。胡耀邦停下来问小孩怎么不洗脸，同行的人告诉他：旬阳人吃水很困难，要爬几百个台阶到旬河去挑水。有的人家就不让小孩洗脸，或者几天洗一次脸。当时旬阳城中人家，一般都是共用一脸盆水、一条毛巾洗脸。

马上就要吃饭了，却不见胡耀邦，急坏了公安人员。在吃饭前的一阵，胡耀邦一人转到了离政府不远处的一家"三八饭店"去了解民情。

在县招待所用晚餐。晚餐中，胡耀邦不喜欢等级式的就餐方式，而是瞅着哪里有空位，就随便坐下吃上几口。

李鸿宾坐在胡耀邦身旁，发现胡耀邦竟是个左撇子。

胡耀邦很快饭毕，起身去附近散步。

在政府院内的一间房里，见关有两人。胡耀邦问为什么被关。从两人结结巴巴的回答中，胡耀邦得知他俩是旬阳中学的老师，因犯男女关系的错误被暂时羁押在此。

晚餐毕。当晚 7 时左右，召开了有县委委员、县部局主管领导干部参加的会议。由县委书记马凤来汇报旬阳县的基本情况和经济发展状况。

马凤来说："全县有 10 个区，59 个公社，2 个镇，823 个大队，3360 个生产队，313750 人。其中农业人口 29 万多，耕地 913000 亩。粮食正常年份产量 1.3 亿斤，去年 1.1 亿斤。"

胡耀邦接过话茬："根据你们的概念，你们每人 3 亩地 15 亩山。你们有多少成材林木？"

马凤来没有正面回答，继续说道："全县 6 万多户，养生猪 6 万头，平均每户一头猪。"

胡耀邦立即问道："你们土特产还有些啥？"

"土特产还有桐油、柿子。最高年产量 1200 万斤。"

"按这个账算，每户两棵柿子树。"

"花椒最高年产量 800 多担，正常年产 6 万斤。六四年只收 1.25 万斤。"

"你们把花椒压了价，人家就是不卖给你。"看来，胡耀邦是经过调查，心中有数的。

当马凤来谈到龙须草没有专区批准手续不能运往湖北时，胡耀邦发了几天来少见的脾气："这是蠢！死官僚！反党中央！"

他稍稍舒缓一下口气又说："我对商业工作意见大。中央讲商业渠道，我们有的同志却反对中央讲的商业渠道。自己封锁，自己祸国殃民。搞社会主义连方向都不明确。不想到国家，做官当老爷，哪里做事这样荒唐！我们的商业在一些地区流转上太不负责任了。这个问题要鼓足干劲讲，狠狠地讲，对人民负责。现在讲狠，是为了将来少处分人。"

县上的张培元汇报道："土特产还有苎麻，正常年产量 17 万多斤，去年收购回来 12 万斤。龙须草，正常年产量 500 万斤，去年收购 200 万斤。花椒压价是省上，专区也有压价现象。"

"你有勇气，我感谢你，你还可以告到毛主席那里去。多压价，也无非是给上面多交利润，现在没有了，可以少上缴嘛。"胡耀邦赞扬张培元。

受到鼓励的张培元壮起了胆子说："我们农产品流转，从历史流转方向，从历史习惯来说，一贯向下运（指朝武汉运）。现在硬要倒流，从安康往西安运。”

胡耀邦对这种不按经济规律办事的行为表现出深恶痛绝，他语带感情地说：“安康以东的山货，湖北要什么给什么行不行，旬阳人民不是翻身就翻得快了吗?！年年说商业渠道，有的人年年反对中央的商业渠道，这样就不好了嘛。我们搞社会主义教育，连方向都不明确，只知道反投机倒把，反男女关系。在商业物资上，我们有些同志太不负责，是祸国殃民。百分之九十以上的山货特产往汉口去，我请求你们这样办行不行?！你们自己定个合理价格，自己做主。”

胡耀邦把旬阳县城小孩不洗脸的事和山货流通联系了起来：“旬阳有的人不洗脸，不洗脸反映了人的生活水平。你们县的人民生活水平，我看基本没提高。没有提高的原因，其中一条是土特产品没有抓起来，没有运出来，这就是因为我们在农产品收购工作中采取了错误的政策。”

他停顿了一下，心情似乎有些沉重。“我们的供销部门要考虑这个问题。我们要对党负责，对人民负责。我是不是到你们这里来摆官僚架子了？凭党性来说，我不是。你们大胆地收，为人民服务嘛。收了后，往下面走。”他的手在胸前画了一个向下的姿势，那意思很明确：向旬阳的下游湖北去发展，走商品流通的正常渠道。

县供销社的主任葛景铭据实而言：“我们和湖北是毗邻地区，我们收购价格低，湖北价格高，有些农产品都被人家收购了。”

胡耀邦说：“供销社要放手收购。除了某些东西向上外（指到安康），百分之九十走汉口。以不亏本为原则，给群众合理的价格，有多少收多少。将来县上报价，省上批准。”

“请求你把工作办好行不行？价格不由我们定，而是由群众定。”胡耀邦对葛景铭说。

马凤来插话：“石泉收橡子壳，他的价格低，还硬叫我们卖给他。”他对这种低价强买的现象不满。

胡耀邦气愤了：“这是占着茅房不屙屎，是往这里干坏事。

“你们再想想看，你们哪些物资都要从下边走？把给省上交的除开。只要是这样，你们大量地收。

“你们的会什么时候开？开的时候，一个大队来两三个都可以——贫下中农（协会）主席、大队长、支书。分片开也好，以区开也可以。开会时，有错误的干部也可以参加。”

旬阳县老城府民街一瞥。图片中向左拐的小路为衙门口直通旬阳县委、县政府的小路。这张照片记录了20世纪60年代至80年代此街的真实情景。

吴定国　摄

20世纪60年代中期，旬阳中学分来了一批北京大学、陕西师大等名牌大学的青年教师。这些有着当时令人羡慕的高学历的大学生，充满朝气，一时间似乎旬阳的人才全集中在这里。他们中有的人课讲得好，打开教本却不用教本，能滔滔不绝一口气朝下讲。这些有才华、伶牙俐齿的人讲起话来往往手舞足蹈，激情满怀，学生被老师的讲课所感染。有的教师乒乓球打得好，吊杀削扣，十几个来回球不下球案。几个老师又是多面手，篮球场上盘带扣投，好生了得。旬阳县每有篮球赛，必然万人空巷，不是旬阳中学夺冠，就是公安系统第一名。

那些年月，上高中的男生女生年纪往往大些，有的甚至超过了老师的年龄。自然也有女学生倾慕男教师的事，自然也有师生相恋的事。于是，几件没有任何关联的师生恋发生后，却被传为有组织、有预谋的青年教师流氓案，在旬阳县闹腾得沸沸扬扬。

胡耀邦在晚餐后已经了解到这件事。他觉得要把这件事说透彻才好。

“你们中学的问题，家长没告状，是你们自己搞起来的吧？我明早找几个老师谈一谈，行不行？这个问题，我们自己领导得不够，但是发生了问题，我们又要整他们。政法部门要注意，文化机关要抱谨慎态度。我们自己文化不行，外地来了人，我们又不注意，发生了问题，我们又要抓人。这个问题，要做进一步研究。你们这个地方为什么有文化的人少？老师，我看没有多少权。我这是说公道话，因此，你们要对这项工作更加谨慎。”

县上领导当即表态，明天研究后就放人。

胡耀邦说：“不行，今夜就放。”

稍顿，胡耀邦问大家：“你们还有什么问题？”

马凤来接上话茬：“从县城到小河的公路要修，河街的河堤整修得16万元多。”

“还有什么问题没有？”胡耀邦环顾而问。

韩志德说：“我们香水沟有个煤矿要开采，但没有钱，请批给我们4万元就可以动工。”

朱清正说：“农药和化肥，省上卡得紧。”

马凤来说：“农药得30万斤。”

“你们这个意见提得很好，今后每年对农药调拨，提早安排你们。你们现在还有意见没有？”胡耀邦问。

马凤来说：“现在想一想，没得了。今年销售指标给我们增加了，征购任务减少了。如果生产再搞不好，就是我们的问题。”

胡耀邦接过马凤来的话说：“你这个话说得好。如果每一个县委书记都说这个话，那就太好了。给我们减任务，增加返销粮，这是中央关心我们。如果生产搞不好，上负中央，下负人民。”

“还有什么要求没有？我这里说的要求，是指和人民群众生活相关的直接要求！”胡耀邦提高了嗓门。

与会的旬阳县干部一时不知怎么提要求。

“我看，你们这山上，你们这旬阳县城得修一座水塔，用自来水供应群众，大人不再爬几百个台阶去旬河挑水了，小孩不至于几天才洗一把脸了，你们觉得怎样？”胡耀邦想得真是细致。

干部们在局促的氛围里露出了笑容。

（胡耀邦离开旬阳不久，县上组建了自来水公司，在龚家梁上修起了水塔，旬阳县城人民祖祖辈辈下旬河挑水吃的历史结束了。）

对旬阳县的工作，胡耀邦讲道："在生产上，我们要一手抓粮食，一手抓山货土特产。你们今年每队再搞一亩桑树苗圃，那就更好了。你们要集中力量搞桑、桐籽、花椒、柿子、核桃，好不好？你们还可以搞造林。育苗造林，我想有这样几句话：集体造林，苗圃先行；一队一亩，队上经营；品种多样，群众欢迎；参加分配，责任到人；年年狠抓，前途光明。

年近九旬的旬阳县文管所退休干部鲁继亨深情地介绍20世纪60年代末70年代初建于旬阳县城龚家梁顶上的水塔："真给旬阳县城人民解决了大问题。"

刘贵棠　摄

"我们要算大账。农民的眼光是窄小的，农民的意识也可以反映到我们脑子里来，他们的保守思想也要反映到我们思想里来。要做好这项工作，是艰巨的。农民总是农民，农民要靠共产党领导。我们做工作不是斗争农民，而是要反复地说，反复地算账。要发动青年，发动妇女，要领导群众去干。所以，第一，要做计划；第二，要做思想工作。假如我把你们的思想没打通，这说明我把你们的工作没做好。"

韦明海马上表态，向下安排："你们就在这次会上布置，每队大搞一亩苗，秋后进行大评比。”

胡耀邦接着说：“这次会议，可以不放包袱。对于有错误的干部，号召他们搞好工作，特别是搞好土特产，将功补过，秋后大评比，要向干部宣布。

“你们县委的同志，区上的领导同志，年年3月初领着大家搞苗圃。没有柴，可以栽杉树和柳树。”

韦明海补充：“今年育苗，要一分育，九分管。”

“你们要为30万人立大功，应不应该、敢不敢、有没有办法？我们要为子孙万代造福。我们现在不叫植树造林，而叫育苗造林。要造林，就得育苗。育苗要做到种子落实、技术落实，经营管理落实，苗圃应该年年搞。”

韦明海道：“虽然搞了桑圃和土特产，但还是小手小脚。”

“所以嘛，有些事情，只要坚持五年，你们就好了。你们不能猴子掰苞谷。解放军的‘四个第一’、‘三八作风’，一直坚持许多年，是值得我们学习的，贵在坚持。

“山货特产要解决两个问题：一是加工问题，一是商业价格政策问题。我们做商业工作的不晓得搞商业？同志们，好好想一想，为什么花椒收不到？核桃收不到？就是因为我们的价格政策有问题。明明是价格政策问题，而我们硬说是受灾了，收不回来。”

夜很深了，胡耀邦并没有去县招待所住，而是住进了省上一位普通干部在政府大院的临时宿舍里。那位干部下乡指导“四清”工作去了。

2月9日清晨，旬阳中学校长柳忠恕接到县委办公室的电话通知，要求立即组织全体在校老师到县委出席座谈会。

学校已经放了寒假，该回家的老师都走了，这天又是个星期日。柳忠恕把在校的老师全召集起来，一数，拢共十人。柳忠恕、王帮瑞、田震声、高明俊、田尔斯、李雅亭、严惕吾、朱汉丕、张社林等，急急从中学赶到了龚家梁的县委大院。

旬阳中学因发生了所谓的“流氓集团案”而闹得沸沸扬扬。老师们并不知道今天的会议内容是啥，是了解情况？还是再挖线索？在县委一位工作人员的引导下，老师们被请到了简陋的仅有十几张木靠椅的会议室。“等一会儿有领导来，和大家开个座谈会。”工作人员告诉众老师。

这是昨夜胡耀邦要求安排的一次座谈。

约莫十余分钟后，胡耀邦披着大衣，右手端着他带把儿的细瓷杯，走进来了。他轻轻地向大家点着头，环顾一周，说：“都来了吧。”然后坐下。

县委副书记田德智从外边进来，关上门，见没有了座位，就站在一旁。

胡耀邦问：“你们都是旬阳中学的老师?”大家回答：“是的。”

胡耀邦没有过多地寒暄，而是直奔主题：“听说你们学校搞了‘四清’运动，出现了一些问题，抓了三个教师。对教师搞‘四清’运动，主要在于思想教育。对出现的问题，先要分清性质，不能急于处理。最要紧的是要分清哪些是思想品德问题，哪些是违法违纪犯罪问题。

“国家培养一个大学生不容易，要花三四万元。轻易就抓了三个大学生，如果处理不当，就把10多万元钱扔到汉江河去了。”

在胡耀邦的指点下，旬阳县城由龚家梁的“太极城”迁往了菜湾，建起新城。图为新城中的祝尔慷大道。

刘贵棠　摄

旬阳中学所谓的流氓集团案发之后，有一种观点是：不仅要绳之以法，重判，还要杀头。胡耀邦说：“杀头可不是割韭菜，杀头不过碗大的疤。但头杀了之后，不能再长，韭菜割了之后却能再长。对三位教师，不能采取偏激行为，要重视人才、爱惜人才哟。”

胡耀邦还就如何正确处理师生关系发表了看法：“既要有原则性，又要有灵活性。总之，不能过于苛求，不能影响正常的教学工作。”

胡耀邦问出席座谈会的各位老师：“你们对此事都有些啥看法，尽管说出来。”

老师们并不知晓讲话者就是胡耀邦。这些老师当中，年龄最大者柳忠恕不过四十开外，其余都是二十来岁的年轻老师，大家无所顾虑，踊跃发言。有的说处理过分了，也有的说工作组处理得对。议论最多的是年轻男教师和女学生如何相处才好。

胡耀邦听毕大家的发言说：“对犯错误的教师，主要是要做思想工作，不要一棍子打死。”他转过身，对一直站在门旁的田德智说：“我的意见是先把人放了。”田德智没说话，笑着点点头。

当年旬阳县蜀河区公所旧址。胡耀邦一行曾在此就餐，之后乘船顺江赶赴白河县。

刘贵棠　翻拍

会议结束，田德智把胡耀邦和两位秘书送回县委住处。旋即，他又折回会议室问大家：“你们知道给你们讲话的领导是谁?”众老师都摇头说不知道，只知道是一位领导。

“他就是我们陕西省委第一书记胡耀邦。”此言一出，大家激动地大吼起来，不停地埋怨田书记为什么不早告诉大家。田德智急忙解释：这是组织纪律，不能提前透露，请老师们谅解。

老师们又一路抒发着感慨返校而去，人人心中充溢着兴奋。一段佳话留在老师心头。

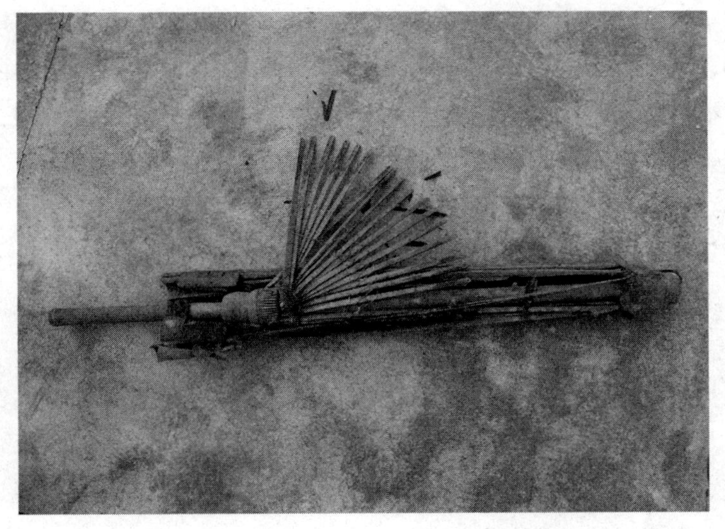

胡耀邦听说蜀河的油布伞很驰名，便让他的秘书在区公所附近的八一村一组社员家里找来一把油布伞观看。那社员家至今还保管着胡耀邦看过的这把油布伞哩。

刘贵棠　摄

与老师们座谈之后，胡耀邦就要离开山城“金线吊葫芦”了。他由全城最高处步行而下，在政府门前的街道上停下瞭望汉江。县委的同志提出，请求上面给一点资金，修建县城沿江河堤。胡耀邦当即说：“你们现在这个城，看看风景还可以，要发展就不行了。你们修河堤要钱，没有，如果将县城迁到有发展前途的开阔地去，这个资金是可以考虑的。”正是在胡耀邦意见的指导下，旬阳县在老城西北处的菜湾建起了新城，尔后更发展成了安康市内的经济大县。知道这段历史的旬阳人、安康人，在谈到旬阳的城市建设时，无不称赞胡耀邦的远见卓识。

胡耀邦一行穿过沙洲，登船，由旬阳县向白河县进发。

途中，机动船在旬阳县所辖的蜀河镇稍事停留，胡耀邦到蜀河区公所又做了些调查。当年的区公所设在火神庙内。庙内支有一个可供打乒乓球的大案子。

蜀河镇上的农民们多以做油篓维持生计。但随着“割资本主义尾巴”运动的兴起，农民们不能做油篓了。1963 年和接下来的 1964 年，旬阳的桐油大丰收。桐油丰收了，却没有了装桐油的油篓子，桐油不能再像往日那样，通过汉江销到武汉。胡耀邦了解到这个情况，在区委大院敲着案子对区委领导说：“这么好的好事，为什么不让干?”他指示：农民们可以有组织地上山砍毛竹、做油篓，把桐油销出去。

区上工作人员反映，农副产品收购是供销社的主要经济来源，而蚕茧收购是当下工作的重中之重。

胡耀邦提出到一个收购站去看一看。区上工作人员马上安排供销社做好接待。

11 时左右，胡耀邦一行人来到蜀河老街收购二门市部。王施福是供销社的售货员，李思显被安排在现场收购。

胡耀邦走进门市部，抓了一大把蚕茧，看了又看。这些茧子是才收购来的，属湿茧。

胡耀邦问李思显：“你们以啥标准来验收蚕茧？鉴别等级是啥?”

李思显回答：“茧层率和上茧率、色泽、匀净度是检验蚕茧的标准。”

胡耀邦点头微笑道：“像这样的话，是可以的。蚕茧收购涉及群众利益，事关重大。要防止收购时压级压价。你们的责任不小啊!”说完，胡耀邦与李思显握手道别。

蜀河区公所是 8 日晚上接到县委通知的。他们调动各方力量，要为省上领导准备一顿像样的午餐。

当时购物须持票证。区文书牛玉鼎开出证明，区公所通信员吴德新手持证明到食品站购买牛肉、鸡蛋等。区公所炊事员昝家升是旬阳县境内有名的厨师。区公所为午餐备了两种酒，一种是陕西名酒西凤酒，一种是地方产的橡子酒（当时还没有种植甜杆，粮食不允许烤酒）。胡耀邦闻知，当即指示："只吃饭不喝酒。"

区上准备了两桌饭菜，想在两个地方安排就餐。胡耀邦知道后，专门对随行的白秘书长叮嘱，就放在区公所的大案子上吃吧。胡耀邦说："乘船都在一起，吃饭咋不可以在一起呢?"

工作人员只好把两桌饭菜都摆上大案子，胡耀邦、随行人员、船太公、船工们其乐融融，围着大案子吃起了午餐。

■ 1965 年 2 月 9 日、10 日。白河。

胡耀邦来到会场，看到会场设有主席台，他立即要求撤掉，桌子围成圆形，以拉近同与会人员的距离。

听说胡耀邦来了，前来参加会议的人不少。后面的人看不到讲话人的身影，纷纷站在凳子上瞭望。胡耀邦见势，一跃而上站到自己坐的木凳上讲话，满足了后排同志们要看看讲话人的愿望。

“我们有些同志只看到眼前的三尺布证、二十五斤半粮，要回去搞单干。我们共产党人至少要远看五年、十年，我们不能只看到眼前，要向前看。”

面对前来找他反映情况的妇女，他当下掏出一盒纸烟，倒出几支烟，拆开烟盒，拿起笔写了两行字。那位妇女拿着这张巴掌大的纸找到公社书记，解决了口粮供应和户口问题。

白河县城新貌

李海军 摄

午饭后，胡耀邦一行由蜀河向白河县前进。

白河县是汉江由秦入鄂的地方，是陕西最东南的一个县，历史上称作“秦头楚尾”。

在机动船上，胡耀邦无心欣赏汉江上往来的帆船，他像在安康到旬阳的船上一样，开着会，听大家介绍白河的情况。他是一个工作狂，他的人生除了工作、工作，似乎很少有其他的事情。

船到白河境内，所见汉江两岸的山顶都是光秃的。胡耀邦了解到此县地无三尺平，植被特别差。他和同船的领导探讨如何让白河的山绿起来。他提出搞个半耕半读学校，组织 200 名城镇知识青年，霸占他几个山头（胡耀邦用词和其他人不一样，讲的是“霸占”），搞绿化。他讲道：“不要先搞粮食自足，而是要先搞经济自足。不要派什么干部去管理他们，有两个教师辅导他们就行了。”胡耀邦不是拖沓之人，他要求此事马上就办。

2 月 9 日下午，顺江而下的机动船到达白河县城关河街桥儿沟下的江边，胡耀邦一行从下河街朝设在山上的县委机关走去。一群少年见这么多穿大衣的人，提着行李包，不知是干啥的，跟在后面看热闹，甚至齐声喊：“马戏团来啦，马戏团来啦!”胡耀邦踏着几百级台阶，沿桥儿沟直上，边走边问白河的情况，直到白河县委、县人委驻地。

当时的白河县委、县人委（政府）驻在今天城南的县法院、检察院里。住房为两套相连的青砖木瓦四合院，年代久远，显出一种十分破旧的样子。城区照明由离县城四公里外的黄家湾水电厂提供。县建水电厂到城区的线路长，损耗大，电压低。县委门口没有路灯，干部办公室用的都是15瓦的电灯泡。灯光红红的，像患了眼病的人的眼睛。

得到通知参加会议的20多名县部局级干部，朦胧夜色中，匆匆赶往县委四合院正房左手第一间，他们把县委书记梁湛山十余平方米的办公室挤得满满当当。他们要来会见截至目前所能见到的最大一位领导，大家用敬畏的目光，默默无语地注视着面前的首长。

胡耀邦身材虽然矮小，但他那朴素中显出的干练，锐利目光闪露出的和蔼与慈祥，着实令现场的干部感到气度不凡。

白河县桥儿沟

李海军　摄

他双手捧着一只冒着热气的浅黄色深桶形镶金边瓷茶缸，用心等待着与大家的交流。

从西乡社教点刚赶回来的梁湛山有点拘谨，他拿着一大沓材料准备全面向胡耀邦汇报，被胡耀邦打手势止住了。胡耀邦微笑着用浓重的湖南腔说：“随便谈谈吧，你们有什么困难，有什么要求？”

梁湛山感到不知所措。他是见过不少领导的，不都是要听全面的汇报吗？

不都是一二三四地说一大套吗？面前的首长和别的首长有点不一样。他不禁愣在了那里。

看到大家如此紧张的心情和不敢多说话的神态，胡耀邦连忙用平和的语言启发大家："你们县多少人口？多大面积？"

梁湛山有些嗫嚅："14.7 万人，耕地面积 36 万亩。"

"东西南北各多少里？"胡耀邦紧问。

"东西 150 多里，南北也差不多。"梁湛山忙答。

胡耀邦用他的右手捏起左手的指头算起账来，口中喃喃道："五五二十五，二五一十，四六二十四。啊，你们人均要合十几亩土地，有前途！"

梁湛山说："我们人均只有两亩地。"

胡耀邦说："荒山荒坡也是土地嘛！在荒山上植树造林，搞多种经营，大有作为的！"

"你们粮食总产多少？"胡耀邦问。

"4199 万斤。"梁湛山答。

"今年计划拿回多少斤？"

"6500 万斤。"

"少了，少了，一亿五怎么样？"

"有信心，有信心。"

梁湛山的爱人查彩岭当时是县委办公室主任，她负责接待胡耀邦一行。

她给胡耀邦续水，胡耀邦把她一瞥，问："你不是平利县的团委书记吗？"

查彩岭："是呀。"

胡耀邦到白河的消息传来，查彩岭就想起了九年前的往事。

1956 年查彩岭作为平利县团委书记，在延安参加了全国五省造林大会。时任青年团中央书记处第一书记的胡耀邦和查彩岭他们在一起植树，还和汉中、安康专区的团干在一起座谈。团干部们纷纷请胡耀邦在随身携带的日记本上题词，查彩岭也让胡耀邦在日记本上写下一句话。

查彩岭想，"胡书记那么高级别的领导，一天要接触多少人，要完成多少事，把我这个基层干部恐怕早都忘了"。

胡耀邦立即与查彩岭回忆起往事来，胡耀邦说："当时我给你的日记本上写下的是‘做党的好女儿！’是不是？”

查彩岭一面为胡耀邦惊人的记忆力吃惊，一面为快十年了胡耀邦还记着这件事感动。唰地一下，眼泪夺眶而出。

梁湛山和与会的人都笑了：“看看看，当着胡书记的面怎么哭了？”

查彩岭怎能不哭呢？她对胡耀邦谈道：“你给我题词之后，我就压在玻璃板下，常常激励我自己。反右开始了，有人冲进我的办公室，说我是有右倾思想的人，不配保存中央领导的题字，把那个纸条给撕了。快十年了，胡书记还记着这事。”

“我记着哩，记着你们平利县还有个女娲山哩。”

会场的气氛随之热烈起来。

近些年，安康的植被得到了极大的改观，汉江两岸的秃山渐见青绿，清清汉江水随着“南水北调”就要送往华北大地了。胡耀邦九泉有知会欣慰的。他当年给安康人民指出的育苗造林的路子真是英明啊。

——截屏自香港凤凰卫视中文台《我的中国心》栏目

在拉家常式的问答中，梁湛山的紧张情绪消除了，与会同志们的种种思想顾虑也一扫而光，大家开始活跃起来，纷纷畅所欲言，凝重的会场气氛被胡耀邦引导到了民主、活跃的氛围之中。在座谈中，胡耀邦思维敏捷，有问必答，边讲，边打手势，有时在思考问题时来回踱步，语言简练生动、风趣幽默，富于启发性。

他老是站着讲话。县委副书记阎松保劝道："胡书记，坐下讲嘛，一路奔波，太劳累了。"胡耀邦说："不累，不累。"

胡耀邦问："你们有哪些特产？"

查彩岭说："白河三大宝，桐油、皮纸、龙须草。"韦明海接着说："还有蚕茧、柿子加核桃，六大宝。"

胡耀邦右手扳左手指头点数，桐油、皮纸、龙须草、蚕茧、柿子、核桃。左手大拇指和小拇指伸出："六大宝啊。要一手抓粮食生产，一手抓山货特产，两手抓，双丰收。"他先伸开右手，又伸开左手，然后攥成拳头，猛地插进他小绸袄的两个口袋。

县人民银行行长张健说："两手抓，容易产生粮食和多种经营争地的矛盾。"

胡耀邦摆出自己的观点："什么是粮食和多种经营争地？这是房子里的哲学。浙江人均只有几分地，粮食亩产2000斤，还要养蚕、养鱼。你们可以拿出一些粮食奖励多种经营嘛！"

梁湛山接过话茬："我们拿不出来。"

胡耀邦以果断的语气说："你们搞，没有，省上给你们调嘛，给你们减公购粮包干任务。你们争取人均千斤粮、百元钱，行吗？"

了解到白河县农村社员的口粮分配是基本口粮加按劳分配（人七劳三）时，胡耀邦以征询的口气问在座的每位："全部改为按劳分配好吗？"

有同志立即提出，全部按劳分配，"四属五保"、鳏寡孤独、人多劳少困难户和职工家属等问题不好解决。

胡耀邦说道："怕什么！他们搞按劳分配，我们搞平衡照顾。"说着，他抬起自己的双臂，做出一个平衡的姿势来，"平衡工作靠我们嘛！"

听说白河县大双公社新庄大队党支部书记李太根带领社员在山坡上修出石坎水平梯田，累计已达550多亩，既降低了耕地坡度，又减缓了水土流失，提高了粮食产量时，胡耀邦指出："新庄的道路是山区建设的方向！"并立即指示秘书说，"记住，此事要上《陕西日报》"。不久，一篇题为《当代愚公李太根》的文章便在《陕西日报》头版头条刊登出来。省内山区县陆续到白河新庄参观学习。当时，李太根还不是县贫协会员。在胡耀邦的关怀下，李太根出席了当年3月初在省城西安召开的全省贫下中农协会大会。

40年后，白河人民在山坡修建梯田的石坎，长度累计起来，可以绕地球赤道一周，白河人民创造出的领导苦抓、干部苦帮、群众苦干的“三苦”精神，已经成为全省山区人民奋斗的一面旗帜。这与胡耀邦当年的鼓励和肯定不无关系。

话题慢慢扯到白河的干部问题上来。胡耀邦问现在有没有被关押的干部。听说县上有被关押的干部，他立即指示县委进行复查，正确区分矛盾的性质，化消极因素为积极因素。他指出：“双开”、抓人要停下来，除对现行搞破坏活动的反革命分子外，一般不要抓人。对干部的看法和所犯的错误，要一分为二，本着“惩前毖后，治病救人”的原则和“团结—批评—团结”的方法，以教育挽救为主，要教育干部“算大账、抓关键、向前看”。

县上有的同志对“解放”干部不理解：“这都是决定了的嘛。”胡耀邦说：“决定了的可以更改过来嘛……我们关一个人，不仅仅是一个人的事，还有他的妻子儿女，有他的亲戚朋友，有他方方面面的关系，都在为他操心。把他解放了，这些人的心都放下了，可以调动大家的积极性来工作嘛……放了，放了，放了还是个劳力，关在那里白吃国家粮食。”

不知不觉中，会议进行了三个多钟头。

韦明海看表后提醒说：“时间不早了，明天再谈吧。”

胡耀邦下意识地抬手看看手表，10点20分，“再谈40分钟”。他举了周总理和自己在湖南湘潭任地委书记时的事例，教育大家要养成好的作风，善于深入群众，团结群众，多为党和人民努力工作。

胡耀邦问大家还有什么问题。梁湛山说城镇还有些社会青年没有工作，县上无法安排。

胡耀邦问：“多少?”

梁湛山回答：“一百多。”

这下，胡耀邦把他来白河时乘船见到的两岸光秃秃的山和此事联系了起来，“组织起来搞绿化嘛，把荒山城镇都栽上树嘛”。胡耀邦说着，打起手势，“给你们3万元，顺山坡一层一层盖房子，安上电灯。晚上看上去像楼房一样。要派得力的干部去领导，那样是大有作为的”。长期从事共青团工作的胡耀邦骨子里总是充满了激情，对青年总是充满了希望。

胡耀邦继续问大家还有什么要求。与会同志看到会议已进行快四个小时了，首长今天确实太累了，大家一时半刻也想不出什么要问的事情来，都闭口不语。

韦明海乘机催促说：“11点过了，休息吧。”

不知疲倦的胡耀邦这才微笑着说：“好，休息。”

胡耀邦自2月6日进入宁陕以来短短的几天，雷厉风行、敢讲真话、为民解困的事，很快被群众传扬开来。在白河，就有一位被逼得无路可走的卢忠秀大娘面见胡耀邦的事。

白河河街的城市贫民何有恩，新中国成立后靠轧挂面维持全家生活，后来粮食统购统销，只好做起杂货生意，再后来被公私合营了。接下来，以城镇居民下乡的名义被弄到离城70里的松树公社当农民。何有恩是一头挑着女儿，一头挑着被子到那里的。全家七口人被生产队安排在两间小牛圈里。一家人到来，要分生产队社员的粮食，自然为社员所歧视。口粮是最后来领，粮食里边还掺杂有石头土巴。何有恩与妻子卢忠秀不是干农活的把式，全家劳力就是仅八九岁的三儿子。全家靠着生产队照顾的全年200多工分艰难地维持生活，在饥荒年代，吃了上顿没下顿。而他们的大儿子何庭春正在西藏，是一名现役军人，二儿子何吉祥在安康求学。

和何有恩、卢忠秀一样的下乡居民纷纷由农村回城。1964年秋天，何有恩一家人实在无法生存下去，也由农村回城。回城后，眼见别的下放户上了户口，他们家的户口却解决不了。那时粮食管理紧张，他们东借西借，半饱半饥地挨着日子。何有恩是老实厚道之人，言语不多，他们找过当地领导不少次，有的说研究研究，有的甚至出言不逊，当面训斥。

“省城来了一位能为群众解决困难的大官。”这消息传到了卢忠秀的耳中，在生活的逼迫下，她顾不得许多了，她要铤而走险，去求这位“大官”。

天麻麻亮，卢忠秀就赶到了胡耀邦下榻的白河县委机关驻地。

秘书挡住了卢忠秀，说“胡书记正在休息，他工作特别忙，有事请找当地领导”。

“当地领导解决不了，才来找胡书记的。”

正在秘书挡驾和卢忠秀执意要见胡耀邦的当儿，胡耀邦从里间屋子走了出来，招呼秘书可以让大娘进里屋来谈谈。

胡耀邦亲切地、仔细地询问了卢忠秀全家的情况，问全家下放农村几年了，有没有劳力，在农村靠什么维持生活，有粮吃没有，又问回到城里后的生活情况。卢忠秀如实地向胡耀邦谈了全家生活困顿之事。

胡耀邦听后皱了皱眉头，翻翻抽屉，见没有可用的纸张，当下掏出一个纸烟盒，把剩下的几支烟全倒在桌上，还顺手拿了一支递给卢忠秀。卢忠秀见这么大的官向她敬烟，她也就大方地抽了起来。

胡耀邦慢慢拆开烟盒，拿出钢笔在烟盒的背面写了两行字，嘱咐卢忠秀把这张字条交给城关公社的领导，说他们就会考虑解决她的问题的。

卢忠秀并不识字。路上有人看了烟盒纸上写的字，大概的意思是：请先供应口粮，上户口军属应优先解决。

城关公社领导见到胡耀邦的亲笔批示后，不久就批给何有恩、卢忠秀全家三个月的口粮，使他们全家在最缺粮的时候有饭吃。

当年10月份又给何家上了户口。

后来，卢忠秀逢人便说是胡耀邦救了他们一家人。她常念叨：“一个省上的书记，一天要处理多少大事，还能亲自接见我这个普通老太婆，对我们老百姓那么关心，问得那么仔细，是共产党里最好的大官呀。”

这件事，是胡耀邦逝世的当年，即1989年4月28日，由《安康日报》发表的卢忠秀的二儿子何吉祥的文章披露出来的。

1965年2月10日上午8时，白河县委在由文庙改建成的县大会场——今天的白河县教育局，召开县直机关和公社书记、社长与县城党员参加的大会，请胡耀邦到会讲话。

韦明海、梁湛山陪着胡耀邦进入会场。胡耀邦由会场南侧而入，他见早早来到的干部们都安静地坐着，边走边说：“怎么这么静哪？怎么没有人说话？”

进到会场之后，看到会场设有主席台，他立即要求撤掉，桌子围成圆形，以拉近同与会人员的距离，“我们随便谈谈，大家不要拘束”。

经过昨夜的座谈，他对白河的情况有了基本了解。他感到干部思想中存在的怕犯错误、怕受处分、怕经济退赔、怕提高成分、怕被交流、怕生活安排出问题的“六怕”，已经成为干部思想上的沉重包袱。不把这个困扰在干部心上的包袱扔掉，白河的局面便无从打开。于是，他决定从这个问题入手。

“你们县上有个何忠贵，你们大家认得吗?”

“认得。”大家异口同声回答。

“你们知道他犯了什么错误吗?”

县监委的干事吴保协站起来介绍了何忠贵腐化堕落、丧失立场、违法乱纪等问题。

胡耀邦听后分析道：“我看，何忠贵的错误主要是腐化堕落，其他错误都是为它服务的。错误有两种，要分清是什么错误。一种是属于认识问题、工作问题，这是不可避免的；一种是贪污盗窃、投机倒把、乱搞男女关系，这不是属于认识问题。多吃多占不算是什么主要错误，我也有多吃多占，我们在座的每人都有，如果多吃多占都处分，那么我们每个人都要受处分。干部犯了错误，我们要挽救。你们县上犯了错误的成延忍、何忠贵、严仁和这三个人，昨晚我和你们县委几个常委商量了，不开除他们的党籍，不开除公职。不能当书记当个副书记，降他半职或一职。再不行，当个一般干部，看他几年。我们要挽救他一年两年，再不行就给他‘送瘟神’啰。”（“送瘟神”一说来自毛泽东主席的一首七律诗《送瘟神》。“瘟神”，成为不可救药者的一种代称。）

中国人的政治生活中，时时涌现不少新名词，比如说“洗手”、“洗澡”。其实那是一种政治斗争的方式，整人的方式。所谓“洗手”，就是对犯了小错误的人的一种“批评”方式，而“洗澡”则是对犯了大错误的人的一种“批斗”方式。

胡耀邦不无诙谐地说：“听说你们县上已经洗过好几次澡了，我的意见，这次‘五干会’对一般性的多吃多占、公私不分、官僚主义、强迫命令、搞一点小量的贩卖、一般轻微的男女关系，都不要洗了。但投机倒把、贪污盗窃的要交代。这次会议主要是搞好生产竞赛，年终看成绩，将功补过，总的一条，把工作搞好。11月份搞评比，12月份见分晓。到年终如果工作、生产搞不好，不但要‘洗澡’，还要‘搓背’。”人群中发出了笑声。

胡耀邦接着说：“听说你们县上去年还捕办了一个贺忠立，你们知道他犯的是什么错误?”

吴保协又介绍了贺忠立的问题：贪污盗窃国家粮食、粮票2000多斤，投机倒把牟利500多元，奸污军属。

胡耀邦对贺忠立的问题发表看法：“我看这个人能留用就留用，不能留用就开除回家，不要法办他。他回去后能参加劳动，既减轻他家老小因法办他给社会带来的负担，也能给社会创造财富。我们要相信人民群众能够监督改造他。”

“你们县公安局抓了几个干部，县委向我汇报了他们的情况，我的意见是把他们放了，你们同意不?”胡耀邦让大家议论。胡耀邦要从宽论处，大家却不同意，竟然吵作一团，完全没有了开会初的安静气氛。胡耀邦风趣地说：“咱们来个大家投票，赞成我的意见的同志请举手。”他自个儿先举起右手，韦明海也跟着举手。他笑着说：“我增加了一票。不同意的同志请举手。”齐刷刷地举了一片。他看后说：“看来反对我的意见的人占多数了。”胡耀邦让反对放人的同志发表意见。会场上有两个人先后站起来发言。胡耀邦听后，开导地说：“他是犯了错误，但是可以不判刑，把他放出来参加劳动，创造社会财富嘛。中央‘二十三条’中讲对于干部要‘给出路’。这三个字很重要，把他放出来再看看嘛。”他又叫同意的人举手。举手的人仍不多，胡耀邦看后说：“同意我的意见的人又多了几票，不过还是没过半数。”他又再三讲政策，说道理。与会大多数人终于同意释放关押的这几个人。

干部们从胡耀邦这个举动中感受到说不出的高兴劲儿来。这样体贴干部的领导着实从未见过呀，过去的领导都强调整、抓、逮呀!

胡耀邦见会场上有的人情绪始终低沉，便说：“我们有些同志现在考虑的不是如何把工作搞好，而是成天考虑自己的错误，考虑自己如何过关。只要我们把工作、生产搞好，党是会原谅这些同志的小缺点的。”

成分、出身问题是当时压在人们心头的一块巨石。20世纪60年代初期，极“左”思潮甚嚣尘上，阶级斗争成为中国政治生活之纲，中共中央西北局第一书记刘澜涛（中共先后设置过两个西北局。前一个叫中共西北中央局，1941年5月设立，1954年撤销，主要领导人先后是高岗、习仲勋、彭德怀；后一个叫中共中央西北局，1960年设立，1967年初在“文革”中解体，主要负责人是刘澜涛）在陕西一期社教中依据当时中央的精神提出，要把“民主革命补课”同“肃清‘高、彭、习反党集团’的流毒”结合起来。不少地方在成分、出身问题上大做文章，补划了一批地主、富农成分，“血统论”成为笼罩在人们心头的阴影。人心惶惶，不知道哪一天自己会戴上突如其来的帽子。

胡耀邦对此情况早有掌握。他要以自己有限的权力和影响来为人们搬走心头的巨石，荡涤心头的阴云。他问梁湛山：“你们白河土改时划的地富占全县总户数的百分之几?”

梁湛山答道：“占百分之六七。”

胡耀邦说：“地富占了百分之六七！比例不小嘛。土改时规定，地、富成分一般占总农户的比例是百分之五至百分之七。现在就不要再多划地主、富农了。对个别的要划，但也要对表现好的摘些帽子，要收支平衡嘛。摘帽子，应在百分之五到百分之十五左右。划也不要多划，这些都要经群众讨论。如摘帽子有200户，戴帽子100户，要收支相抵，略有节余。白河的民主革命是彻底的（白河的民主革命是彻底的！胡耀邦的这个结论，让与会者的心中涌进了暖流，让不少白河人免受了不白之冤）。今后机关、学校不要查成分。毛主席说，知识分子重在表现，‘二十三条’也规定‘五依靠’。以后学校不要提依靠贫下中农，文化馆也不要提依靠贫下中农。”

谈到经济退赔，胡耀邦反复讲解“二十三条”中关于经济退赔问题的规定。

座谈中他发现有些干部怕交流。他展开说：“怕交流是地方观念，我看交流一下，开一开眼界好。我们共产党员、革命干部应以四海为家，不能怕交流，不能是金窝窝、银窝窝，离不开老窝窝。我们天天喊无产阶级国际主义，但有些人连社际、区际、县际、省际主义都没有，还有什么国际主义呀！我看你们街上有标语写的是‘敢与天公试比高’，但一调动就不干了。口号是口号，实际是实际。我说谁怕交流就先交流谁。”人群中有些小小骚动，有人交头接耳，窃窃私语。

三年自然灾害时期，白河发生过饿死人的事。基层干部和公社社员为了活命，常互相接济，倒卖粮食，一经发现，对干部以违法乱纪行为处理，对社员则实行捆绑、吊打、关押等数种处罚，致死致残多人。1961 年，白河县曾处理违法乱纪者 1407 人，逮捕法办 42 人（数字据 1996 年 7 月《白河县志》载）。胡耀邦安康之行的那阵，正是春荒当儿，群众的生活安排，当是他心头的一件大事。

他在谈到生活安排时说：“同志们，生活安排是要注意不能死人。我看你们群众吃的穿的问题不大，关键是现在底子不实。”

说到底子不实，他沉默半刻，接着讲：“湖南给工作不深入的人、会计员、统计员编了一首诗：‘生产忙碌不知晓，夹着本子到处跑，生产队里走一遭，摸摸脑袋制制表。’我在九个省做过调查，严重困难户一般在百分之二左右，最多不超过百分之三，一般困难户也就是百分之二十左右。粮食工作也要走阶级路线、群众路线，只要走阶级路线，保证不会饿死人。”

昨夜胡耀邦边听汇报边记，今天早晨，他就用数字说话了——

“你们县今年的粮食计划是 5800 万斤，公粮、籽种、口粮，每人按 400 斤计，算一下得 6200 万斤。我的意见，按他 6000 万斤计划。明年不行，后年，一定要达到 8000 万斤。其他省去年就超过历史上最高生产水平。现在全国很多省、县、社、队都在埋头苦干，何止一个大寨，还有二寨、三寨，还有特寨哟。农民还是有弱点的，看不到远大前途。农民离开了工人阶级领导，就不能走社会主义道路。”

胡耀邦问县上哪个公社粮食增产幅度大。

坐在前排的王武臣说：“石门公社去年粮食总产增产幅度大。”

胡耀邦问：“怎么抓的？那个公社书记叫什么，来没来？”

王武臣答：“公社书记叫黄立志。”

梁湛山环顾与会者：“黄立志来了没有？”

“来了。”黄立志拘谨地站起来，并被邀请到前排坐下。

胡耀邦问：“你是怎么把粮食增产抓上去的？”

“我钻了个空子，前些年大炼钢铁时把树砍光了，我叫社员在只有树桩的荒坡上开荒种粮食，就这样弄了个大丰收。”

“重视抓粮食是对的，但不能靠开荒，不能靠破坏森林来增产粮食。”胡耀邦说，“请坐下。”接着分析——

“社会主义革命，就是革阶级的命，革大自然的命。革命是解放生产力，是为了革生产的命。‘五干会’上，对生产搞得好的队，要表扬。生产搞得好不好，这是检查工作的主要标准。解放军所以好，是它不管打日本、打蒋介石、打印度反动派都能打胜仗。要打败仗，那还好个啥？（那个时代时兴“阶级”、“革命”这样的词儿。胡耀邦在时代的语境里，宣讲着他自认的理儿。）

“白河每户有两亩半耕地，16亩山，我们昨天晚上规定‘两手抓，双丰收’，抓好粮食、农副土特产品。你们说白河有三大宝，我看要发展成六大宝——桐油、皮纸、龙须草，蚕桑、柿子加核桃。

“我们有些同志只能看到眼前的几尺布证，二十五斤半粮，要回去搞单干。我们共产党人至少要远看五年、十年，我们不能只看眼前，要向前看。”（“向前看”，是我们这十余年间喊得最多的口号之一，而胡耀邦是在1965年的春天就提出来了。）

胡耀邦鼓励县上的同志搞好副业：“五年以内县上每人能不能从副业上收入50元钱？省上给你们8万元，你们抽200名青年上山育苗造林。”

胡耀邦讲这番话时，没用麦克风。听着胡耀邦的鼓励，会场上有一种激动在弥漫，前排的听众告诉后边的人，后边的人听不大清，看不清胡耀邦，纷纷站立到板凳上，想看看省上来的大领导，想听听他到底说了些啥。许多人没有了会议之初的拘谨，大胆地向他提问题、提要求。会议在有问有答、畅所欲言中进行，已不是什么省委书记在做报告，而是大家在平等地讨论问题。会议室的过道里、走廊上，会议室外的窗子上，挤满了来听这位热情似火、敢于大胆“放人”的省委书记讲话的人。

胡耀邦见后排的人站在板凳上。于是他迅捷地起身站在自己坐的凳子上，用他浓重的湖南口音大声说道：“公路不通要自力更生修，你们全县有14万人，有28万只手。标语上说自力更生，就要真自力更生。你们是汉江中游，人家湖北是汉江的下游。但人家工作是上游。你们要努力搞，变中游为上游。”

他越说越激昂——

“我们领导要算大账，抓关键，向前看。抓关键就是抓政策、方针，‘四个第一’。我们公社的同志都要学点理论、政策、技术、文化，学点毛主席诗词。

“你们的城市、农村，每年都要变一点，每个公社、每个支部也要变一点。好不好？

“要富，就得修路。修路，用民办国助的办法进行，国家供应炸药、钢钎，并给修路的民工一天半斤粮食、两角钱补助，农忙务农，农闲修地、修路。

“你们区、社机关的住房，都太陈旧，住房要改善，你们要钱不多，这个问题逐步解决。

“干部的粮油标准可以变一变，油由2两增加到4两，成品粮供应由每月25斤，增加到30斤。”

胡耀邦激越的讲话，让这个秦楚之交的边城的人们听到了从来没听过的振奋之音。早春，依然是寒冷的季节，但人们的心里热乎了起来。

在白河县城讲完话，胡耀邦打算到白河的茅坪区去看看，因为时间紧张而取消。胡耀邦一行向平利县城进发。

短短一个傍晚，一个夜晚，一个上午，胡耀邦解救干部、为民办事的胆魄和行为迅速传遍了小小的白河县城。这是自1949年新中国成立以来，到过白河边城最大的官员，他的一席讲话，就让1961年后错误处理的千名干部有了改判、改正的机会，这是怎样的一位官员呀！

胡耀邦就要离开白河县城了，有几百干部群众自发来送别胡耀邦一行。公安人员出于安全考虑，劝告大家不要相送，越是这样，群众越是高呼：“胡耀邦，贴心人！”一位大娘拉着查彩岭的手直流泪：“胡书记来了这一会儿，怎么就要走了？这么好的人，我们连面都没见上。”查彩岭向群众解释：“胡书记的工作很忙，还有更重要的工作等他去做呢。”

■ 1965年2月11日。平利。

去城外一个大队了解生产情况，胡耀邦对耕牛询问得特别详细：“能耙田犁地的有多少？老弱病残的有多少?”陪同的人不便介绍胡耀邦的身份。农民说：“这人恐怕是个贩牛的吧?”

去会场做报告，随行的一位秘书夹着胡耀邦的大衣先入会场，人们使劲鼓掌，以为是书记来了。那人越摆手让停住，大家越是鼓掌不休，以为是胡耀邦谦虚。直到县委书记陪着胡耀邦进场，做了介绍，大家才又一次热烈地鼓起掌来。

“黄河、长江，还有你们这里的汉江，都是往东流的，河水都往前看。河水打一次转转就往前进了，你们老是打一圈五八年，再打一个转转还是五八年。……历史是前进的，事物是发展的，要立足现在，面向将来，经常向前看。”

平利山城新貌

吴全云　摄

从白河到平利，只能走汉白路——1938年始建，直到1956年才全线贯通的汉中到白河，连接我国西北、西南、中南的316国道。

白河到平利，须经湖北省的竹山县、竹溪县。途中胡耀邦见湖北竹山正在修公路桥涵，还通过省地相关部门为他们调拨了若干吨水泥，目的是处理好两省关系。路过竹溪县时，胡耀邦还去考察了五条梁大队和幸福大队。

这些天来，他到与湖北省相邻的旬阳、白河，人们不断向他反映湖北人用高价收走了他们的土特产。他想要在湖北的土地上多看看，看看他们到底高明在什么地方，有什么东西可供安康人，乃至陕西人学习的。

胡耀邦了解到竹溪县五条梁大队当时有372人，幸福大队有1100多人。五条梁大队卖给国家3万多斤粮食后，每人还有400多斤，另储备了3万多斤粮食。幸福大队卖给国家7万多斤粮食后存了3.4万斤，每人口粮还有360多斤。

胡耀邦把他在竹溪两个大队了解到的情况在第二天向平利的干部做了介绍，并且作为讲话的其中一条，要求平利的干部向湖北竹溪学习。他说："我们从那里走过，竹溪的工作一般是走在你们前头的，他们有许多东西值得我们学习。竹溪几年前曾提出向我们学习。现在，我们要号召平利县的干部向竹溪的干部学习。"他指出了学习的办法："第一，经常地了解他们怎样抓工作，了解他们的情况和经验；第二，有计划地去参观；第三，有计划地把他们的劳模请过来，到我们的各个大队，介绍他们的经验和成绩。"

据韦明海回忆说，当晚，胡耀邦一行受到湖北竹溪县委、县政府的欢迎。邻省的省委书记过境，对竹溪县毕竟也是件大事。

胡耀邦当年出入的平利县政府旧址大门

吴全云　摄

竹溪县城与平利县城相距50余里。宴毕，胡耀邦一行赶往平利。这里用“宴”来称这顿晚饭，想说的是胡耀邦的安康之行中，安康实在是没有安排过一次像样的饭局。那个时代不兴觥筹交错公款宴请之类的事。

韦明海介绍说：“胡耀邦考察安康时的每餐饭菜，和在机关食堂就餐的干部们同样、等量。只不过多是由胡耀邦的警卫员打回，在下榻的房间吃过而已。”

2月10日，已经很晚了，胡耀邦一行方才赶到平利招待所住下。胡耀邦一边洗脸洗脚，一边让刚从西乡社教点赶回来的县委书记李永胜、在家主持工作的副书记陈进华找来平利县地图，汇报全县的工作。

2月11日早晨，胡耀邦提出到一个生产大队去调研。

多年的工作实践，使胡耀邦感到他所崇敬的毛泽东主席的“没有调查就没有发言权”的教导是至理名言。每到一地，他总是利用一切机会到基层去了解情况。他深知，只有从第一线得来的第一手资料才最有说服力。

县上同志提出由县领导陪同前去。胡耀邦说来一名普通干部引引路就行了。他搞调研，不喜欢山呼海拥，不喜欢领导作陪，以为那种调研得不到真实情况。

陈进华安排农工部的刘万有前去带路。刘万有此时连早餐还未顾上吃，便匆匆上路。

胡耀邦、白瑞生一行四人，去距县城不到二里地的城关镇五峰大队做调研。

胡耀邦告诉刘万有："找支书一名、会计一名、贫下中农代表一名就行了。"

他们径直到了城关镇五峰大队党支部书记杨志凯的家里。大队会计白志轩和一名贫协代表先后到达。

刘万有不便向三人介绍这就是省委代理第一书记胡耀邦。

杨志凯赶紧给胡耀邦等人沏茶。给胡耀邦沏过茶，胡耀邦的秘书先尝了一口，倒掉杯中之水，示意杨志凯可以往杯里续水了。杨志凯通过这个细小的动作，感觉到面前的来人一定是个职位不低的领导，便谨言慎语了。白志轩也不便问这来人是谁，他感到来人个头虽矮，但气度不凡。他见眼前的领导穿一件半新不旧的黑粗呢大衣，便猜想，是地区级以上的官吧。当年能穿这种大衣的人没几个。机灵的白志轩见那大衣的一角有一大块补丁，他是以此做出推断的。

通过座谈，胡耀邦了解到这个大队有四个生产队，却不叫生产队，叫"排"。全大队有 121 户，489 亩土地（会计说就算 490 亩），农业人口 500 多人，连城市下放吃商品粮的共计 606 人。全大队只有六名党员，两名团员，发展了一名团员，上边还没有批准。

胡耀邦了解到这个大队执行的是公社制定的干部同等劳力换算劳动日制度，然后再补助 40% ~45%。大队的支书做了 200 个劳动日，按 45% 补助，就要补助 90 个劳动日。

胡耀邦了解到大队会计白志轩兼着三个"排"的会计工作，特别忙。胡耀邦不赞成白志轩当着大队会计又兼任三个"排"的会计，建议他培养接班人。白志轩说，此地不出人才。胡耀邦让他眼光放宽，在城关镇选。白志轩说，知识青年中有人，就是搞不了会计。胡耀邦还了解到这个白志轩是长安县人，据称因为有遇事情不和群众商量的毛病，还不是共产党员。白志轩靠当着大队会计和三个生产队会计，养活着八口之家。

胡耀邦在这个大队调研时，观察甚微。他见公社来了一位干部，送给白志轩一个油印的通知字条，要调走他们大队的550斤粮食。条子一交就走了。

胡耀邦在田间与一位农民算收成账，了解他们的耕作办法，稻田里种麦子能收200～300斤，稻子收700斤，种一次洋芋可产3000斤，5斤折1斤，算600斤，加在一起，“1200斤总可以吧？”他了解到1964年，这个大队500多人，收了24万斤。

胡耀邦总是利用一切机会深入基层，和群众在一起，了解群众的冷暖疾苦。他说：“要解民怨顺民意，要取信于民。”

——截屏自香港凤凰卫视中文台《我的中国心》栏目

他还了解到，去年公社给这个大队下达了20亩地的棉花任务，结果他们种了10亩，每亩只收了30斤。他问白志轩，这是什么原因？长安县出生的白志轩回答：关中陕南气候差异大，秦巴山地不适宜种棉花。这为胡耀邦做出安康地区不宜种植棉花，省上不给安康地区下达棉花征收任务的决定提供了更多依据。

胡耀邦试图用包工包产的方式来调动农民的种棉积极性。他提出，一个生产队种两亩棉花，包本不包产，包工到组，减产不赔，超产奖励。

他问了这个大队1965年的粮食生产能搞到多少斤，回答，可以搞到29

万斤。胡耀邦说：“29万斤，500口人，你们到什么时候翻身?”

胡耀邦了解到这个大队群众当下的生活很困难，过去搞的是定额管理，现在搞的是评工记分。定额管理，好些事不好管理；评工记分，评少了又不出工。基层的干部也拿不出一个两全其美的方法来。

胡耀邦当年在平利红旗剧院（前身为黄州会馆）里做过报告。

吴全云　摄

胡耀邦想通过到基层解剖一个具体的麻雀，了解当前农村的状况。

胡耀邦的风格是轻车简从，他到基层调查，不喜欢咋咋呼呼，扎势子，吓群众。所以陪同的同志并没有一起前往胡耀邦去调查的公社，他们也就不知道胡耀邦早晨去干了些啥，有的还以为胡耀邦连续奔波，早上在休息哩。

白志轩是在后来几天方才知道来村里调查的那个穿着半新不旧有一块大补丁的黑呢大衣的领导，原来是西北局第二书记、陕西省代理第一书记胡耀邦。他为自己那天口无遮拦说了那么多的实话而忐忑不安、提心吊胆，生怕那领导或者那领导派人来找麻达（方言，意为找麻烦）。结果没有。

胡耀邦一行又到城关镇另一个下属大队蔬菜大队去了解情况。他问生产队有多少耕牛，处于什么阶段，能耙田犁地的有多少，老弱病残的有多少。

同行的刘万有不便介绍胡耀邦的身份。当地生产队的人说“这人恐怕是个贩牛的吧？”刘万有又不好辩说，只好点头，又立即摇头，搪塞过去了。

听说陈家槽毛儿沟口大队养猪场的猪得了猪瘟，死得厉害，胡耀邦立即去查看。一看，果然，原来全村每户平均可以达到两头猪，现在猪圈的猪稀稀拉拉，拢共连十头都没有了。

仁河公社的龙门大队和城关镇的五峰大队、蔬菜大队地畔相连，在城关镇的两个大队看过之后，胡耀邦一行又到龙门大队去调研。沿途看到一块地满是石头，胡耀邦问刘万有，这是什么原因。刘万有说，山地石头本来就多。胡耀邦说：“可以发动群众来捡石头嘛，没有捡不尽的道理。”

经过到与平利相邻的竹溪县两个村的调研，又经过城关镇两个大队和仁河公社龙门大队的调研，胡耀邦可以说对平利的情况已经基本掌握。他以一种成竹在胸的心情参加了2月11日下午召开的中共平利县委扩大会议。

下午，胡耀邦一行朝县政府门前的黄州会馆走去。随行的一位秘书夹着胡耀邦的大衣，走在胡耀邦的前边。跨进会议大厅，人们以为是胡书记，站起来鼓掌欢迎。那位秘书直摆手，让不要鼓掌。大家还以为胡耀邦谦虚，越发鼓起掌来。秘书赶紧止步，又朝回退，等候胡耀邦进得门来。这时，李永胜介绍：“胡书记来了。”大家才又热烈鼓起掌来。

开场白是挺幽默的。

李永胜主持会议：“现在请胡书记做报告。”

胡耀邦说：“我也不想做报告，是你们要我做报告。”

韦明海打了圆场：“就算一次讲话吧。”

胡耀邦总是风趣有加：“八仙出党参。八仙公社的同志来了没有？”

八仙公社书记蔡家斌立即站起来：“来了。”

接下来一问一答——

“你们那里的党参怎么样？”

“共1000多亩面积。”

“每亩可产200斤吧？”

“每亩产200多斤。”

“几个公社有？”

“八仙区都有。”

胡耀邦由点到面地展开询问。

主席台上摆了几张桌子。胡耀邦并不坐在桌前，他老是站着讲话。一边走，一边说，手不时挥舞着，充满了激情。还不时地在人群中穿来穿去。

“八仙区委书记来了没有？”

赵朋德站起来：“来了。”其时赵朋德既是八仙区委书记，又刚调到县委组织部任部长，一身二任。

又有一番对话——

“你是哪里人，啥时候到平利来的？”

“我是山东胶县人，四九年来平利。”

“你们全区党参有多少亩？”

“全区将近 3000 亩。”

“最高年产量是多少？去年多少？”

“五七年最高，产量 7 万多斤，去年 4 万多斤。”

“你估计发展到 7 万多斤得多少年？”

“约三年。”

“多少钱一斤？”

“一元八到两元。”

胡耀邦长长“哦”了一声，自言自语道：“一元八、两元，一亩就是 400 元。7 万斤就是 14 万元！”

胡耀邦从干部的言谈中了解到八道公社有位女社长，是公社中少有的女社长。问：“王生凤女社长来了没有？”

县长刘传文答道：“回去了。”

“为什么回去了？”

“因为地委生活安排办公室来检查工作。”

“这几年来哪个公社的生产搞得最好？”胡耀邦想找个典型。

李永胜答道：“大贵公社和秋坪公社，八仙区的几个公社搞得都好。”

胡耀邦问：“这几个公社搞得好，大家是不是都公认？”胡耀邦经见的事情多，知道领导肯定的未必就最好，他要广泛征求意见，便马上提问：

“秋坪区的书记来了没有？”

邹彬站起来：“来了。”

“你是哪里人？”

“湖北均县人。”

“你是什么时候来这里工作的？”

“五〇年到平利的。”

“觉得哪里的工作搞得比较好？”

“我们区是太平公社。”

胡耀邦立即问：“太平公社的书记来了没有？”

太平公社的书记陈汝林站起来：“来了。”

“你的生产搞得好哟。”

“不算好。”

“你还谦虚。”胡耀邦先笑了，想以此搞活气氛。“你们评论了没有？哪个公社算最好？”他想听到更多人的意见，但无人应答。他又发问了：“大贵公社书记来了没有？”既然李永胜提到大贵公社，胡耀邦就想让大贵公社的书记来评价。

“来了。”

“你叫什么名字？”

“邹守礼。”

“你们公认哪一个公社的工作搞得最好？”

邹守礼没有回答。他似乎感到这个问题太突然，不好回答。

冷场。短暂的冷场。

韦明海打破冷场：“松鹤公社。党委书记被开除党籍了。你们说他们的生产搞得怎么样？”韦明海想让旁人来从侧面评价。

敏锐的胡耀邦看出了什么，立即问道：“松鹤生产搞得好，为什么党委书记被开除了党籍？”

邹彬又一次主动站起来：“因为搞迷信。”

胡耀邦追问：“搞啥迷信？”

邹彬答：“搞封建迷信。”

“迷信当然是封建的。”胡耀邦的一句话引得大家哄然一笑。

“小孩死了，他叫道士开路，一贯地搞迷信。”

胡耀邦说：“该不该开除？现在你来看，用‘二十三条’的精神来衡量。张明元是哪里人？”胡耀邦知道了松鹤公社书记的名字。

邹彬没有正面回答该不该开除，而是回答胡耀邦的后一个问题：“他是本地人，修自己的房子，请阴阳先生看地。”

接下来又是一问一答——

“他今年几十岁？”

“39岁。”

“他什么出身？”

“中农。”

“上过学没有？”

“上过学，是初小四年级。”

“就是自己盖房，请阴阳先生看风水，左青龙，右白虎，前朱雀，后玄武，什么是好地方呗。还有什么错误？”

“挪用生产队公积金，信用社的现金挪用了1000多元，归还了一部分。”

“这是什么时候的错误？”

“六三年的。”

“还有什么错误？”

“在阶级路线上用出身不纯的人，和地富分子关系好；对有错误的干部重用，对待好干部看不起；还骄傲自满。”

“他的生产搞得不错，所以骄傲自满。你们说，这人该不该开除党籍？现在在哪里？”

“在松鹤公社。”

“这几年来是不是松鹤公社工作一直很好？”

“这几年生产还好。”

“看风水、挪用；挪用是明的，还是暗的？”

“明的暗的都有。”

“现在的松鹤公社党委书记来了没有？”

“没有党委书记。”

“社长来了没有？”

“没有来，只来了武装干部。”

通过这一问一答，胡耀邦算是对张明元的情况有了基本的了解。他让其他公社的党委书记发表对张明元的看法。见没有人发言，他先谈道：“看风水，这叫落后思想，落后的共产党员。挪用集体的粮食和钱，这是错误。阶级出身和阶级路线不是一回事，阶级路线不是阶级出身。唯成分论不是阶级路线。阶级路线是马列主义的，唯成分论不是马列主义的。不能搞唯成分论。要用阶级观点看问题，进行阶级分析，不能唯成分论。张明元的问题要重新讨论一下。这是我的意见。”

他从邹彬的谈话中看出了把出身和路线混为一谈的倾向。他认为有必要把党的阶级路线向基层干部认真宣讲宣讲。

他要掌握县上处理干部的情况，问：“‘双开’的有多少？”

县委副书记刘青山回答：“脱产干部四个。”

胡耀邦见把张明元的问题摆清楚了，他条分缕析道：“张明元的问题，是有错误的，第三条能不能成立，要重新研究一次。”胡耀邦这里说的第三条，是指别人说张明元“在阶级路线上用出身不纯的人，和地富分子关系好”。

信鬼神，是中国人生活中的一个重要文化现象。胡耀邦对大家说：“信神信鬼，你们就不信神信鬼吗？你们或许没有修房子，可有了病，不是要请菩萨保佑一下么？走夜路，怕不怕鬼？害了病，信不信神？我看还有不少人是信的。”

接下来他谈对张明元的处理意见：“恐怕开除党籍过急了，过分了。现在把他的问题重新考虑一下。其他同志赞成不赞成？你们说说看。我们要搞四大民主嘛。”胡耀邦自己笑了笑。“‘二十三条’中讲要政治民主嘛。张明元就是犯了财务不民主的问题，要拿钱就是没有和生产队干部商量商量。”

一位叫董成功的人主动站起来发表看法：“我说应该开除党籍。”

胡耀邦问：“你是哪个公社的？”

董成功答：“老县区东河公社。我认为他是唯心的，张明元的处理是支部同意的，县委做了决定。”

胡耀邦为有一个人站出来表达自己的观点而显得来了精神，“县委做了决定，可以再做考虑嘛！我们不怕考虑。信神的问题嘛，慢慢来解决。你们的意见如何？”他边说边笑道：“东河公社的同志不赞成我的意见，他同我公开地争论，很好。上级同下级一起商量讨论问题，省委书记、地委书记、县委书记、区委书记、公社书记，多到五级干部会议商量问题嘛！这个同志赞成开除，你们有没有赞成开除的？”虽然胡耀邦是一个省委书记，但会场并没有出现一窝蜂的赞同声。

见状，胡耀邦说：“一边倒呀？”他提名叫响地问：“大贵的同志，你们的意见怎么样？”

邹守礼说话了：“张明元的性质是严重的。第一，他作为党委书记大搞迷信，在群众中影响极坏。我们搞兴无灭资，他把人们引导到信神信鬼。第二，他信神信鬼，大修房子，严重地剥削劳动人民，不够共产党员的资格。就说生产搞得好，也有假象，又不是他一个人的功劳。交代认识好，可以考虑；认识不深刻，交代不好，应该开除。”

“他的意思是：错误是严重的，群众中的影响不好，看现在的检讨改正怎么样，检讨得好，积极改正，可以考虑不开除党籍。他这两条意见，比我讲得好，”胡耀邦对邹守礼的发言做了肯定，“还有哪些同志有意见？”见无人反应，他点名：“太平公社的书记，你的意见怎么样？”

陈汝林道：“张明元的错误是严重的，粮食产量搞得比较好，这里边有上级党委的正确领导，还有群众的功劳。我个人的意见，根据党章衡量，这人不够党员条件。”

“还有哪些人有意见？”胡耀邦把视野放得更开。

董玉书站起来发表意见：“张明元的问题，原来准备在阶级斗争展览馆展览，我熟悉了材料。他自己搞，他的支部书记也跟着搞。他修房子的钱是人家的，劳力是无偿调人家的，影响了很多支部书记搞这个事情（指建房），还有几个投机倒把分子跟着搞，修房子的事还在公社党委会上研究，他算得上是个当权派。”

胡耀邦一定为这位年轻人口中的新名词吃惊了。他说：“当权派吗？我们都是当权派。”

董玉书应道：“哦！走资本主义道路的当权派。”

胡耀邦说：“这就对了，是走资本主义道路的当权派。”

董玉书接着道："根据事实衡量，应该开除党籍。"

胡耀邦问董玉书："你是搞什么的?"

董玉书回答："我是县委宣传部的理论教员。"

胡耀邦"噢"了一声，笑着说："你是从马克思列宁主义的理论出发。你现在讲的性质就不同了，你刚才讲的性质是严重的，自己修房子，调劳力、调砖瓦、调钱，这就是严重的了。调了多少人？房子修得好不好?"

董玉书答道："房子修得好，群众把他和大队支部书记的房子叫作一对'牛眼睛'。"

大家的梳理，把张明元的问题弄得愈加清楚。胡耀邦说："错误的关键是这个——在党委会上动员各支部调劳力，无偿地平调。他还是可以分配适当工作的嘛。今天五个同志说了三种意见，可见许多事情反复讨论，是会把事情弄清楚的。他的错误怎么来写结论？刚才我讲的意见可以不作数，不算定论。"

有位叫夏清汉的同志发言："我提个意见，错误是严重的，平调不是事实。劳力不是平调。调了 8 个劳力，他挪用的粮食、补助给他们吃了，他的错误是挪用了公款。他的房子是包给队上搞副业，包的工资低一些，60 元一间，应该花 300 多元，他只花了 180 元，其中盖房子吃饭，付了工资，所欠的是瓦钱、木料钱、粮食钱，不是平调的。"他似乎了解更多的内情。

他的发言引起了胡耀邦的注意，问："你做的是什么工作?"

夏清汉回答："我是武装干部，在松鹤公社工作。张明元现在欠 1100 多元，房子抵了后还欠 100 多元。房子给了生产队，党委会议上没有研究，党委会议结束后，几个支部书记商量的。粮食是这个队给几百斤，那个队给几百斤。搞迷信是他娃死了'开路'。作为共产党员是不应该的。原来区委讨论，处理的结论是给留党察看一年的处分。这个人平常工作主观、骄傲。"

胡耀邦问夏清汉："他家几口人?"

"五口人，三个孩子。"

"你的意见呢?"

"我的意见不敢说。"

胡耀邦鼓励他："按党章办事，敢说。"

夏清汉终于表达了自己的观点："重是重了点儿。"

胡耀邦随即说道："把事实要弄清楚，要实事求是嘛。"

胡耀邦感到经过这一番对话，找出了对待犯错误干部的一条思路。他觉得这个目的在平利算是让同志们明了了。他开始对平利全县的工作发表意见。他一共讲了十条。

第一条便是谈他当天早晨在仁河公社龙门大队的调研情况。他说，通过调研，"生产队的经营管理和劳动管理，粮食分配怎么搞，从种棉花的一件事情上，我发觉一个问题：这'二十三条'请你们好好学习，一次会议要想全部讨论清楚，恐怕困难。'二十三条'我们要准备学他四五年，一年学他两三回，这次恐怕还是初次的学习，今年秋季再学一遍，完全学习清楚怕也有困难。我们在北京讨论了一个月，还都是高级干部，你们五天、六天，六七天讨论清楚恐怕办不到。但是讨论不清楚也不要紧，今年下半年搞第一次或在夏收分配搞第二次讨论，每年联系总结工作，联系夏收分配、年终分配再学习。同志们啦，要尽可能地学习，不要希望一次学彻底。这是第一条"。

胡耀邦到陕西之后，看到"左"的路线给干部带来的精神压力，想从思想上给干部松绑，他在省委做了关于干部解放的讲话。在平利这样的干部大会上，又不失时机地面对基层干部谈他的观点……

"第二条，现在对于有缺点、错误的同志，有一般性质错误的干部，要求号召他们好好地做好工作，搞好生产，将功补过。听说昨天你们副书记传达了我在省委工作会议上的报告，许多同志对将功补过，功上加功，很感兴趣。我们有缺点错误的同志，要搞好工作，搞好生产。今年冬季再评比，再检查。但是，对于新犯错误的，你们要及时揭发，及时处理。

"今天上午韦书记告诉我，他已收到省委关于三个暂停的通知：停止夺权，停止'双开'，停止捕人。这是暂时的停止，现行犯在外。听说你们有个生产队的会计、保管、队长，强奸了一个 16 岁的女孩。有没有这个事情?"

梁益州插话道："是轮奸。"

"及时处理了吗?"胡耀邦问。

没有人应答。

胡耀邦不是一律的宽大，他是把历史和现行、严重和轻微、思想认识和实际行为分开来看待的。

“听清了没有？同志们啦，过去犯有错误的干部，要号召他搞好工作，搞好生产，将功补过，现在不要处理。但是对今后新犯的错误，要及时教育，及时处理。

“第三条，……”

革命的目的是什么？根本目的是发展生产力！这样的观点在今天看来是连小学生都明白的道理，在过去的时代要提出来，却非有胆识不可。

“形势大好，不是小好”一度成了人们口头上、书面上最常见的套语。敢对形势发表不同看法的人，在那个时代是少之又少。

胡耀邦在平利讲话的第四条，就涉及革命的目的和形势问题。

“第四条，今年的一切工作，都要围绕今年的大丰收，一切工作都要服从于今年的大丰收，一切思想都要在今年大丰收的前提下统一起来。

“这个思想明确不明确？同志们啦，我觉得有些同志不明确。革命的目的是什么？革命的目的是为了搞好生产嘛！你们查，毛主席在《关于正确处理人民内部矛盾的问题》一文中说，‘社会主义制度促进了我国生产力突飞猛进的发展’，‘我们的根本任务已经由解放生产力变为在新的生产关系下面保护和发展生产力’。我们社会主义革命根本的目的是什么？是为了发展生产力！生产搞不好，有什么大好形势哪！我们中央讲大好形势，因为我们这几年生产搞上去了。”

胡耀邦拿昨天考察的湖北竹溪两个生产大队和陕西相比较：“我们陕西省近几年掉了一点队，我们邻省湖北搞得好。昨天我们访问了湖北竹溪县的两个大队，一个是五条梁大队，一个是幸福大队。五条梁大队 372 人，幸福大队 1100 多人。五条梁大队卖给国家粮食 3 万多斤，每人还有 400 多斤，还储备了 3 万多斤粮食。幸福大队卖给国家 7 万多斤粮食，存了 34000 斤，口粮还有 360 多斤。”

胡耀邦寻找陕西落后于湖北的原因——“一、我们陕西省这几年有灾；二、负担也重了一点。除了这两条，我们的工作也有问题，讲老实话，一是一，二是二。”

他又把话题扯到形势上——“同志们啦，我们全国去年棉花大丰收，江苏省产了600多万担，湖北省500万担，我们陕西130万担，山西历史上比我们差，产了210万担。这几年有些省搞得很好。如果粮食不多，猪不多，棉花不多，油不多，有什么大好形势？我们这里发猪瘟，有什么大好形势？我们讲大好形势，可能有些人还不相信。昨天省上给我们来电话，我们国家今年生产的猪达1亿5000万头，超过解放以来最多的年份，我们还清了苏联的账，他们还欠我们1900万新卢布。”

胡耀邦加重语气，把他形成的观点强调一番：“同志们啦，生产搞不好，有什么大好形势?! 所以，我们的一切工作都要争取大丰收。在大丰收的前提下，把思想统一起来，离开和妨害了这个思想，都是不对的。生产搞不好，没有大好形势；生产搞不好，谈不上为人民服务。你说为人民服务，你怎么为人民服务呢？生产搞不好，谈不上功上加功，将功补过。同志们啦，明确不明确？一切都要围绕生产搞好，争取大丰收。”

胡耀邦是一个随时注意学习的人，他的脑袋仿佛是一块海绵，把了解到的数字随时吸收下来，需要时立即挤出，又是那样鲜活水灵。他的博闻强记是惊人的。接下来的讲话，充分展示了他这方面的天赋——

“第五条，你们平利县搞得怎么样，你们今年能不能够大增产？我看你们自己把它评论一下，好不好？你们平利的名字就叫‘评理’。

“你们平利的生产是有成绩的，一般搞得是不错的，有的公社搞得比较好。你们怎么估计自己？既不要悲观失望，又不要骄傲自满，大概是中等偏上的吧。你们这几年的生产成绩怎么估计？我们大家要讨论清楚。今年能不能大增产？有困难没有？困难恐怕有：第一，口粮水平低；第二，肥料不够；第三，午季作物去年种得不够好，有许多不利因素，请你们分析一下，有潜力没有？一是有困难；二是有希望。有什么希望，有什么潜力，你们自己考虑一下。

“你们全县去年产粮7700万斤，前年7500万斤，可能去年的余地少了一点，7700万斤多了一点。你们县的苞谷牌价每斤七分二，湖北八升的小斗，33斤，六块钱一斗（算来是每斤一角八厘），洋芋二分一斤，粮食的黑市价格，比国家的牌价高两倍。韦书记告诉我，今年安康萝卜一分五一斤，去年红苕一分八一斤，去年的粮食收入可能和前年差不多，或者是略低点。你们有51万亩耕地。有45000亩水田，每亩两料550斤，共2470万斤；18万亩苞谷，亩产130斤，2340万斤；3万亩红苕，每亩产200斤，算来600万斤；豌豆、蚕豆加小麦2200万斤：一共是1亿零180万斤。还差15万亩土地未算，所以潜力是很大的。同志们嗳，有没有希望嗳？我说困难有，潜力大，我说今年1亿斤以上是可以的。竹溪最高年产量1亿3500万斤，去年1亿，他们比你们厉害，他们今年争取完成1亿3800万斤，就超过历史上最高年产量。你们今年一亿一，还差2000万斤。我们把亩产是打得低的，45000亩水田，产两料每亩只算了550斤。每个区做计划，每个公社做计划，每个支部做计划，把账算清楚，为粮食上增产而奋斗，至少搞到1亿斤。我们又不要你们的，你们还要向上级保守什么秘密呢？我们今年只要你们870万斤。安康专区，去年一亿一，今年7000万斤，明年7000万斤，后年还是7000万斤，我的意见，7000万斤定三四年再说，否则你们老是向我们保守秘密，互不信任，公社向区委保密，区委向县委保密，县委向地委保密，这又不是秘密工作，搞秘密活动干吗？我们不要搞秘密活动，要放手搞增产。

"粮食多了怎么办？第一，多吃点嘛；第二，养猪嘛；第三，愿意卖就卖。可以议价收购，今年下半年就议价收购一部分，开放粮食市场。把经济管得死死的，湖北的粮不准过来，你们的木材又不准过去，使经济的血脉不流通。人的血液不流通，血管就收缩，为什么人不害感冒呢？

"第六条，抓粮食增产的同时，要积极抓山货土特产。什么党参、当归、黄连、生漆、桐籽、苎麻呀……"

韦明海插话道："牛王牌的漆，贵字牌的麻，在香港市场都有名。"

"假使平利利用七年到十年，把党参发展到1万亩，产量达20万斤，那就好了。党参是有销路的，"胡耀邦说，"我们陕西省的干部应该去南方参观。那里有些生产队，一个生产大队就有1000亩茶叶，一个人收入就是50元。同志们啦，一个生产大队就有1000亩茶叶！"

胡耀邦介绍南方的一个县，有79万人口，去年买了510斤麻种，"技术人员告诉我，1斤种子6万颗，1斤1亩秧，1亩秧种20亩，500斤种1万亩地。1亩地收100斤麻，1斤麻织1丈布，100斤就是100丈布，每人就是1丈多布。湖南有个小县42000人，1958年到1962年种杉树、松树、果树，单是梨子树就有87万株，平均每人20棵梨子树，有多少钱收入？大家可以算一算。现在湖南、浙江、湖北、山东，每个社员分三四百元哩。两手抓，一手抓粮食，一手抓山货特产，两手抓，双丰收，这个办法请你们考虑一下，你们平利搞些什么东西，把雄心壮志树起来，七年搞出个样子来”。

他望着邹守礼问：“大贵公社书记，你多大年纪？”

答：“35 岁。”

胡耀邦接着道：“你再搞 15 年，你就搞他个三个五年计划，还才是我这个年纪——50 岁，那时候可能你调到区上了。你们平利干部多数是要留在本地的，少数要调到外地的，有的要留下干 5 年、10 年、15 年，甚至一辈子。干就干好，如果留下来面貌改变不了，还是 500 斤口粮，那群众翻不了身，你们也翻不了身，就只有多吃多占的份儿了。生产搞上去了，那时群众的生活搞好了，有公社书记到谁家里去吃腊肉，你们说多吃多占，他就会说什么多吃多占，我们有的是。我们前几年有困难，但有些同志出息不大，有困难你就熬嘛！所以要学习解放军，把困难不放在话下。红军长征时爬雪山，过草地，两个多月没吃的，吃树皮草根，吃皮带。我是两个多月没吃盐，身上脱皮，吃了两个多月的豌豆苗，又没有锅煮，用茶缸煮，还吃青稞麦，没有碱放，吃了肚子胀、拉稀。我们前几年就那么一点困难，有些同志就受不了啦，动摇了，不是有些人请假回家了吗？闹单干了吗？有些同志不是变成投机倒把分子贪污盗窃了吗？主要是那么几年。这就给我们一个教训，困难的时候要想到前途，胜利的时候不要骄傲自大，生产搞上去了，群众的生活搞好了，我们自己的生活也好办了。因此，要两手抓，既有粮食吃，又有钱花。第六条请你们自己讨论一下。

“第七条，要把生产搞好，不要过分纠缠过去的老问题。有些同志前几年受过批评，叫反右倾，生产救灾瞎指挥，秋后算账派。有些同志一谈就谈过去的事，一开会就算老账。三国的关云长有没有到过你们这里？可能管过这里。他过五关斩六将。我们也有同志一说就说当年怎么样怎么样，想当年怎么能干，怎么有功劳，我们给他们取了个名字叫‘往后看’。当前怎么办？今后怎么办？斤斤计较，一斤一两地计较过去的事情。湖南军区的司令员叫吴自立，是平江暴动时的老资格。我按说也是老资格，想当年在军委当组织部长。吴自立那时牙齿不好，治好牙齿得三两金子。向我要金子治牙，我说三两金子不行，我批准不了，你写报告给军委吧。现在的委员长，那时是总司令——朱德同志也没有答应，他说三两金子不行。党内整风的时候，在中央两千多人的高干会上，吴自立说我不能当组织部长（指军委组织部部长），说我有官僚主义、主观主义、分散主义、文牍主义。人家问还有什么主义？他说，这个人姓胡，还有'糊涂主义'。刘少奇同志找我谈话，我说'五大'主义没有，缺点是有的。他说怎么办。我说，我要和他比赛，将来看谁革命好一些。现在他犯了错误，我也希望他改正。（这是胡耀邦在当时政治语境下的认识。吴自立，湖南平江人，曾获一级八一勋章、二级独立自由勋章、一级解放勋章，1955年被授予少将军衔。此人以性格耿直，好打抱不平著称军内；又多有才艺，创作了《怒潮》电影剧本，主持编写了《平江革命斗争史》。1964年6月，中共中央发出文件，认定他为"三反分子"、"彭德怀死党"，而被撤销职务。"文革"中受尽摧残，家属子女受到株连。党的十一届三中全会后，在胡耀邦的主持下，1979年2月，中共中央、中央军委为吴自立冤案彻底平反，恢复名誉。怀着对胡耀邦的感激之情，在胡耀邦逝世之后，吴自立的儿子坚持给胡耀邦守灵。）

"我们要向前看，把工作搞好，往后看，有什么出路？有什么出息？同志们啦，现在是1965年，不能一开会还讲1955年，讲一次就够了，讲两次就多了，讲三次人家就讨厌了——第一次人家是欢迎的，第二次不大爱听，第三次就讨厌了。嘴上不讲，心内有的。这人嗳，容易故步自封，自以为是，过去的事情，不要老是那么提，历史是不留情的。同志们啦，黄河、长江，还有你们这里的汉江，都是往东流的，河水都往前看。河水打一次转转就往前进了，你们老是打一个圈五八年，再打一个转转还是五八年。我们讲赫鲁晓夫是讲了九次（指从1963年9月到1964年11月，中共中央通过党报、党刊发表的《批判国际修正主义》的"一评"至"九评"），今年讲，明年讲，那就没有味道了，因为赫鲁晓夫被历史的车轮轧碎了。这也是思想方法，不管你是有功劳的人，还是受了委屈的人，但是时间都过去了。我们有些老资格说，我走的桥比你走的路还多，那有什么用？历史是前进的嘛，事物是发展的，要立足现在，面向将来，经常向前看。

"第八条，我们的领导机关，县委、区委、公社党委、支部，要善于抓关键，不要纠缠小事情。要抓关键，抓要害，算账要算大账，不要算小账，经常讨论方针政策问题、关键性的问题。五口之家也知道算大账，一年怎么过？一个公社书记管 4000 多人，是个大家庭。工作上要布局，打开局面，不要小手小脚，像毛主席说的小脚女人走路。有些人问他开会谈什么问题，他回答我不清楚，这不行。县委、区委、公社党委开会，讨论什么问题？应该讨论一些思想问题，‘四个第一’，‘三八作风’，方针政策，把生产搞好主要抓哪几条。比如抓手，抓一个指头不行，抓两个、三个、四个也不行，把手腕抓住，这才把关键抓住了。工作要善于抓关键。有时候我们议的问题太零碎了，有些会议议而不决，决而不行。县委、区委要关心几千、几万、几十万人的命运的好坏，这都关系到我们的领导。首先要关心方针政策、关键性的问题，搞思想领导，搞政策领导，搞措施要搞落实，要从全年盘算，从总的方法上盘算盘算。”

善于观察，善于思考，善于学习，是胡耀邦同志的一贯品性。昨日，他通过在湖北竹溪的短暂考察，便感到了湖北和陕西、竹溪和平利的差距。他深深感到要把向别人学习当作一件大事提出来。于是他讲道：

“第九条，要提出一个任务，向湖北的竹溪学习。我们从那里过，感到竹溪的工作一般是走在你们前头的，他们有许多东西值得我们学习。可是，竹溪前几年是向我们学习的。”

韦明海插话：“这是他们谦虚。”

胡耀邦继续说：“要号召平利县的干部向竹溪的干部学习，他们有许多事情比我们搞得好。当然不一定每件事都好，但在主要事情上比你们搞得好一些。学习的办法：第一，经常地了解他们怎样抓工作，了解他们的情况和经验；第二，有计划地去参观；第三，有计划地把他们的劳模请过来，到我们的各个大队，介绍他们的经验和成绩。”

看看会议已进行了几个小时，他已讲了九条了，有必要再来一个总结，把干部的情绪再激励一下。果然，他讲道：

“第十条，要很好地提高所有干部的思想、理论、政策水平，学习毛主席著作、党中央的政策，提高我们的思想、理论、政策文化、生产技术水平。我们不是有毛主席的选读本、毛主席的语录本嘛。林彪元帅要求每个战士都搞一本。我告诉军区的同志，民兵干部，每人发一本毛主席语录，‘二十三条’印成小册子，还要搞些生产技术小册子，比如如何改造低产田，肥料知识啦，水利知识啦，如何种小麦，如何种豌豆、蚕豆，水稻的增产经验，党参怎样增产啦，都要了解它、调查它。我不是讲了许多故事吗？我在省上讲的故事传达了没有？”

陈进华答道：“传达了。”

胡耀邦朝下讲：“有些老同志文化不高，也不请教人，有的不调查研究，有的不学习。可我们有的同志，有些青年干部，就很注意学习啦。毛主席讲，党内要提拔一批年轻的干部。毛主席批转了一个徐寅生打乒乓球的材料，他说我们如果不向小将们学习，那我们就要完蛋了。徐寅生今年 26 岁。现在有些青年人学习很好、肯钻研，假如我们不钻研、不学习、不调查，我们确实要完蛋了。毛主席给参加中央工作会议的 200 多名同志讲的，老资格又值钱又不值钱，值钱的是经验多，不值钱的是故步自封，自以为是。过去有个老资格的人说，我骑的骡子都参加过长征，那骡子都二十几岁了，现在走不动了。有些人的资格确实是老，那骡子要是活到现在，比我们的资格都老。但是，长江是后浪赶前浪，世上是新人赶旧人。新的干部要努力，老的干部也要努力。在干部问题上，我们要做决定，哪个干得好，我们就请他们来干，他干不好，就请他让路。我赞成这次会议上提出的可以放包袱，也可以不放包袱，放也有好处，不放也有好处，经常‘洗澡’，讲卫生嘛！但我们在今年 11 月底 12 月初要搞一次大评比。哪一个公社、生产大队生产搞得好，再开一个大会，主要是看大增产、中增产、小增产了，还是减产了。

“张明元，我的意见，现在让他做工作，党籍暂不处理，让他去搞一个大队，他大增产了，六二年以来的错误就算了。算大账、向前看，搞得好，过去的错误不算了，拉倒。使我们的党朝气蓬勃地前进，使有错误的同志，将功补过，不做结论，现在把账挂起来，放在抽屉里，秋后再说，重新开始新的一页。有缺点错误的干部，给他们分配工作，不做结论，这样可以使多少同志往前奔，往前赶啦。同志们啦，往前看是多么重要的一条，往后看，希望不大。我的意见：犯有一般性的错误，包括‘四不清’的干部，秋后评比。今年冬天哪些生产搞得好，奖耕牛，奖化肥，奖现金。白河有个新庄大队，年年不要返销粮，不要救济，那就给他们奖耕牛，奖化肥。发动大家订生产计划，找增产措施，号召大家搞好生产，开展生产大竞赛，你们赞成不赞成？”

轮到韦明海小结了：“耀邦同志的讲话，我觉得讲得深讲得透，确实深透了。他的讲话把关键抓住了。思想问题、工作问题、生产问题讲透了，不要老那么过分地算过去的账。六二年算六〇年的账，今年又算去年8月份的账。老账，有些是大是大非问题，有些是小是小非问题，而小是小非是大量的，算了吧，算了吧！向前看。过去那么多的事还有什么说的呢？把今年的生产抓好！平利过去是抓得好的。第一是抓得紧，历来有这个作风，时间观念强；第二，在肥料上一般抓得突出；第三，抓技术，水稻小麦比汉阴、安康都强，这几年退了。讲两手抓，今年怎么行动？当前怎么行动？"

接下来，韦明海对生漆、当归、苎麻的生产做了安排。

当韦明海讲到生漆时，胡耀邦插话："我们昨天晚上算了一个账，平利县人均有三亩耕地，特别是八仙（区），山上潜力很大。"

当韦明海讲到当归时，胡耀邦插话："为什么叫当归呢？因为当归当年就可以归还本钱嘛。"

韦明海讲毕，对胡耀邦到安康的事又一次提起："耀邦同志来我们陕西时间并不长，从专区来讲，首先来我们这里，不要让他空跑一趟。我们的精神面貌不太那么很振作，这不是我们党健康的表现，要振奋起来。"

胡耀邦似乎觉得有必要再强调一下振作精神的问题。他谈到平利县副食公司张能安的问题，他说：

"你们县有个张能安，我提议放出来，叫他干，把张能安叫一个张能改。搞得不好了再抓嘛。可以不可以放？你们考虑。讲过去讲过来，就是要大家往前奔，提心吊胆，胆战心惊，想过去，不行，要干劲十足，不要提心吊胆，缩手缩脚，要放手大胆，朝气蓬勃，往前干事情。区委的同志对县委同志有些意见。县委还是个好县委，李书记、陈书记、刘书记、曹书记，我看基本上都是好同志。缺点有没有呢？有一点点，听说县委的同志思想也不解放。革命有革命的账，个人有个人的账，无非是关键抓得不大多，不大狠，干劲有点不足，有些人生活上有点不大检点。我这个人是张飞，粗中有细，我了解就是这些缺点。区委的同志也不要对县委扭住不放。县委领导核心还是一个好核心。缺点有一些，问题不大，是不是这样看？'二十三条'叫我们开门见山，我们昨天一下汽车就宣布了来意，我说基本上是好领导，有那么一些缺点。县委也要挺起腰杆子，老是那么愁眉苦脸，低着头走路，前面是墙是河不知道，那是右倾。眼朝天，盲目自大也不行。既不要悲观，又不要骄傲。要挺起腰杆往前看，向着正前方1亿1000万斤粮食瞄准，放！要决定几个奋斗目标，这才是往前走。秋后过硬，搞到1亿1000万斤，有那么多的油料，那么多的苗圃，那时我们好好过个年。”

胡耀邦环视一下大家，语调中充满了平和坚定：“张能安要是他能改，可不可以放出来？放出来要他改，改不好再抓，能抓能放，两套办法。总之，要千方百计使大家往前奔。如果我们大家想到的都是自己，省委、地委书记讲的事情都不听，那还能打仗吗？我们解放前打仗都是一条心，一股劲。为什么提出向解放军学习呢？就是这个道理。现在又为什么不提倡‘洗澡’呢？一‘洗澡’就心情不安，分散精力，五心不定。我赞成你们这次会议提出的不‘洗澡’，放下包袱。我的中心意思是想要大家往前奔，把今年的目标抓起来。群众的生活好了，大好形势也来了，许多事情都好说了。这办法你们赞成不赞成，分析一下，不要把目标分散。”

胡耀邦讲的张能安，当年31岁，系平利县副食公司的经理，在当时，算得上平利县的一位能人。

那时，平利县城不能生产酱油，他就和单位职工骑车到50里开外的湖北省竹溪县去购买。他好动脑筋，把南瓜、板栗、苞谷打成碎粉掺和一起，做出野生糕点，受到来平利考察的省地商业部门领导的好评。他在二道河办起了奶场，平利县城的干部群众竟然可以喝到鲜奶。那年月，三年自然灾害刚刚度过，物资极度匮乏，一个县级干部走后门、凭票证也只能弄到三五包香烟，而张能安和职工们在安康地区最早造出了“五峰牌”香烟。暑天，县城里有冰棍销售。糖，在那时是贵重礼品，稀罕之物，而张能安和职工们弄来胡萝卜、甘蔗，提炼出了糖。这一切，都是出于他对毛主席“发展经济，保障供给”指示的朴素理解。

这样年龄、这样职务、这样业绩的张能安，也有做错事的“条件”。县上某领导的夫人提出要割五斤好肉。张能安却回答：要么凭票，要么请领导写个“二指宽的条条”。那领导心中自然不悦。工人们加班加点干社会主义，张经理看职工干活卖力，心疼，便同意将猪下水猪心猪肝猪大肠和着萝卜炖一大锅汤，让职工们夜餐时“下火”，算是对职工加班加点的“犒劳”。结果，被那位领导发现了。那领导让想吃而未吃到的职工们站成一排，训斥了大伙儿的“资产阶级思想”，指示第二天清早抬到公共食堂向大众销售。年轻气盛、涉世不深的张能安待领导走后，让职工们分而食之。此事被人告到县上，再加上被传得沸沸扬扬的莫须有的张能安的生活作风问题，正值盛年的张能安被公安机关逮捕了。

胡耀邦提出把张能安放出来。县上后来采取了上有政策、下有对策之法，并未释放张能安，给他一个“改错”的机会。

张能安被判刑10年，妻子被迫与之离异。刚出生不久的二儿子，随母亲而姓。那是另一曲人生悲歌了。

因在监狱搞起柴油混热的改革，张能安被减刑4年。本来1970年就可出狱的他，凭着一手技术，被监狱一再“挽留”，直到1979年三中全会的那股春风吹来，他才真正被平反，恢复公职，成了平利县外贸公司的一名负责人，搞起了冀秦公司，生命中潜存的改革精神又一次凸显出来，写出了精彩的华章。

几十年后，我去采访已经75岁的张能安老人。他说他有一个心愿：有生之年，要到江西共青城去为胡耀邦扫墓。

平利之南是安康地区最偏远的县——镇坪，由于不通汽车，镇坪县的部分干部得到通知到平利来参加会议，听胡耀邦的报告。

当了解到平利至镇坪的公路明年（1966年）上半年才能修通时，胡耀邦说：“解放十几年了，你们这里还有几个县不通车，真是对不起老百姓。工作要落实呀，否则办不好。”

他严肃批评了安康，“完全躺在国家身上吃饭，这样不行。人家别的地方大中型水库都是专区办、县办，你们修支线都要向国家要钱。这是个原则问题”，“公路是你们专区生产上去四大关键的头一关键。要用民办公助、政治挂帅的办法来解决修公路的问题”。他明确给安康的领导同志提出了三年修500公里架子车路的任务。省上可支援1000万斤粮食、100万元伙食费和钢钎、炸药等物资。他要求地委认真研究，写出专题报告。

2月11日下午，胡耀邦在平利县的县委扩大会议上（实际上还有正和平利县并县的镇坪县部分干部参加）整整做了三个半小时的报告，草草吃过晚饭后，便向安康开拔。

■ 1965 年 2 月 12 日。安康。

他让生产搞得好的基层干部上台讲话，说“他们其实比我们这些人更有发言权”。

“顿顿吃红苕馒头，那个东西才不好吃哟。开始吃那么一顿、两顿，还甜甜的，越吃越不是味道了。队上的青年团支书问我，好吃不好吃？我说不好吃。还吃了两顿榆树叶子，那个东西也不好吃哟。”

“生产搞不好，叫什么大好形势；生产搞不好，叫什么为人民服务！天大的事情，就是把生产搞好，这是前提、根本嘛。根本就是生产上升，其他都要为这个根本服务。”

“困难时期不要卡死。困难，卡死；卡死，困难。越卡越困难，越困难越卡死，这叫恶性循环！为什么要卡呢？放开嘛！放开，就是在自由市场上收税嘛，打击那些真正的投机倒把，主要还是为了互通有无，发展经济。农民的互通有无，什么时候都得有。”

“同志们，二十五斤半怎么够吃啊！你允许少量红苕上市，不就对了嘛。所以，我讲，在灾荒下我们要把经济搞活一点儿，卡得太死，对人民不利，对生产不利。”

大型现代汉剧《梅刀新传》，演出将近两个小时，胡耀邦一直聚精会神地观看着。剧作者党永庵局促地坐在胡耀邦的身旁，听着他伴随剧情发展而不时发出的或爽朗或低浅的笑声。当然，胡耀邦有时也陷入一种不易觉察的深思之中。党永庵多想得到他哪怕一句对剧本的评价，但他始终愉快地看戏，没有发表观感。

1965 年 2 月 11 日至 13 日，胡耀邦下榻在安康市内大南街当时的专区第二招待所。大门如旧，门内全变。在这里，胡耀邦曾起草了《电话通讯》。

王爱萍　摄

2 月 11 日晚上约莫 8 时，胡耀邦一行赶到安康城，住进了设在大南街的专区第二招待所。这里环境幽静，与设在古楼东街的专区第一招待所的区别是，这里接待级别较高的领导。这个招待所“文革”后先后成了市商业局、市工商局、市工商局家属院的所在地。

从西安出发，算来已整整一周了。胡耀邦风尘仆仆，哪里好生休整过。或许，他想到自己衣着过于朴素，在平利去询问耕牛的情况时，农民竟把他当作牛贩子；或许，他想到接下来在这个安康地区中心城市还有一系列活动，得给干部群众留下整洁的印象：他决定理个发，洗个澡，以新的精神风貌示人。

这样的事当然由韦明海安排了。

韦明海的秘书到安悦街中段的安康县电影院旁的红旗理发店，请长期为韦明海理发的刘久恒师傅来为胡耀邦理发，但仅仅说是为省上一位同志理发。

刘师傅记得很清楚，他当夜随韦明海的秘书来到专区第二招待所，在进门的第二间平房里，开始给省上领导理发。

刘师傅当时31岁，大字不识一个。他出生于城市贫民家庭，根红苗正，技术上好钻研，为人理发细致耐心，是红旗理发店的门市部主任，被选为韦明海的专任理发师。

多年为领导理发的经历，使刘师傅养成了不随便打探领导身份的“政治素质”。他只知为领导理发，却从不多问领导一句不该问的话。

门口站着警卫员。

胡耀邦的秘书在房间里为刘师傅帮忙，打着下手。

刘师傅用当时先进的电推子，花了近50分钟，为胡耀邦理了个大背头，刮了胡子。

胡耀邦是一个随时随地了解民间疾苦的人，这可视作他多年职业革命生涯中早已溶入血液中的一种品格。他问刘师傅安康人的生活怎样，问刘师傅家里几口人，问单位的生意好不好。要求刘师傅一是一，二是二，不准说不实在的话。

刘师傅如实向省上领导说：“单位里的生意不好，社会上正时兴反投机倒把，农民不准进城，城里人本来就不多，而理发铺子不少，他们的红旗理发店少有人理发。单位已按劳计酬，生意不好做。”

对话一来一去，胡耀邦通过与刘师傅的交谈了解到了真实的民生。

接着，胡耀邦又到鼓楼街的汉江浴池去洗澡。

那时的浴池并没有现在的雅室单间，而是一池热水，浴者都在其中温搓泡洗。全城就一两个浴池，浴者蜂拥，没有官民贫富之区别。

那时的浴池有几个服务员专事搓背、按摩服务。有一位年岁大的服务员给胡耀邦搓背。胡耀邦与其攀谈起来。

“一月多少口粮？”

“二十五斤半。”

“还有其他的吗？”

“没有。”

“够吃吗？”

那服务员知道这是省上的一个领导，不敢轻易说话，只是嘿嘿地笑。

再问。

那人大着胆子说：“真不够吃。”

这夜，胡耀邦还找来一本《安康县志》，他要了解了解安康的历史，为明天的讲话找些根据。他有个习惯，每到一地，尽可能地找来县志翻翻。知古才能晓今。翻读县志，他以为这是了解一个地方历史和现状的捷径。

昔日安康电影院外景

王爱萍　摄

2 月 12 日上午，胡耀邦来到安康县正在召开的全县扩大干部会上。会场设在当时安康最耀眼的位于安悦街中段的安康电影院。

他进到电影院，院内 800 席位座无虚席，院外也到处是人，有一种水泄不通之感。干部们多么渴望见一下这位省委书记，多么想多知道一些中央的政策、精神呀！见会议的规模不小，胡耀邦说："我们昨天晚上 8 点钟才从平利回来。今天你们县委的同志还没有汇报，就开这么大的会吗？你们的会开了几天啊？"

县长崔锦议回答："今天是第五天。"

"你们县有多少个公社？"

"93 个。"

"都到了没有？"

"还缺几个。有的人有病没有来。"

“有病就找人代替嘛。书记不是在搞社教嘛，还有其他什么组织委员嘛，财粮干部也都可以来嘛。……全县多少人口呀？”

“53 万人。”

“53 万人，是专区最大的一个县了，第二是旬阳，第三是紫阳。53 万人，93 个公社，有区没有哇？”

“有 11 个区。”

“多少个大队、生产队呀？”

“1200 多个大队，6480 个生产队。”

胡耀邦又问在场的人：“为什么叫安康呀？安康是怎么来的？白河有个白水河，旬阳有个旬河，宁陕没有弄清楚，汉阴，是汉水之阴，平利也没有弄清楚。安康为什么叫安康？”这番话是一种自言自语，又有一种请教的口气。

县委书记郭毅答道：“安康，是因为过去西渡口有个石头，叫安康石。大概是宋朝的时候吧，是过去的人安的名。安康人希望在这个地方能享安康。”

胡耀邦问：“你们看过县志没有？”

胡耀邦这一问，在座的干部怔了一怔，没有及时反应过来。他们不知道胡耀邦已经翻阅过《安康县志》，已经大略了解了安康的历史。

刘文彬接上道：“过去叫金州，这个地方出金子，后来又叫兴安府。”

胡耀邦问：“农业人口多少？”

崔锦议答：“48 万多。”

“去年粮食多少？”

“1 亿 7600 万。”

“前年多少？”

“2 亿 1000 万。”

胡耀邦概算道：“减少 3400 万斤，百分之十六点多。今年搞多少？”

“准备两亿四，争取两亿六。”

胡耀邦立即来了兴趣：“你们搞到两亿六，不是达到解放后最高水平了。有把握没有？有哪个公社增了产啊？”

崔锦议说：“关庙区忠义公社去年增了产。”

胡耀邦问："忠义公社党委书记来了没有?"

忠义公社党委书记唐章荣站起来："来了。"

胡耀邦问唐章荣："你们公社增产多少?"

唐章荣答："10 万斤。"

"你叫什么名字?"胡耀邦问。

"唐章荣。"

"噢，唐朝的唐，文章的章，光荣的荣，那你就光荣嘛！你要做个报告：为什么人家减了产，你增产？有什么特殊条件吗?"

郭毅回答："地不好，就是些黄土梁。"

崔锦议补充道："他们主要是抓红苕，旱变水，扩大稻田。"

胡耀邦问："忠义公社的事迹登报了没有?"他十分重视报纸的宣传作用，十分重视典型的引导作用。

韦明海答："安康报上登过。"

胡耀邦对着唐章荣问："唐章荣同志，哪里人啦?"

"当地人。"唐章荣回应。

"你当党委书记多少年啦?"

"11 年。"

胡耀邦环视会场一周："其他 92 个公社，还有增产的没有?"

崔锦议赶忙回答："有，还有恒口千工公社。"

胡耀邦马上问："千工公社也是增了产的，千工公社书记呢?"

千工公社书记未到。崔锦议让恒口区委书记佘德坤来回答。

佘德坤坐在电影院中间，他站起来回答："千工公社原来的书记是刘日明，现在留党察看，工作调开了。"

胡耀邦与佘德坤开始了下边的对话——

"为什么留党察看?"

"工作上有错误。"

"犯什么错误?"

"包庇坏人。"

"包庇什么坏人?"

"新生资产阶级分子胡代勋，原来是云西大队党支部书记。"

“第二个错误呢?”

“生活特殊化。”

“特殊化，特殊到什么程度?”

“吃小灶饭，搞社教时另起灶，拿小口径步枪打鸟。”

“在工作时间打鸟，还是在休息时间打鸟?”

“有的在工作时间，有的在休息时间，主要是在六二年前后。”

“主要是在六二年的时候，这是过去的事了。‘闲来无事江边走’。你们看过《打渔杀家》了没有？有这么一句话，叫‘闲来无事江边走’。汾河湾打雁。这里不是有黄鸭吗？叫汉江湾里打黄鸭。该不该留党察看呀?”

“留党察看重了。”

“留党察看重了，就减轻嘛！可以单独起伙。”

城关镇党委书记李化南插话道：“刘日明还有胃病。”

胡耀邦感到有必要把单独起伙和过艰苦生活向同志们讲个透彻。他说：“有胃病的同志单独吃饭，也可以嘛。没有胃病的人，在吃饭问题上也是可以商量的。好的可以吃，坏的也可以吃；好生活可以过，艰苦生活也可以过。我这个人 15 年都没过艰苦生活了，因为我当了官了，大大小小也是个中央委员嘛！也有过两年过了一下艰苦生活的经历。五九年我搞过一个礼拜，顿顿吃红苕馒头，那个东西才不好吃哟。开始吃那么一顿、两顿，还甜甜的，越吃越不是味道了。队上的青年团支书问我，好吃不好吃？我说不好吃。还是要讲老实话！那个东西就是不好吃。还吃了两顿榆树叶子，那个东西也不好吃哟。五九、六〇年有些地方确实困难，在山东徐建春家住了五天，在河南也搞了五天，顿顿吃红苕窝窝头，吃了吐，一股鸡屎味。”

胡耀邦在这样的大会上说红苕不好吃，是要有一种勇气的。

那时粮店供应的粮食，粗粮多而细粮少。五斤红苕抵一斤细粮，顿顿吃红苕，把嘴都吃歪了也不敢说话的。那时粮店的牌子上往往有一段毛主席语录：“红苕很好吃，我很爱吃。”胡耀邦此语一出，会场有人悄悄地发笑。

胡耀邦继续讲道：“说起吃饭问题，我的意见，好的也行，孬的也行，艰苦的生活，必要的时候也可以过一过。玩哩，不能玩得太多了，太多了是不好的。前几年有些同志跳舞，跳到通宵，打麻将也打到通宵，打扑克也打得很久。我们讲：你是工作第一呢，还是玩第一？太多了就不对，这叫蜕化变质。礼拜六、礼拜天，玩半天也可以嘛。平常休息也可以玩，玩两个小时，散散步。孔夫子都会唱歌弹琴。玩，不叫玩，叫劳逸结合嘛。他还有什么错误啊?”

佘德坤答：“包庇坏人。”

胡耀邦一听，感到有探讨探讨的必要了：“什么叫坏人？究竟是叫包庇，还是叫自由主义？对别人的错误不批评、不教育。主席不是有个《反对自由主义》的文章吗？‘二十三条’中不是有一句话叫‘用人不当，检查不力’？包庇坏人不要搞得太宽了。我们绝大多数干部是要走社会主义道路的。但是，他们中间有些人，对社会主义革命认识不清，用人不当，对工作检查不力，犯官僚主义错误。包庇坏人成了政治问题。所以，这个同志究竟是什么错误，叫检查不力，用人不当，还是叫包庇坏人?”

胡耀邦半诙谐、半幽默、半调侃地对崔锦议说：“你这个县长不是包庇了很多坏人吗？有民主人士、国民党军官，噢，这叫统战工作。这个可能处分重了，不要紧，处分重了，改过来嘛。哪里有保证不犯错误的人呢？我来陕西后，处理问题不恰当也有好几次。我们各级党委，都要养成这个风气，处理问题不恰当，就马上改过来，这个不要紧。刘日明缺点是有的，批评一下可以调换到另一个公社去，调换一下工作，两方面都方便。这个同志还当党委书记行不行啦？还当党委书记，他是不是会翘尾巴呢？同志们，翘尾巴不要紧，你有办法压他的尾巴嘛！这是我的意见，不是决定，要说我的决定，那就违反了四大民主。对留党察看的改变，是不是翻案呀？什么叫翻案，处理不恰当嘛！不叫翻案。是不是叫纠偏？同志们，我们不用这个名词。错了就改嘛，这叫实事求是。你说纠偏就纠偏，我们不用这个名词。毛主席不是说‘有错必纠’吗？我们要提高政治觉悟，不要抠名词。毛主席讲了一个笑话，讽刺一个书呆子。什么叫跳？什么叫跃？单脚为跃，并足为跳。有那么个秀才，下乡遇到一条沟，他就问一个老乡，‘喂，老乡，怎么过去呀？’老乡说，‘你跳过去嘛！’他就并起双足，往前一跳，好家伙，跳到沟里去了，搞了一身泥巴。农民把他扶起来，他就问，‘看么，你叫我跳哩，我没跳过去，掉到沟里了。’农民说，‘我叫你一只脚跨过去，你怎么搞的，两只脚并起来往过蹦呢！’他就说，‘哎呀，你怎么不早些告诉我哩！书上说的，单足为跃，双足为跳，你叫我跃过去，不是就对了吗？’”胡耀邦把这个讽刺教条主义的故事讲得绘声绘色，引人入胜。“同志们，好多事情大家都弄了多少年了，都有经验的。什么叫纠偏？什么叫修改不恰当的处分？有些同志学了那个秀才，弄不清楚了。历史上挖苦生搬硬套、脱离生活、脱离实际的故事多得很。今天可要注意这个问题，不要在那里玩弄名词，脱离实际。”

故事讲完，故事背后的道理也讲了出来。胡耀邦指着唐章荣说：“你做个报告好不好，你增了产，增产10万斤。你去年的总产量是多少？”

“304万。”

“前年多少？”

“294万。”

“增产10万斤，百分之三多一点，你这个公社搞得不错，过去怎么样？”

“是从前年翻起来的。”

胡耀邦对着台下的干部职工说：“他（指唐章荣）的办法不多，不搞烦琐哲学，只抓两条，这个好。‘二十三条’中讲，不搞烦琐哲学。区长讲话，一条、二条、三条、四条、七条、八条、十条。陕北话叫概不了。意思是懂不了，吃不透的意思。解放军有个故事：一个新战士，高小毕业，问他们的指导员：指导员啦，什么叫干部？什么叫战士？指导员讲，这个问题嘛，我也讲不清，我光知道：干部就是干，战士就要战。我看这个话讲得好。同志们啦，解放军是不搞烦琐哲学的。干部不干，战士不战，那还能行吗？唐章荣同志抓住两条他就增产，这个方法对头，不搞烦琐哲学。你们全县搞两亿六，假使各个公社都抓关键，两条，三条，我觉得两亿六可以超过。做个报告嘛，拿起来就讲，我希望你把前三年不好的也讲一讲，三年前有缺点，没有把工作搞好，这么交代两句，不是更能说服人吗？”

胡耀邦又问唐章荣：“你今年搞多少？”

“准备搞440万斤。”

“比去年增加136万斤，增加百分之四十五。你们好多人口？”

“7500人。”

“一个人平均600斤。公购粮多少啊？”

“40万斤。”

“除40万斤外，每人还有400斤。你们多少耕地啊？”

“15000亩。”

“你那里田土好不好?”

“不好，我们准备再变500亩新田。”

胡耀邦是善于用数字说话的。在记忆上胡耀邦有过人的天赋，他能听属下一遍汇报，记住若干数字，且换算能力极强。“昨天，我做了一个检讨，前几天的讲话抽象的多，典型抓得太少，就是要抓住一个麻雀不放。来来来，我们具体算一算。”胡耀邦伸开指头，算起了忠义公社的粮食账：“全年440万斤，比去年增产百分之四十五。每个公社都要算这么一笔账。去年全县一亿七，今年两亿四，全县也是增产百分之四十多。唐同志呀，你要提高警惕。去年你是个标兵，我的意见，要讲这个标兵。今年谁是标兵?秋后再看。今后每年要树标兵。我看，明天的会好开，你们要选几个去年增产的公社，选几个增产的大队，让他们做报告，我们向他们学习。县委的同志、区委的同志、公社的同志向他们学习，不要搞什么烦琐哲学，不要枯燥无味的东西，不要孤立地静止地看。我的意见就是说，要把标兵搞出来，选那么两三个公社党委书记，选几个支部书记，叫他们做报告，全县学习。只搞那么几条，不要搞多了。搞多了人们会说：去年来了个‘双十条’（指1963年5月和9月，中共中央先后制定的关于做好社教准备的“前十条”和“后十条”），就有点晕头转向；今年又来了‘二十三条’，这么多条！他越学越悲观：‘我这一辈子不行了，马列主义搞不到了。’我说：‘你就告诉他嘛，你就是马克思主义，活的马克思主义。’他说，‘啊，我还是活的呀’，这就大胆了。

“我说，究竟你们下一个会怎么个开法子?开活会，我的意见就是选几个公社、大队，请他们登台讲，然后县委讲话就好讲了。还是分两段开，一小段把文件学一学，如果还是讲不清，秋后再讲。我的意见是，后天就登台，你们开几天会?”

崔锦议答：“七至十天。”

胡耀邦有点惊讶了：“七至十天，长不长啊?”他并没有批评崔锦议，而是以商量的口吻开导着：“你们有没有这样的经验：会开长了，生产队的同志要说他们的腿肿，罚苦工。七八天行不行呀?前几年解放军学文化课，工农出身的战士，钻不进去，感到很苦恼，有的人一上课就往厕所里钻。同志们，这是个群众路线问题，不要小看这些问题，开会开长了，开久了，他苦了，把他吓住了，二回再不来了，要照顾这个问题。七八天行不行啦?提早散会，心情舒畅，不要希望一次会把问题都解决了。一次讲完，下次讲什么呢？你们对我的要求也不要太高了，胡书记讲话了，系统的呀，彻底的呀，解决了问题呀。同志们，一次讲完了，秋天我来讲什么呢？支部书记登台演说，不是一举两得吗？抓了典型，也培养了接班人。明天讲不讲哩？我的意见，先请唐书记讲。我们跑了六天，抓典型不够，也有缺点，因此，一个人要不断坚持真理，修正错误。讲什么呢？他讲两条，就搞了10万斤。我不是也讲了两条嘛。”

他觉得安康的问题仍然是对人的解放问题，还得从这个问题入手，才能把干部的积极性调动起来。胡耀邦问：“你们开除了多少人啦？”

崔锦议答：“33人。”

胡耀邦不无幽默地说道：“33人，一个排呀，从汉阴算起，该是第四排了。你们抓了几个干部呀？”

崔锦议道：“9个干部，2名工人。”

胡耀邦说：“这方面问题我不做调查了，类型大致差不多，不外乎是平利的张明元啦，汉阴的胡世禹啦——你们准备怎么办呀？”

他翻阅县上给他提供的“双开”名单。

他边看边说：“马汉祺，伪国民党区分部委员。”

下边有人回答：“是反革命。”

胡耀邦问道：“什么时候的反革命呀？解放后表现好不好哇？毛主席讲了，历史问题看现在。国民党留下了几百万国民党员、几百万三青团员，是不是查出一个，开除一个呢？不！历史问题必须看现在，不看现在，几百万人怎么办？历史问题看现在，这是我们党历来的政策。我为什么讲这个问题呢？我和教师有过那么几天关系。我搞了几年青年团的工作，知道教师与我们的青少年的关系。过去神牌子上不是写着‘天地君亲师’吗？我们现在却随便把老师当你们安康的萝卜，五分钱一斤，一筐子一筐子的不算数哇。当然，我们现在不再叫什么‘天地君亲师’了，那是封建的，我们叫革命的知识分子。只要是革命的，我们就欢迎。现在还反对共产党的人要注意，假若对共产党、对社会主义还仇视，我是不赞成当教员的。”

翻到一个叫谢毅臻的名字，胡耀邦说：“谢毅臻，贪污7万多，这么多的钱，弄啥呀！搞清楚了没有？”

有人答："本人承认两万四。"

胡耀邦问："退回来没有?"

"退1万多元，银行支票8000多元。"

接过话头，胡耀邦讲："所以嘛，同志们，有油水哟，有真正走资本主义道路的人喽。这一条不要麻痹，这一条我是心中有数的，这两年是有发横财的人哪！可不要麻痹哟！麻痹是要犯错误的。"

一路走来，他见到不少干部因男女关系被处理，其中有些是荒唐可笑的。他翻阅被处理干部名单，看到又有因男女关系被逮起来、关起来的人，觉得有必要谈谈自己的看法了——

"有两性关系的干部，有的是强奸，这当然不好，是犯法的。还有利用职权奸污妇女的，这是恶霸行为。还有的干部不干工作了，成了腐化堕落的人，革命干部你总要工作嘛。经常不工作，不想工作，腐化堕落，这叫蜕化变质。有的人犯军婚的问题，干扰前方的同志，这是不好的。这几种情况，都要有事实做根据，不要脑门子一拍，他与她有什么什么，就逼人家承认。还有个一般性的正常恋爱。这些青年小伙子找不到爱人，着急了，这里碰一下，那里碰一下，这叫着急，没有经验，东碰西碰，不叫乱搞男女关系。你又没有个媒人，他又没有经验，在座的结了婚的同志，想当年，你们乱撞过没有?写一封信人家不理就着急了。好嘛，东方不亮西方亮，写一封不行，再写一封信。有的男青年在女青年面前说了几句话，写了几封信，有的人呢，也可能起心不良。这个问题不要过分，主要搞社会主义，不要搞得男干部、女干部不敢见面，不敢拉手，男女授受不亲，这叫封建。孔夫子说：'男女授受不亲，礼也。'后来就发生了问题。有个人，他嫂子掉到井里，他哥又不在家，没有别人去拉。他嫂子喊：'兄弟，你赶快来救我嘛！'哎呀，男女授受不亲，我咋样救你嘛。后来，孟夫子发现了，讲了一点实事求是。'男女授受不亲，礼也'，后边加了一句：'嫂溺援之以手者，权也。'有些事我们不能搞得那么封建。我们党提倡高尚的道德。婚姻法规定：一夫一妻制，不要乱来。有些情况，两口子就是合不来；还有些是正常来往，这都要加以分析才是。"

胡耀邦把"双开"的名单念完。"噢，这么多的人，请你们考虑考虑，这里边的许多人是有错误的，也可能有些是界限不清。当过国民党区党部委员的，如果搞得好，可以不开除。或者说，这些人有这样那样的错误，处分重不重呢？可能处分重了，可能大部分人处分重了。处分重了就改过来。改过来好，改过来就是实事求是。抓起来咋弄？抓起来的就放出来嘛！放出来再不好，我再抓嘛。”说着，胡耀邦做了一个五指伸开又握成拳头的动作。

“这个问题我是不是讲得厉害了？啊！胡书记讲得很公道，我们县委犯了错误，区委犯了错误。同志们，你们没有犯错误！去年冬天以来，反右倾，空气紧张，阎锡山叫的四十度的紧密空气。在四十度的紧密空气下你们没有犯错误？假使你要说，我是正确的，县委是不正确的，我不赞成。县委是正确的，区委是正确的。现在大家都按‘二十三条’办事，重的减轻，开除的收回，没有什么关系。修改的时候，要给这些同志谈话，把工作讲清，不要采取含糊其词的办法。不要像国民党山东省主席韩复榘办案，稀里糊涂，啊，犯了法的在左边，没有犯法的在右边。现在修改这些同志的处分时，你们要向同志讲清楚。要向挨了斗的同志和所有参加斗争的同志都讲清楚，不是什么翻案，不是什么纠偏。我们把工作做细致一点，将来会证明，我们既正确又细致。

“现在我们还是回过头来讲生产，我们叫两手抓，双丰收，一手抓粮食，一手抓山货土特产。”

韦明海举了一个例子：“我们安康的石转，蚕桑抓得很好。”

韦明海介绍的安康县石转区，其中有个洪山乡的女农民刘家贤，1958 年她养的蚕茧张产量达到 61.7 公斤，创下全国纪录，出席过全国群英会，受到国务院和全国妇联的奖励。1959 年 10 月，她参加了新中国成立十周年国庆观礼。

胡耀邦对韦明海介绍的石转来了兴趣。“噢，石转，石头都转啦。有一首诗，是不是杜甫写的：‘功盖三分国，名成八阵图。江流石不转，遗恨失吞吴。’过去叫石不转，你们叫石转，这个名字好嘞。我们常喊：让高山低头，让河水让路。还可加上一句：让石头也转。石头不转，你怎么翻身呢？”

一首唐诗吟过，胡耀邦问：“你们这里有多少山啦？”

韦明海答道：“2 万多平方公里。”

胡耀邦说："那就是 3.4 万多亩土地（安康土地确切为 3.516 万亩，胡耀邦这里说的是概数）。台湾多大啊！3.6 万多平方公里，比安康只大一点。"胡耀邦指着韦明海笑笑说："你这个老韦，不是和'蒋委员长'管的差不多嘛！阿尔巴尼亚不也就 2.87 万平方公里嘛，你们和阿尔巴尼亚差不多，阿尔巴尼亚的人口还没有安康多，它只有 160 万人口。但是阿尔巴尼亚震动全世界。你们专区，一个人有 17 亩山，两亩半耕地。现在，我们全国都解放了，但是我说，很多地方又没有解放，还有很多山没解放，还有很多原始森林没解放。原始森林没开发，你说解放了没有？它归谁管？我说，17 亩山必须搞好。从今年开始，逐步积极搞好，从今年开始要做出成绩来。不是讲愚公移山嘛！移是移不了的，你开发它嘛！我们应该比愚公更高明一点，不是移山，是治山、爱山。治山，我们是用愚公的精神，不是用愚公的办法。愚公移山的精神，积极学习；愚公移山的办法，不可学习。我们的财富多得很呢，是数不清的。从平利数起，数了 9999 种，最后一种是'女娲山'的野鸡，多么肥的野鸡哟！何必放给狼吃了。背着枪打嘛，你想开一点，打着是我的，打不着是狼的。这当然是讲笑话嘛。野鸡是末一位的山货土特产，还有主要的、大宗的，好得很，怎么不开发呢？五年不行，十年；十年不行，十五年。就是十五年，不能再长了。十五年大翻身，不是小翻身、中翻身，而是大翻身。我看，三年小翻身，五年中翻身，十年大翻身，十五年根本翻身。十五年后能不能一年一个人搞到 200 元？你们这里有这么多的东西，三年、五年、十年、十五年搞到什么程度，一个公社一个公社做计划，一个县一个县做计划。毛主席说'青山绿水枉自多'，这能行吗？我们要叫青山绿水为社会主义服务。同志们喽，要搞雄心壮志哟！我们的唐同志，他好，他晓得山坡上搞水田。能够搞水田的，搞水田；不能搞水田的，搞山货土特产。搞蚕茧、茶叶、木耳、五倍子、棕片、当归、党参、黄连。白河有三大宝——桐油、皮纸、龙须草，我们再给它加一个蚕茧、柿子和核桃。我说同志们要鼓足干劲啊。什么时候山治不完，我们的公社党委书记就没完成任务，我们的共产党员就没完成任务。两手抓，双丰收，你的口袋那样多，都是空空洞洞的，有什么用。都是空空洞洞的，他就有人搞小偷小摸，搞多吃多占。前两年有人犯错误，原因有两条：一条客观，一条主观。第一条物资困难，第二条志气不高。为什么有的人没有多吃多占呢？这是前几年的事，洗了手、洗了澡就算了。志气，同志们，硬是要有这个志气呀！前几年赫鲁晓夫修正主义集团撤走了专家，去年他们说：'你们要专家还可以重新派。'我们说：'不要你们的专家。'前年和日本贸易，跃进号巨轮在公海上失事，有人就说，我们在国际保险公司保了险的，按说可以收回1700万元美金的保险费。毛主席说：'我们不要，我们这么没志气的！'我们海员技术不高，把船开到暗礁上打了的，我们要他的钱干啥？"

胡耀邦停顿一会儿，喝口茶，语气更加坚定："同志们，要有志气，大寨陈永贵是有志气的，大庆是有志气的，唐同志是有志气的。有些人就是没有志气，有些人说：'这里有困难，叫我到上海去吧！'好地方谁都愿意去，叫你去干什么，困难的地方才要你去改变它。要做好工作，把生产搞上去。生产搞不好，叫什么大好形势；生产搞不好，叫什么为人民服务！天大的事情，就是把生产搞好，这是前提、根本嘛。根本就是生产上升，其他都要为这个根本服务。因此，我们决定今年秋后评比。93个公社、1200多个大队都得搞好。我说，就请支书来讲这个问题，无事不登'三宝殿'。我们对支书讲，把生产搞好，去年前年的错误一笔勾销，请你们投票，赞成不赞成，赞成就回去搞，不赞成再开会。我的意见，就抓这个，这就是把'二十三条'的根本精神抓住了。否则，还没有抓住，鸡毛蒜皮，啰啰唆唆。我讲生产这个事情，是天大的事情。我不知道你们这两天讨论得怎么样，双丰收觉悟提高了没有？是三尺高，五尺高，还是万丈高？这叫光芒万丈。有的人睡不着觉，为什么睡不着，是想生产睡不着吗？好！这么想，我们拍手。搞好生产是要有办法的。可不能说，胡书记讲了，要搞好生产，我们就脱掉衣服苦战三天，搞疲劳战，这是不行的，不能搞瞎指挥，要搞硬本事。"

据当年听过胡耀邦报告的人讲，胡耀邦讲话是没有现成稿件的，讲话一般来说都是即席式的——特别是在安康之行这种风尘仆仆的特定状态下。胡耀邦的讲话，那是一种真正来自生活、来自调查之后的讲话，朴素得像一块没有打磨的玉石。

看看表，已经快中午12时了，看看台下几百双注视的眼睛，大家依然听得那样聚精会神。胡耀邦感到他的讲话该就此打住了。他早晨从招待所步行到安康电影院，见街道上冷冷清清，没有卖小吃的，没有卖水果的，隐约感到这其中有问题，此时他一定想到了昨天晚上理发和洗澡时接触到的两位师傅所反映的问题，他觉得还要再讲一讲，再耽搁大家一点时间——

“最后一个问题讲商业工作。为什么讲商业呢？不是搞资本主义商业，要搞社会主义商业。商业要为社会主义服务，为生产服务。我们的商业工作是有成绩的，但是商业工作做得不够好，做得不够理想，我们的国营商店、供销合作社为支援农业服务，都做得不够。

“今天我主要不去讲国营商业和合作社商业，而讲另外一个东西，就是集市贸易。有些东西，我们的国营商店、供销合作社是代替不了的，要农民互通有无。具体讲，就是把集市贸易搞好，也就是你们这里老百姓说的，要把‘赶场’好好组织起来，这是当前商业最大的问题。要让农民‘赶场’，要把投机倒把和社员的互通有无区别开来。农民为什么养鸡？他有那么几个鸡蛋，卖上六七个，跑到场上买把调羹呀，买一把线呀，一苗针呀，这些东西你供销社咋管得了？他的核桃没有多少，只有一斤半斤，你供销社又不收，他拿来就是要换点儿东西回去嘛。自留地的红苕、黄豆、花生八分钱、一毛钱一斤，你就叫投机倒把吗？我看，一不是投机，二不是倒把。困难时期不要卡死。困难，卡死；卡死，困难。越卡越困难，越困难越卡死，这叫恶性循环！为什么要卡呢？放开嘛！放开，就是在自由市场上收税嘛，打击那些真正的投机倒把，主要还是为了互通有无，发展经济。农民的互通有无，什么时候都得有。我的意见就是粮、棉、油不上市，粮食指的是主粮，一二斤红苕不算。”

胡耀邦接着讲了他昨晚理发和洗澡时与两位师傅对话的事，“同志们，二十五斤半怎么够吃啊！你允许少量红苕上市，不就对了嘛。所以，我讲，在灾荒下我们需要把经济搞活一点儿。卡得太死，对人民不利，对生产不利。这个问题，地委要讨论并通知各县，真正的投机倒把要打击，集市贸易要保护，搞活一点儿。这个问题搞好了，生产劲头又有一个新的调动。

“还是讲回来，根本的目的，必须今年大增产。有的同志会说，大增产是什么意思？晓得你葫芦里装的什么药。你春天讲风格，秋后加任务。我们说：不增加。你们安康7000万斤粮食（指公购粮），我的意见是要稳定上几年。老实话，打主意不在你们这里打。你们要求我们打主意时，我们再帮助你们打主意。不要你们的棉花，3000担不要，5000担也不要。棉花，我们全省搞200万担，主要在关中，要你们的那么零零星星一点，辛辛苦苦搞了半年，才3000担，不在话下。

“要你们的不是这个，而是土特产。‘醉翁之意不在酒’。这不叫形而上学。你们只是一个劲儿地喊喽，宽大政策喽，公购粮不要喽，睡大觉哟，行吗？土特产品一定要搞上去，五年搞个什么程度，十年搞个什么程度，要心中有数。不要以为减了任务就轻松愉快。我讲的有轻松的一面，还有紧张的一面，这叫轻松和紧张结合。”

胡耀邦的讲话，时时博得场内外干部的阵阵掌声。胡耀邦的风格，胡耀邦的讲话，他们是从没听过、从没见识过的。这些秦巴山区里朴实的干部只能用掌声来表达心声。

胡耀邦的讲话让全场的干部兴奋不已。报告戛然而止。韦明海对胡耀邦说：“胡书记，安康的干部很少见过你这么大的干部，你能不能到场下去和大家见见面？”胡耀邦说可以。他从右边走下讲台，由右廊走到电影院大门口，绕到左走廊，又走到台前，边走边向在座的干部招手致意。

今日安康电影院。昔日，这里是安康最为繁华的场所。胡耀邦在此做过报告。一提起胡耀邦，安康的人民总要忆起他在此绕场一周，让大家看个究竟的事。

王爱萍　摄

胡耀邦笑笑的，安康的干部笑笑的，他们从没见过这么平易亲切的大官。

胡耀邦的这次讲话后不久，因“包庇坏人”、“生活特殊化”而被“留党察看”处理的千工公社党委书记刘日明，被重新调动到张滩区的一个公社去工作。他知晓是胡耀邦的讲话挽救了他，工作卖力，成绩突出。

当日下午3时，胡耀邦来到专区三楼会议室（即今日汉滨区东大街的府苑小区），在专区机关十七级以上干部会上讲话。他的讲话可以用语重心长来概括。没有批评，有的是细细的分析；没有居高临下的指示，有的是鞭辟入里的开导。他尽力想给安康的干部以更多理论、政策上的知识。作为一个安康人，几十年过后读起当时的记录稿，胡耀邦对安康人民滚烫的赤子之情，希望安康人民摆脱贫困早日富裕的热情之心，仿佛都能触摸到，叫人感奋不已。他的讲话把高深的经济学原理讲得深入浅出，明白透彻。

今天的我们，也时常读若干领导同志的讲话，总觉得这些同志的讲话和实际情况隔着一层。而胡耀邦的讲话是交心式的，拉家常式的，娓娓道来。我真希望安康父老乡亲能读到这篇讲话，他的这篇讲话，可以说是一份闪耀着时代光芒的马列主义文献。

想必在过去的那些年月，落实也是一件头痛的事情，胡耀邦下午的讲话就是从落实开始的——

“有些事要落实。农业生产要落实，交通商业要落实；政法部门抓紧处理‘双开’、‘抓人’的问题要落实；干部缺额的事要解决，提拔一些优秀干部的事要落实；宣传部门的统一思想、动员工作也要落实。”

当时，在我国一些地方着手进行并乡并队工作，中央“二十三条”也有这方面的提法。胡耀邦的此次安康之行，已做过调研，对此他讲道：“我们的社、队规模基本不动。调整生产队现在不要动手，发现过小的，条件成熟了的，经过县上批准，个别解决；条件不成熟先不要动，一个一个批准，不要形成并队运动。据我了解，‘二十三条’上说的并队，主要是指湖南、江西等几个省。陕西，生产队的规模基本差不多。这个问题不要搞声势，偷偷摸摸干下来，要群众自愿。”（若干年后，我们也知道有一位伟人说不要搞运动，有些事可以只干不说。)

几天来的广泛接触，胡耀邦对安康的情况已经掌握在胸：“你们六四年粮食总产6.9亿斤，可能留有余地。”所谓的余地，大略就是埋伏吧。

“毛主席说，允许各地有百分之十到十五的余地。就打上你们是8.3亿斤，也是全国最低的专区之一。因此，给你们安排的返销粮不是多了，而是没有办法调进来。平均口粮300斤就是不行；要够吃，没有400斤不行。全国不像你们专区那样穷。今年争取9亿。努了力，加了油，上不去也不要紧。但是，八亿三还是不够的，连口粮都不够。10亿斤以下是全国低水平。达到10亿，口粮只有8亿，要清楚这一点。但是完不成也不要有压力，省上还是要高高兴兴地去。第一，不要有压力；第二，就是八亿三也是低标准。两个心中有数。今年完成了9亿斤，就恢复了‘大跃进’时的水平。”

安康的落后是有历史的。在陕西全省10个地市中，安康的各项工作大多靠后，有八九不离十的说法。正是这种状况，多年来压得安康人抬不起头，叫安康人感到还有不少的路要走，还有不少的目标要追赶，安康的发展潜力也就特别巨大。

“棉花，你们六五年计划1万担，平均每人半斤，要争取超过。省上免了你们的棉花收购任务。你们专区棉花最高产量是3000担，是全国的万分之一，全省的千分之二。一律赦免。通知各县免公社，公社免生产队。免了就上去了，粮食生产就上去了。要采取大胆的政策，用另外的办法要成绩。”

胡耀邦提出免掉安康的棉花征购任务，让与会的干部眼中放出异样的光来。只有他，敢于面对安康的实际，代表省委、省政府做出这样的决策！

“大家畜，一年增加百分之二就了不起了。”

深知安康情况的韦明海说道：“政策搞好，这里是能增长百分之十的。”

“那你们就超过了最高年产水平。全国去年1.5亿头，比苏联多两倍。我们同苏联做了9万吨猪肉生意，把欠的账还完。他们倒欠我们1900万新卢布。五八年以来，我们对民族主义国家和一些社会主义国家，进行了巨大的援助。大好形势要好好讲。我们自己的形势也要讲明白。我们陕西关口很多，今年工作很吃力。我们不了解全国形势，有些省确实是一片欢腾。广东的糖达到 1.4 亿斤；湖南的猪 1000 万头；浙江的棉花达到 600 万担，一下增产百分之六十。我们自己的形势不大好，对大好形势的感受就不深，不那么亲切。当然，我们有灾了。”

“你们的茶叶 210 万斤，占全国的百分之一。蚕茧 100 万斤……”胡耀邦一个一个朝下谈。

韦明海接道：“也是全国的百分之一。”

胡耀邦说：“折 38 万丈绸子，每人平均两尺。山货土特产一下发展不起来，不要人为地压任务。今年要积极打基础。有些调整调整价格，多收一点，但主要是发展。这一条不讲清楚要犯错误。主要是积极发展，不是伤老本。调整调整价格，不是一般的提价，要改善经营管理，不能采取急躁的办法。”

胡耀邦来安康的当儿，安康各地都在开会。胡耀邦说：“这几天你们主要任务是把各县的会开好。然后找几个人精精细细地研究，把工业、农业、山货土特产、公安、干部、商业、手工业、宣传、文教卫生、党群工作、劳保福利、财政等工作落实一下。各部门先分头准备，而且要首长动手，亲自研究。不要搞烦琐哲学，每一方面的问题两页就行了。

“2 月 20 日以后，少数人指导县以下的会议，多数同志开地委会，2 月底 3 月初落实。可以是当年的，也可以同时提出两三年的设想。这些问题要一直落实到生产队。

“监委（即监察委员会，纪律检察委员会产生前的中国共产党纪律检查机关）工作，坚决革命是好的，不能泼冷水。但是，这几个月处分人过重了，必须解决。当然，有问题没发现的人还有，全区约 16 万干部中，坏蛋只有那么几个。要说清楚，要密切注意干部动态。这方面我讲三条：一、已经处理，过重的减下来。二、已经犯错误，号召搞好工作，搞好生产，将功补过。今年干得好的免予处分。三、新干坏事的密切注意。”他给监委的同志打气：“有这三条，我犯什么错误？我头脑清楚得很。这三条要同组织部、监委说清楚。这三条地委讨论一下，写出来或口头传达到公社党委，由监委、组织部会同公安部门加以掌握。”

作为刚上任不久的省委代理第一书记，他要对安康的工作做出评价和指导性的意见了：“我还想讲几个问题。安康地委的工作是有成绩的，从八届十中全会以来，坚决执行了中央的政策、主席的指示，坚决执行了西北局、省委的指示，工作是有很大成绩的，广大干部是努了力的。这是主流，这一条你们要大胆地讲。这不叫‘老鼠上秤钩——自称自’。这叫事实，当仁不让。你们对县要这么讲，县对区这么讲，区对公社这么讲，而且他们自己要敢于这么讲。”

在肯定了安康的工作之后，他开始讲他在这次安康之行中觉察到的事情。他说：“我们工作中也还存在一些问题。这些问题必须加以解决，才能把工作做得更好。主要有三条：一、在政治思想工作方面抠得太碎了，零碎、琐碎，简单地说叫过碎；二、在领导生产工作方面想得太窄，简单地说叫过窄；三、在经济方面政策卡得太死，简单地说叫过死。就是说过了一点。或者正面提：我们工作中要注意些什么呢？一、要在政治思想方面放得更大一些；二、要在领导生产方面放得更宽一些；三、要在经济政策方面搞得更活一些。简单地说，叫大些、宽些、活些。我赞成正面的提法。”

接下来，胡耀邦对大些、宽些、活些一一解释。

“什么叫在政治思想方面放得大一些？一、不是着重历史问题，而是着重现在表现问题；二、不是着重已经交代了的错误问题，而是着重今后的工作表现问题，将功补过问题；三、不要注意枝节问题，而要注意大的关键问题。去年以来不符合这三条的，都改正一下，没有什么犹豫的。

“什么叫在领导生产方面放得宽一些？不但打算农业，而且要打算副业、山货土特产；不但要打算今年，而且要为以后的发展积极创造条件；不但要注意现在的经验，而且要吸收和创造新的经验，包括现代化的经验；不但要注意增加生产，而且要注意为生产服务的商业、交通问题；不是一手抓，而是两手抓；不仅有短期打算，而且是长期打算；不仅保持现有的，而且要发展新的；不是片面抓，而是全面抓；不但要搞具体的措施，而且要有广泛持久的群众运动；不但要有行政、技术措施，而且要有思想政治工作，充分发挥人的能动性。这实际上是靠奋发图强、自力更生的问题。”

他考虑得很细，连工作方法都讲到了：“生产要赶上去，但是不要慌乱。头脑要清醒，工作要积极。要一步一个脚印。我在各县讲话后，明海同志讲他三次‘坐卧不安’。也要有两分法，过分了也不对。积极地、有条不紊地前进。我们走在后边不止是一个因素，有工作的因素，也有天灾的因素。一慌乱就会出问题。”

胡耀邦是职业革命家。职业革命家并不是把政治、思想、革命挂在口头上的人。革命的目的是什么？是叫人民把生活搞好。手段是什么？是经济工作。从下边的讲话中，可以看出胡耀邦的一贯思想。

什么叫把经济政策搞活点儿？他接下来讲了五点：

“第一，加强调查研究，倾听群众意见，经常改进商业部门的工作，联系群众，为生产服务，为群众服务。

“第二，把集市贸易很好地领导、组织起来，把商业工作搞活一点儿。我们的国营商业、供销社不可能代替群众的互通有无。完全把集市关死，对我们不利。不能把投机倒把与农民之间互通有无混为一谈。农民不可能生产他所需要的全部生产资料和生活资料；国营商业也不可能全部收购农民多余的产品或陈旧的生活、生产资料。因此，集市贸易在社会主义社会里是合法的，是个补充。‘日中为市’，互通有无有几千年的历史了。从理论上讲，农民是为买而卖的，这叫简单的商品流通，它可以导向投机倒把，但它本身不产生剥削，不产生什么利润。有些人是为卖而买，这叫资本流通，它产生利润，产生剥削。因此，集市贸易有个根本的理论问题和明显的生活实际问题。互通有无和投机倒把要分清，否则要犯错误。开放了市场，不仅可以促进生产，增加税收，而且可以发现真正的投机倒把，一举三得。但是，放什么要弄清楚。所有的集镇都要赶集，要向有关部门讲清，防止乱没收。

“第三，很好地组织短途运输。人力、畜力短途运输不是什么剥削。短途运输是一种繁重的劳动，必须有报酬。赚合理的脚力钱不是投机倒把。修公路、架子车路，不光是为了走汽车、送公粮，否则群众就不会爱护公路，也不会积极修架子车路。要下决心把山区交通搞起来，省上支援你们，目的是为了发展短途运输，发展互通有无，促进农副业生产发展。

“第四，必须有计划地解决城镇就业问题。在小城镇，最大的出路就是发展手工业，然后在手工业的基础上，慢慢变成地方工业，辅之以其他行业、上山下乡等。必须非常注意解决手工业的原料问题。用量不大，全区 4000 人，扩大一倍 8000 人，无非是木头、竹子、钢铁、纸张、棉纱、油等，不要扣他们。其次要解决农民的赶场问题。雨伞销路不好，除了质量不好外，怕是农民不进城买。

“第五，三级财政问题，当花的钱花一点儿。不当花的钱花了，当花的钱不花，都是违背总路线的。什么东西都有节余，不是好现象。当花的钱不花也是错误。要使人们看到，不管城市或农村，每年都要有点变化。不可能一下子根本变化，这个办不到，但是要使每个城市和农村每年都嗅到一点大好形势，感觉到我们国家的确在前进。”

他一口气把要掌握的经济政策讲了五点，把他几日来的所思所想和盘托出。

单就文化程度来讲，胡耀邦的学历并不高。他14岁和表兄杨勇一起闹革命时，初中二年级还没有毕业。但他的求知欲望甚高，在实践中博览群书，中国的、外国的、经典小说都读，甚至连新旧约都看了，马恩列全集通读过两遍。

胡耀邦非但特别爱读书，而且脑子不闲，时时观察问题，思考问题，用书本上的理论知识对照实际，提出解决问题的办法。（当年陕西省委有人给他概括了五个不断：读书不断、思考不断、议论不断、工作不断、抽烟不断。）胡耀邦“经济政策”五点中的农民为买而卖，本身不产生剥削、不产生利润的提法，可以在马恩的经典著作中找到理论依据；他讲的发展小城镇手工业，已经触及乡镇企业、地方经济的发展。回顾历史，不能不说胡耀邦站得高、看得远，有改革的超前意识。他的“经济政策”五点，点点都点到了当时安康经济发展的要害上。

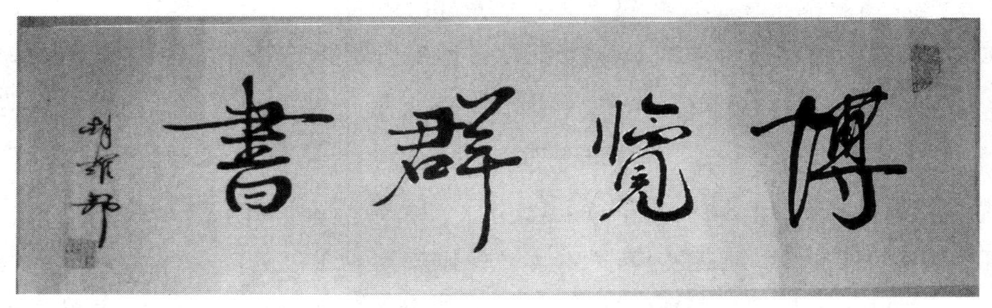

胡耀邦书法自然流畅，颇见风范

他觉得安康的事情、安康的发展还得安康人来办，得给安康的同志以信心。他提高嗓门：“我要讲一讲安康的前途，安康的前途是大有希望的。首先有中央的政策，有毛泽东思想；有中央、西北局的支持；省委也会支持你们，不但在物资上支持，而且挑担子；还有邻省的支持。这是外部条件。内部呢？大多数干部是好的，规规矩矩，兢兢业业，是老实的、朴素的，想把工作搞好。还是要一分为二，陕西的干部还是有许多好东西，也有不少好的经验。

“第二，我们增产的潜力不小。有这么大的土地，丰富的资源，这么好的人民。两千多年前，刘邦就是从这里起家的（秦时，安康称西城郡，曾管辖过汉中）。第三个五年计划有许多厂子要建，修路、电力，对我们有支援。因此，我们要充满信心，不但可以搞得好，而且可以搞得更好。当然，要有艰苦的工作，正确的方法。号召广大干部艰苦地工作，艰苦地调查研究，艰苦地发动群众。当然也要劳逸结合了。要思想上刻苦钻研，方法要正确，要善于走群众路线，善于讲民主，善于抓关键。朝前看，不要纠缠历史问题，有些问题纠缠不清，摆下来。各级党委、各部门的会议，都要以当前问题为主。有人说：‘过去的问题没研究清楚，今后工作做不好。’不一定。毛主席有许多文章都叫当前工作，当前任务。要立足现在，面向将来。不能背靠着未来，面朝着过去。要搞一个正前方，目标是一年、五年、十年，放！齐放而不是单放。

昔日坐落在安康城西大街鲁班巷内的汉剧团，曾是往日安康人的精神家园。现在物是人非，几间民房取代了往日的繁华热烈。

王爱萍　摄

“只要有正确的方法，艰苦的工作，我看前途无限光明！”

胡耀邦到安康的几天，不是调查，就是讲话，太劳累、太忙碌了。安康地委安排胡耀邦在2月12日晚去看看汉剧，放松放松。

还在胡耀邦做报告的时候，地委通过县委通知安康县汉剧团，说是胡耀邦要来观看新创作的大型汉剧现代戏《梅刀新传》。汉剧，是陕西的一大剧种，安康汉剧团是全省颇有名气的一个地方剧团。西北局、陕西省的领导到了安康，看汉剧是必有的一个活动。

大型汉剧现代戏《梅刀新传》，初名为《长缨在手》。参加1964年陕西省会演之后，改名为《梅刀新传》，还有过《春催山红》的名字。“文革”结束后，该剧重排，易名为《梅刀春秋》，写烈士后代杨山红在山乡搞建设的故事。党永庵，当代陕西著名的歌词作家，当时在《安康日报》做副刊编辑，他参与了《梅刀新传》的写作，又正在创作一个剧本，便被借调到汉剧团，住在剧团为他腾出的一间斗室里。

团长王道中接到通知后，边拨打电话边对党永庵说：“现在离演出只剩下几个小时了，要通知演员，要布置剧场，还要组织观众呢，可不能出什么纰漏啊。”王道中兴奋着，紧张着。

正在这时，地委办公室又派人来了，说是胡书记正在做报告，会议可能结束得晚，若在7点半前赶来，就按原通知安排看《梅刀新传》，若8点以后赶来，就看一两个折子戏，希望剧团做两手准备。

剧团的几位领导又立即调整演员及所需道具、服装和布景，另外安排一组剧团保留的传统小戏。

晚上8点40分左右，坐落在安康老城西大街鲁班巷的县汉剧团迎来了安康地委和专员公署领导陪同下的胡耀邦。胡耀邦向热情鼓掌欢迎的全场观众频频招手致意。掌声甫停，正要落座时，地委办公室的同志向他汇报：“时间太晚了，为了不影响胡书记明天的工作，今晚就安排看一两个汉剧传统折子戏?”胡耀邦一听，立刻说：“不变了，还是看新创作的现代戏，大本戏好嘛！”

一会儿，激烈、优雅的汉剧曲牌奏响，《梅刀新传》的幕前主题合唱曲在剧场里回荡起来。

地委宣传部的领导知道党永庵住在剧团，就让王道中团长把他找来，说："你坐在胡书记的旁边，胡书记可以问话。你是剧本的作者，胡书记对戏有什么意见，可随时记下来。"

党永庵被介绍给胡耀邦，胡耀邦在左，党永庵在右，并排而坐。

党永庵有些拘束地望着胡耀邦，想说什么，没能说出。只望着他，又想说些什么，依然未能说出。踌躇间，舞台上的正戏已经开场，便静静地观看演出了。

演出开始不久，胡耀邦侧身问党永庵："这个戏演出好久了？"

党永庵回答："半年多了，去年还到省上参加过观摩演出。今晚演出的是修改后的本子。"

大约又过了半个多小时，第三场戏开始。剧情中有一段老红军打草鞋的场面，胡耀邦看了笑说："草鞋穿着舒服啊。"

将近两个小时的演出，胡耀邦一直聚精会神地观看着。党永庵局促地坐在胡耀邦的身旁，听着他伴随剧情发展而不时发出的或爽朗或低浅的笑声。当然，胡耀邦有时也陷入一种不易觉察的深思之中。党永庵的心中，感到有暖流在涌，人生的幸福感让他分外激动。他暗自思忖，对于剧本，对于演出，胡书记会有什么意见呢？他多想听听胡书记对剧本有哪怕一点的评价。

胡耀邦只是愉快地看戏，并没有向党永庵表示一句的观感。

终场之前，党永庵想，胡耀邦一定会赞赏这个作品的，一定会的。不然，在将近两个小时的演出中，作为观众，他为什么总是发出那么会心的笑声呢？

然而，胡耀邦始终没有表态。

观看毕《梅刀新传》，胡耀邦又和地委的领导一起，了解了安康县处理干部的情况。

1965年2月13日。安康。

他向台下一看，见不少干部掏出钢笔、笔记本，一副记录他讲话的架势。这在不少领导干部看来是求之不得的情景。而他却发话了："不要记，又听又记的，不嫌麻烦。"台下的干部感到不适应了。这胡书记和别的领导干部的风格确实不一样。

"汉剧《梅刀新传》有些地方不太适合。头两句就是投机倒把，香油一斤半。农民种自留地，多余的吃不了，有的要换生活资料、生产资料，卖了香油买弯刀。一斤半香油不能叫投机倒把。"

"所有把生产搞得好的公社干部、大队干部都是好干部。生产搞不好，你叫什么好干部啊？哪里有这个道理！叫'好干部，赖生产'，'孬生产，好干部'，哪有这个道理?！我不相信这一条!"

一方面免去了安康地区的棉花征购任务，一方面又鼓励安康农民多种棉花，为农民种棉花找出路、算细账。这是一种怎样的情怀！

免去安康地区的棉花征购任务，后来成为他的一条罪状。

"在省上、中央，我不能充老资格。到了安康，我有两个可以充老：第一，是老革命，先后搞了35年。在座的搞35年的寥寥无几，鄙人就算一个。第二，五十大寿。有胃病、有痔疮，牙齿掉了五个。成绩不大，身体不好，悲观不悲观？可我还想搞三个五年计划。三五一十五，那时我才65岁；要搞四个五年计划就是70岁。人活七十古来稀，七十三、八十四，阎王不叫自己去，那时我就呜呼哀哉，重新参加地下党了。"

2月13日上午，没有公务安排，对于胡耀邦来说，是一个难得的清闲时间。

自2月6日踏上安康地区的宁陕县始，他就马不停蹄地奔波，夜以继日地调查、谈话、讲话。2月8日下午，车到安康七里沟，本可进入安康城，稍事停顿，再沿旬阳、白河、平利一线而去。而胡耀邦雷厉风行，先调查，再发言，先去了旬阳等三县，与这座城市擦肩而过。前天晚上赶到这座城时，已是万家灯火，昨天上午、下午、晚上的连续讲话、看戏，无暇去看这个城市的究竟呀。

安康，多么吉祥的名字，号称陕南重镇、汉江明珠。在胡耀邦看来，要了解一个地方的经济、政治、文化状况，最直接的方法莫过于看这个地方的城市了，城市是一地文明的集中表现。他要利用这个没有公务安排的上午，去安康城转转看看。

2月12日胡耀邦在安康的两场报告，像一声惊雷，炸散了安康人民心头的阴霾；又像久盼的一场春雨，浇得安康人民心头清爽。安康的干部、群众奔走相告：没见过哪个领导像胡耀邦这样大胆，要像胡耀邦讲的那样干下去，安康何愁不发展？

20世纪60年代，极“左”思潮在我国政治生活中愈演愈烈。安康的贫困由来已久，而贫困地区的“左”倾思潮更是狂热。“阶级斗争为纲”、“唯成分论”，弥漫在生活之中，多少人因为成分问题而默默不语，郁郁寡欢；多少人因为成分问题而夫妻反目，父子决绝；多少人因为成分问题而悬崖一纵，激流一跃，走上不归路。

当时在安康地区中级法院担任秘书之职的何万枝就处于惶惶不可终日之中。

单位因为有不少干部成分有问题、社会关系复杂而被上级定性为“烂掉了的单位”。

某天，他因工作之便接收到一份党内秘密文件。那文件上说成分有问题的人一定不能在重要部门、重要岗位上工作。读到文件的何万枝心开始战栗。他想：单位里的同志，社会关系稍有丁点儿问题的人都被调走了，我的家庭成分是工商业主兼地主，五叔父在解放前是恒口镇的镇长、修建五里飞机场的总指挥，临近解放的时候，又是县中学的训育主任。这种社会关系被查出来是迟早的事，被调出法院也是迟早的事。

何万枝当年31岁，大学毕业之后一直在法院工作，他热爱自己从事的工作，意欲在法院大干一番。可热爱归热爱，政策是政策；理想归理想，现实是现实。他苦闷，矛盾。无奈之下，他向单位写出申请，主动要求调出法院系统，调到最偏远、最不为人注意的小县去工作。他和妻子合计好了：今生只求平安度过。

何万枝是单位的笔杆子之一，为当时法院的领导所器重。领导深知他的矛盾心理，却爱莫能助。

12日下午听过胡耀邦讲话的副院长孟仲奇，被胡耀邦大义凛然、大气磅礴的讲话所震撼，他直觉感到胡耀邦是一位敢为民说话、能解民于倒悬的领导。夜里，孟仲奇来敲何万枝的门，悄悄地、兴奋地告诉他："胡耀邦书记来了！我刚听过他的报告，你的问题，或许他可以解决。"

孟仲奇给何万枝做分析："你的问题带有普遍性，你可以向胡书记写信反映你的情况。胡书记是大领导，他可以向更高的领导反映。只有政策有了变化，出身不好而又想努力工作的人才不至于遭受打击。"

何万枝开始写他的身世和处境，写他的苦闷和矛盾。他写了三遍，孟仲奇为之改了三遍。通宵未眠的何万枝估摸着胡耀邦起床了，战战兢兢又鼓足勇气来到位于大南街南头的专区第二招待所，要将这封关乎他命运的材料送给胡书记。

胡耀邦的秘书接待了何万枝。

何万枝说："有要紧的事见胡书记。"

秘书说："胡书记太忙。你反映的是个人的事，还是公家的事?"

何万枝说："事是我个人的事，但涉及一大片人的。"

秘书说："你最好有份材料留下。"

何万枝拿出他连夜写好的材料。

秘书说："我会很快呈送给胡书记的。他正在吃早餐，我这就送他，他会边吃边看的。根据我的经验，胡书记读了你的材料，会在今天，不，或许半天时间就会有答复的。你等着吧。"

怀着忐忑不安的心情，何万枝离开了第二招待所。

阅读完何万枝的材料，胡耀邦提出去安康城转一转。他出大南街到大十字，沿安悦街、城壕堰一直向西走去，在当时安康号称的十里长街上，这一段最为繁华。

原先的安康地委和专员公署所在地，已被开发成府苑小区。胡耀邦曾在这个院内给安康十七级以上干部做过报告。

王爱萍　摄

没有地方官员陪同，只有警卫员尾随在后，一路走过，胡耀邦发现街面上没有什么店铺开门，没有他在南方一些城市见过的卖馍卖面的热闹场面，没有一些地方上见到的农民肩挑手提土特产熙熙攘攘的情景。安康是一座小城，一座山城，一座以农民为主体的城乡结合的城市，而眼前所见之景竟是如此冷清，多少让他感到不太正常。

继续向西走去，只见在一处叫薛家酱园的房檐下，有三三两两的居民，围着一个农民在讨价还价。胡耀邦上前去看个究竟，原来有农民在卖两瓶香油，农民显出畏畏缩缩的样子。几位居民指着农民说，“你就卖了算了，不然，市管人员来了抓住，你就成了投机倒把分子，一分钱也得不到”。农民眼神惶惶，怯怯地说：“这是我家自己吃的，实在没法，才来卖的呀！”

生活怎么就是戏剧，生活怎么胜过戏剧，昨夜看的汉剧《梅刀新传》，不就有这样的镜头吗?！看来剧本作者不是虚构的。

见此情景，胡耀邦什么也没说。

胡耀邦原路折回，由西向东走来。走到安康专署不远处的地方，见有一间大集体性质的小门市部，门前有块小告示黑板，上写：百拿不厌，百问不烦。

他走进去，让女售货员取出一双袜子，问价是多少。又让售货员取出搪瓷缸子、牙膏牙刷，问价，还问了几件日用品。那售货员并不知来者是何许人，只是不停地拿着、换着，说着价格。胡耀邦对随行的警卫人员说："这里的百问不烦是真的，商店里的营业员都像这里一样，就好了。"

继续往东走，折鼓楼街，过鼓楼西街，朝位于大南街南头的专区第二招待所走去。

过专署大院时，警卫员小解同志到专署里边去办事。

在五星街中段，胡耀邦见五六个居民围着一个面摊吃蒸面。这蒸面是安康第一风味小吃，它以特殊的作料配制，不同于西安、汉中面皮，沸水蒸笼蒸出的面皮，用香油一盘，硬柔适度，醋酸而不冷牙。丰年时，安康街头常有肩担叫卖者。而在这个地方，是大胆的居民铤而走险开设的一家面馆。

胡耀邦见状，也要了一盘吃将起来。

正吃的当儿，警卫员赶来，大惊失色："书记，你怎么在这样的地方……"

那意思是：怎么在街头吃饭？太不安全了！出了事，他这个警卫员可交不了差的。

胡耀邦笑笑："没啥，群众又不知道我是官，不会下毒的，不怕。群众都能吃，我为何就不能吃？"

"这，这，总不妥当吧。"警卫员拉着胡耀邦朝招待所走去。

到达招待所门前时，胡耀邦见几个刚放学的小孩在跳皮筋，他竟然上前和小朋友跳了起来。如今快六旬的安康电视台记者马晓林，当时正上初中一年级，他清楚地记得当时欢快的情景："大官和小娃子跳皮筋，刚好被我撞见。"

胡耀邦 2 月 12 日上午在安康电影院的讲话，下午在专区机关十七级以上干部的讲话，不胫而走，在安康干部群众中很快传播开来。许多人奔走相告："讲得太好了，讲得太实在了。"安康地委和安康专员公署的领导想，能给更多的没有听过他讲话的干部讲讲话就好了。地委和专署的同志邀请胡耀邦在 13 日下午去给专区和安康县的干部讲讲话。

是该把这些天调查所得和同志们交流交流了。安康干部蜗居秦巴大山之中，安康这个地方的生产、经济，人们的生活和她的名字还不太相称，该有这么一个机会，给安康更多的干部群众讲讲国内外的形势，讲讲党的政策，让他们开开眼界。胡耀邦是一个有话藏不住的人，他真想和大家多交流交流。因此，胡耀邦慨然应允。

下午3时，胡耀邦来到安康县三干会礼堂（今汉江大剧院），给安康专区的机关干部和安康县的干部讲话。

他开门见山道："同志们，我们前天从平利回到这里，平利过去叫长利，安康过去叫金州，又叫兴安府。司马懿晋武帝的时候去过安康，打过孟达、刘封。刘封就是刘备的义子。昨天上午，和安康县公社书记以上同志开了半天会，下午和地委的同志开了半天会，晚上看了汉剧团的《梅刀新传》，今天早上在安康城转了半圈，现在又要讲话。讲什么？你们有什么问题要问？"

一位胖墩墩的军人站起来说："安康群众过河难，就靠一条趸船和几条渡船，每年都要发生几次翻船事件，请书记拨款修座桥。"

胡耀邦问："修这一座桥得花多少钱？"

今日汉江大剧院，昔日安康县三干会礼堂

吴定国　摄

军人回答不上来。

胡耀邦问："你是干什么的？"

军人回答："我是县武装部部长，名叫黄巨胜。"

胡耀邦说："你对部队知道得多，对修桥看来是个外行。修桥要有预算，得多少天建成，得多少钱，都要事先计算的。建汉江大桥是好事，请计划部门预算一下上报省上。"（正是在胡耀邦的关心下，安康修起了石泉汉江大桥和安康汉江大桥。）

胡耀邦笑问身旁的地委、县委领导："你们的会开几天？"

答道："开八天。"

昨天，胡耀邦在安康县干部扩大会上问过会议开几天。崔锦议回答是七至十天。显然，安康县的干部从胡耀邦的问话中嗅出了味道，把会期明确定了下来。

八天！听到回答，胡耀邦还是有点惊愕了，"国民党的税多，共产党的会多"，民间的俗语不是没根据的。开会已成为时代的一种通例，各项政策要靠开会传达下去，不开会又怎么办！

胡耀邦以调侃的口气讲道："开八天行不行？要你们从今天起开八天会，开八天会，就在这里过元宵节了。哪一天过元宵节？今天阴历十二，明天、后天，大后天就要过正月十五。"

他在扳着指头算了算后说："就在这里过元宵，你们县委有什么招待？十五嘛，大家做了一年工作，吃一顿猪肉行不行？一个人吃多少？不能吃得太多了，吃多了闹'四不清'，吃一两到二两行不行？行啦，一个人给你们吃二两猪肉。开八天会，过个元宵节，吃二两猪肉。八天会解决什么问题？你们回去怎么说！请你们来开会干什么啦？为什么要开八天啦？回去人们问你们解决了什么问题？我的意见，你们讲八个大字——'交代政策，讨论生产'。第一句话叫交代了政策，第二句话叫讨论了生产。交代政策，讨论生产，听懂了没有？支部书记是不是统统听懂了？"

台下的干部答道："听懂了。"

胡耀邦用这种轻松的方式和台下的听众形成了良好的互动。

"交代什么政策？"他拿起64开的小本道，"就是这个'二十三条'。'二十三条'你们都有没有？"

一部分人答道："都有。"

"七分钱一本嘛，少吃两个鸡蛋就可以买这么一本东西，买了没有买？"

又有一部分人答："大队支书没有买。"

"没有买，你们向县委说：我少吃两个鸡蛋，要买这么一本。交代政策，就是交代这个'二十三条'。"

胡耀邦喝口水，准备开始讲话。不少干部掏出钢笔、笔记本，一副记录他讲话的架势。这在不少领导干部看来是求之不得的情景，而胡耀邦见状却发话了："不要记，又听又记的，不嫌麻烦。"干部们感到不适应了，这胡书记和别的领导的风格确实不一样。

"讲'二十三条'的主要精神。'二十三条'学了没有？"

齐答："学了。"

"我来安康之前，在北京开了一个月的会，从去年12月15日开到今年1月15日。'二十三条'是毛主席亲自领导起草的，有些话是毛主席亲自写的。因此，这个文件很重要。我们不是要学习毛主席思想、毛主席著作吗？'二十三条'就是毛主席思想，毛主席的著作，而且是最重要的著作，最具伟大的理论意义和现实意义。不论工、农、兵、学、商，各部门，都要学习'二十三条'，按照'二十三条'办事，把'二十三条'精神贯彻到实际工作中去。

"有人会说，二十三条，我记不住哇。好，我说学'二十三条'，主要掌握好十条。

"第一，社会主义教育解决什么问题？'二十三条'这么多，如何记得住？老实说我是记不住的。我参加了会议讨论，至少看过15遍。学习有个方法，看它的精神在哪里，'二十三条'的纲是什么，主要解决什么问题。主要就是解决两条道路的问题。是走资本主义道路，还是走社会主义道路。走资本主义道路和走社会主义道路，是个大是大非问题，不是小是小非问题。

"我们的国家，自有中国共产党领导革命以来，就存在两条道路问题。民主革命时，即解放以前，也是解决两条道路问题，那时是走殖民地道路还是走民族独立、自由的道路。毛主席在解放前明确指出，坚决反对帝国主义，反对封建主义，反对官僚主义，走民族独立、自由的道路，一切行动都是打倒帝国主义，打倒封建主义，打倒官僚主义。

“现在是搞社会主义，社会主义的主要矛盾是什么？是社会主义同资本主义的矛盾。一切搞资本主义，反对社会主义的言论、行动都是错误的。我们要坚决走社会主义道路，坚决反对资本主义，这是大是大非问题。

“什么是资本主义？什么叫资本主义行为？我们有许多问题搞了15年还弄不清。什么叫封建主义、资本主义、社会主义，这个界限也搞不清楚。前几年有灾，粮食不够吃。学校里打乒乓球、篮球，你吃两个馍，我吃两个馍，你把我的抓过去就吃，这也叫资本主义思想？走资本主义？太过分了嘛。”

他想到昨天晚上看汉剧中的情节。那个剧作者期待着对剧本评价几句，不好评价呀。现在，胡耀邦终于讲到这个剧本了。党永庵在台下忐忑不安。

“现在有些戏都可以看，没大错误，有些是好的，但有些不大好。汉剧《梅刀新传》有些地方不太适合，头两句就是投机倒把香油一斤半。农民种自留地，多余的吃不了，有的要换生活资料，换生产资料，卖了香油买弯刀。一斤半香油叫不叫投机倒把？不能叫投机倒把！”

党永庵这才明白为什么胡耀邦对他的剧本不评价，不表态，观看时只是一直微笑。在过了几十年的2003年，他把这件事写进《我陪耀邦看汉剧》一文，发表在陕西出版的《文化艺术报》上。

“经过两年社教，成绩大得很，不能怀疑。但也有些界限很不清楚。什么叫贪污盗窃？什么叫蜕化变质？什么叫腐化堕落？我们有些同志对这些问题的关系和界限搞不清。在生活方面是要反对腐化堕落的，我们在婚姻法上规定的有。如要有高尚的道德品质等等。有人反对男女关系，男女就是有关系嘛。有的叫夫妻关系，有的叫恋爱关系。年轻人恋爱没有经验，乱撞乱碰，他急得不得了，今天写封信，明天又写封信，这能叫腐化堕落吗？什么叫腐化堕落？要把界限分析清楚。”

胡耀邦这时从提包里掏出何万枝给他的材料，他要在这样的场合，向党的基层领导者交代交代党对待成分的政策。

“还有家庭成分问题。我们党历来对历史问题是看现在，对家庭出身问题看本人。家庭出身是无法选择的，谁知道爸爸、妈妈是谁，但前途是可以选择的。有些地富家庭、资产阶级出身的子女，说我们党不要他，他没有什么前途，这个不对。我们党的许多高级干部，包括政治局委员，包括相当高的中央委员，他们30年以前，40年以前，就是地富家庭的子女，他们和家庭划清了界限，搞革命。所以，前途是可以选择的。前一个时期搞社教，有人忘记了这一条，过分强调成分。成分搞清楚也好，发个表填填，但要讲清楚，不要唯成分论。阶级分析是马列主义，唯成分论不是马列主义。坚持走社会主义道路，为人民服务，执行党的政策就行了。”

他举起何万枝的信，“今天早上，法院的同志写来一封信，说他成分不好，领导上不叫他在法院工作。他自己却愿意在法院工作。我不知道这个同志表现如何。如果表现好，成分不要紧。毛主席说，重在表现。全国知识分子有500万，‘二十三条’讲得清楚，要‘依靠工人阶级、贫下中农、革命干部、革命知识分子和其他革命分子’。对这个界限要搞清楚，头脑要清醒。重在看表现，一切革命的知识分子，我们都欢迎。”

何万枝清楚地记得，当天下午他去听胡耀邦的报告，被安排在倒数第三排的第三个靠墙角的位置上。座位紧张，太多的人都想来听胡耀邦做报告，一个座位上有挤两个人的。不过，何万枝已经很满足了，“我一个出身工商业兼地主的人，一个社会关系复杂的人，能来听胡书记的报告，这已经是组织上对我最大的信任了”。

胡耀邦讲这段话时，法院的干部都把目光投向了何万枝。

他回应着大家的目光，轻轻地说：“是我，是我写的。”

想必胡耀邦早已厌恶了党内整人之风，察觉出党内有些人有整人之恶习。他开始讲这个严肃的问题了——

“第二，不许整社员。我们中央为什么要谈这个问题呢？就是发现有些地方搞社会主义教育整社员的问题。什么瞒产私分啦，家庭纠纷啦，多开了一点儿荒啦，都整。我们要说，不许整社员。自留地多了一点儿怎么办？以后再说。开社员会，商量解决，用讨论的办法解决。你们安康县今年秋天前，不进行系统的社会主义教育，搞面上的。你们回去，人家问你们，交代了什么政策？你们就回答：有一条就是不许整社员。四类分子干坏事怎么办呢？那有公安部门管。四类分子干坏事，那叫现行犯嘛！我这里讲的是社员。社员中是有某些缺点、错误，但不要整社员。

“有人说，社会主义教育是整人的。整不整？整谁？‘二十三条’上面说，‘运动的重点，是整党内那些走资本主义道路的当权派’。这一句话有四点。一叫重点，一叫党内，一叫走资本主义道路，一叫当权派。有同志讲，不是共产党员的整不整？不是共产党员的，凡是顽固地走资本主义道路，要不要批评？当然要！有重点就有一般嘛。

“什么叫当权派？就是各级党委的核心领导，即中央各部、局党委，省、市、区、县、公社党委，还有基层党委。工作是共产党领导的，党是通过各级党委去做工作，工作搞好了是我们的责任，工作搞不好也是我们的责任。界限要搞清楚，整党内那些走资本主义道路的当权派，是毛主席说的。

“社会主义教育中，人人都要受教育。整谁？整党内那些走资本主义道路的当权派。这总是少数。怎么整？有些同志有‘经验’，总认为是搞大会斗争，甚至抓起来。其实，这不对。

“第三，关于干部问题。‘二十三条’第九条讲，干部分四种情况，第一种是好的，第二种是比较好的，第三种是问题多的，第四种是性质严重的。干部，不管你是县上的，区上的，公社的，支部的，生产队的，我们的干部都有这么四种情况。一般来讲，全县来讲，拿一个公社来讲，好的、比较好的占多数。

“什么是好干部？安康县忠义公社书记唐章荣，我们看到安康有灾减产，汉中有灾，湖北有灾，也都减了产，而忠义公社去年增了产，我看这就是好干部。我们昨天议了一条，安康县开多干会，请他上台讲话，他一定讲得好。省委书记来了，不一定讲得就好，要讲还不是说‘政治挂帅’。我们讲得空洞，讲得抽象，他们能讲得具体。

“讲得好不好，不要看招牌，许多人不是高级干部但却讲得很好，一个大庆，一个大寨。大寨的陈永贵，一不是中央委员，二不是省委书记，三不是地委书记，四不是县委书记，五不是区委书记，六不是公社书记，他是第七。他讲得很好。

“还有徐寅生，关于如何打乒乓球问题，他就讲得好。这是毛主席亲自批的。”

胡耀邦问安康报登了没登这篇稿子。下边的人回答：“没有。”胡耀邦说：“这是个大错误。此人是上海人，今年 26 岁。所以，讲得好不好是看个人。工作有成绩的人，干得好的人，要向他们学习。”他要求《安康日报》尽快刊登写徐寅生的报道。

“第四，怎样对待有缺点的干部。

“去年以前，有缺点、有错误的干部，只要努力工作，搞好生产，可以将功补过。”

胡耀邦又把“二十三条”中的第八条念了一遍。

“我们共产党和非党同志都有许多好干部；少数人有‘四不清’的，‘洗手洗澡’，解放出来。还有些不宜在原地工作的，可以交换交换。对有错误，而且错误严重的人，要给适当处分。还没有进行系统社会主义教育的部门，对有错误的干部，要号召他们好好工作。‘二十三条’上面不是也有一条吗？‘问题不大的，或者问题虽多但交代得好，退赔得好，只要做好工作，搞好生产，将功补过，就一律既往不咎。’‘一律既往不咎’，是一律啊！不是可以考虑既往不咎。各县多干会上号召大家‘洗手洗澡’，机关里也可以搞。有同志说，我都洗了，再洗，皮就搓破了。我看，现在号召大家做好工作，搞好生产，将功补过。没有洗的，没有交代的，再交代一下嘛。交代后，放手让他们工作，将功补过。今年冬天，要搞评比，如有人收支相抵有余，以功补过有余，就要表扬。过上加过的，还是不是既往不咎？不行！今年冬天要好好研究一番。有没有人将功补过，将功补过的人会多；有没有人会过上加过，会有，天下这么大，有些人胆子很大，他会犯错误的，干坏事。我讲的犯错误，不是工作上的一般错误，是干坏事。

“昨天议了三条：第一条，有些错误，已经‘洗了澡’的，将功补过；第二条，去年 5 月以来，处分、开除了一些人，有些处分过重了的，把它减下来；第三条，有人继续干坏事，要积极揭发，急速处理。这是好事，既不犯‘左’的错误，也不犯右的错误。

“第五条，关于退赔。凡是在经济上有‘四不清’的干部，将来怎么办呢？叫退赔，‘不能马马虎虎，同时也要合情合理’。问题不严重，检讨又较好，经过群众同意，可以减下来，可以免了，可以缓一下。问题不严重，比方说50块，群众又同意，那就减么，减20块，减30块，可以缓期，今年还一点，明年还一点，后年还一点，或者免掉，不要了。社员会说我们这个生产队长，领导我们领导得好哟，他多分了20斤粮食，不要了。”

他问在座的干部：“经济上‘四不清’你们有没有？退赔了没有？去年以来赔了多少？”

崔锦议回答：“全县在一期社教中查出粮食11万斤多，钱4万多。”

“粮食11万多，钱4万多，”胡耀邦沉吟片刻，“退清楚的有没有？”

“有。”

“退了一部分的有没有？”

“有。”

“一点没有退的有没有？”

“有。”

“退清楚的有，退一部分的有，根本没退的也有，三种情况都有。问题不严重，检讨又好，经过群众同意，可以减、缓、免。

“第六条，要认真地把贫下中农小组、贫下中农协会组织起来，”他问大家，“组织起来没有？”

崔锦议如实相告：“大部分还没有。”

“所有贫下中农成分的都参加，只要不是四类分子，都可参加。我的意见，认真地把阶级队伍组织起来。凡是贫下中农，只要不是坏分子、反革命分子，都参加。把工作建立起来，经常开会，经常讨论生产。

“第七条，实行民主，搞四大民主。‘二十三条’中第20条讲的，所有社、队都要学习人民解放军，实行政治民主，生产民主，财务民主，军事民主。有事情就开会，开代表会，开社员会，有事情同大家商量，生产计划同大家商量，分配也同大家商量。”

想必胡耀邦开过太多的会，对开会有太多的感触，他即兴给与会者讲“熬鹰”的故事——

“开会不要开得太久，不要搞到晚上1点钟才散会。会开得太长，叫‘熬鹰’。你们这里有没有‘熬鹰’这个名词呀？”

前排的人答曰：“这里叫熬夜。”

“北方的同志把熬夜叫‘熬鹰’。‘熬鹰’的故事就是养上老鹰抓兔子。

老鹰抓兔子，是要经过训练的。训练的过程很苦，人也苦，鹰也苦。人把它带上，鹰站在肩膀上，一睡觉，就打它，也不许它吃东西。想吃东西，就给它肉丸子，加上头发，再放上桐油。肉很香，想吃。可有头发，不就吃不下？桐油一吃就吐嘛，就给它吃兔子的心。它把兔子认清楚了，心也认清楚了。训练好了，把它放出去抓兔子。鹰见了兔子，肉都不吃，专门吃兔子的心。这就叫'熬鹰'。我们有些同志，开会就采取这种'熬鹰'的办法，一睡觉就打。因此，开会就没有兴趣了。同志们，开会不要开长了，开短一点，也不要天天开，大家想讨论什么问题就讨论什么。"

长期的从政生涯，胡耀邦深知讲话中穿插故事的作用，它可以让听者渐入佳境，在会心一笑中，或者在回味知识中，形象地、深入地领会所讲的精神。胡耀邦的讲话受欢迎，就是讲话不枯燥，放得开，收得拢，时时穿插故事、典故的缘故。

"第八条，就是给出路。十多年来，老老实实劳动、不做坏事的四类分子，将来搞系统的社会主义教育的时候，经过群众讨论，可以摘帽子，就是把地主帽子摘掉。现在不摘，你们这里还没有搞系统的社会主义教育嘛。漏划的，只要他老实劳动，不做坏事，经过群众讨论，可以不戴帽子。犯了严重'四不清'错误的干部，政治上、经济上、组织上，严重'四不清'，我们采取什么办法呀？我们采取叫他不当干部了，叫他当社员去。"

胡耀邦问崔锦议："你们安康县也抓了一些干部，抓了多少人呀？"昨天上午，胡耀邦在安康县召开的扩大会上问过崔锦议，现在又重提此事。

崔锦议答："11人。"

"昨天我们开会讨论了，大部分是会经过谈话后释放的，回去当社员去，不当干部了。根据毛主席'给出路'——这是毛主席亲自写的——犯有严重'四不清'的干部，有的就不当党员了，不当干部了。有些干部他不明了情况，他就说什么'共产党的干部没有好下场'。"

胡耀邦把他在汉阴了解到的谢选佳被重判的事，向与会的同志再讲一遍，"给出路呀，同志们，一切表现好的四类分子，一切表现好的严重'四不清'干部，也要给出路。"

第九条是谈安康生产队规模一般不要动。他的依据是安康是山区，社员居住分散。"'二十三条'的第17条中说，一般以30户为宜，居住比较集中的可以超过30户，分散的可以少于30户，"他讲，"有个同志问：什么叫少于30户？29户也是少于30户，9户也是少于30户，有没有杠杠？我们不要规定这个杠杠。有的地方路太远，七八户，就是这么七八户，就是这么五六户，你们安康的生产队规模一般不要动。"昨天下午，在专区机关十七级以上干部会上，胡耀邦讲过并乡并队工作。今天又讲，只不过更细而已。

"第十，社会主义教育的目的是什么？"胡耀邦要用这个问题回应第一条社会主义教育解决什么问题——"就是要落实到生产上去，要把生产搞好！"

他似乎感到这个问题不该有过多的论述。过多的论述有什么必要？他简洁明了地把目的是什么抖落得明明白白。

胡耀邦在他的深筒搪瓷金边缸子里猛吸一口茶水，小结道："我看，我们主要的就是这十个问题。你们回去讲不讲得清楚？这里开会交代了政策，就是这么十点，回去开门见山，简单明了，把十条讨论清楚。"

接下来，胡耀邦讲发展生产。可以这样说，他是用更多的精力在讲发展生产，在诱导基层干部全力发展生产。"同志们，我们这个会主要是讨论怎么把生产搞上去，这是人民群众的要求。我也讲十条。第一个问题十条，第二个问题也讲十条，合起来是二十条。

"第一条，我们革命是为了什么？革命就是为了发展生产。发展生产是广大人民的要求。什么叫大好形势啊？大好形势就是因为生产发展了。你们安康去年遭了灾，但是我们上面给了你们返销粮，因此，你们生活大体上过得去。我们同你们韦书记走湖北竹溪过路，他们除了种子、饲料外，口粮都是400斤以上。什么叫大好形势？就是因为生产搞上去了。我们前几年每年发三尺布证，今年发好多啊？"

崔锦议答："七尺。"

"由三尺发到七尺，不是穿衣服的形势很好嘛。现在买得到猪肉了，猪肉多钱一斤？"

"六毛。"

"六毛钱一斤，不是猪肉的形势也好了，吃肉的形势也好？你们安康就是粮食形势不好，因为去年有灾。

“什么叫好干部呀？同志们，我们这个会议上要把它摆清楚，就是要能把生产领导好，这是最主要的标准！什么叫好的支部书记、好的大队长？把生产领导好，增了产了，这就叫好干部。发展生产，增加生产，是广大人民的切身要求。

“第二，去年，你们安康一般生产是搞得好噢，有些社队，搞得特别好。”忠义公社给胡耀邦的印象似乎特别深，他问在座的干部晓不晓得，大家答道：“晓得。”他立即又问：“公社书记唐章荣来了没有？”唐章荣站起答道：“来了。”他把唐章荣领导社员取得成绩的事，又向大家讲了一遍。

两天来的调研，胡耀邦对安康的若干人事知晓不少。他接着忠义公社的事朝下讲：“他们公社有个五四大队，支部书记叫李辉余。”他问：“李辉余同志来了没有？”下面人答道：“来了。”

“来了，在哪里？”

“在外面，里面坐不下了。”

“他们那个队前年的产量是19万斤，去年是23万斤，比前年增产了38000斤，增产了将近百分之二十。他们的办法，是多插了60亩红苕，多加了肥料。唐章荣同志，李辉余的工作好不好？”

唐章荣迅即答出：“好！”

“还有新民大队，支书朱文孝，他那个大队去年也是增了产的。请你上台来讲。”

朱文孝羞答答地走上讲台。

胡耀邦从椅子上站起来，迎朱文孝到台口。

胡耀邦让朱文孝坐在椅子上讲。朱文孝连说：“使不得，使不得，那是主席台，书记坐的位子，我怎么能坐？”

胡耀邦笑着说：“这叫发言席，不叫主席台，谁发言谁坐。你是来发言的嘛，坐着讲。”

朱文孝坚持不坐。

胡耀邦拿朱文孝没法，“不坐也行，那你拿着麦克风讲吧。”

两人在台上一问一答——

“你们大队多少人口？”

“805人。”

“你们前年粮食总产多少?”

“六三年是 37 万斤。”

“去年是多少?”

“392000 斤。”

“增加了 2 万多斤，人家有些大队减产了，你那个大队怎么增产的?”

“主要是党委书记布置的。”朱文孝以那个时代最普遍的因果法回答。

“党委书记布置的？那其他大队也是党委书记布置的，也是在党委的正确领导下干的工作，为什么没增产？你还是有你自己的办法吧！我不想听你说套话，你说实的。”胡耀邦说。

“主要是大抓红苕，大抓稻谷。”

“好嘛，好嘛，这才是实的，”胡耀邦连连举了两次大拇指，“据说你们修了 100 多亩水田，是不是?”

“去年修了 107 亩水田。”

“同志们啦，他们去年修了 107 亩水田，是不是？107 亩能收好多?”胡耀邦在会场和大家一起为新民大队算起账来。

“均拉下来可以多收 12000 多斤谷子。”

“第二个呢?”

“大抓红苕，上前年是 200 多亩，去年增加了 100 多亩，比种豆子增加了些产量。”

“今年你们计划多少?”

“全年计划 45 万斤。”

“还可不可以搞多一点?”

“搞多一点行吗?”朱文孝有点迟疑了。

“不是行不行，是你们办得到办不到?”

“办得到。”

“有 800 余人，搞到 45 万斤，每人才 550 多斤，你们征购任务多少?”

“前年 42000 斤，去年连光荣粮 54000 斤。”

“今年你估计多少?”

“准备搞 70 亩至 80 亩的水稻。”

“你估计 45 万斤能不能超?”

“可以超。”

“超多少？”

“就是个 50 多万斤。”

“50 多万斤，每人平均 600 斤。”

“600 斤就行了。”

“600 斤就行了？我说今后要搞到 6000 斤，那是几年以后的事哟。600 斤，吃了粮食就没有熬酒的了嘛。今年的征购任务减少了，到你那个生产大队估计多少？”

“我们还是想我们的原码码。”

“不要你们的原码码，我下面还要说这个问题。”（原码码，是安康土语，原来数字之意。胡耀邦也以安康土语对之。）

“不要原码码，就给 4 万斤。”

“不是 4 万斤，可能只要你们的 3 万斤。你们安康县去年征购任务是 3100 万斤，今年只要你们一千八（百万斤）。”

台下的干部听个明白，齐声说：“那就更好了！”

“更好了？不要公粮任务了，更好了哟！我说，要把任务减下来，生产搞上去。猪肉也增加。”

打量着身旁这位老实中显出精明的基层干部，胡耀邦关切之情油然而生——

“你多大年纪了？”

“42 岁。”

“什么出身？”

“贫农成分。”

“一年补贴工多少？”

“1200 分。”

“去年参加劳动多少？”

“做了 1900 多分。”

“你那个大队离公路多远？”

“离公路 14 里地。”

“那不远嘛，今年秋天到你那里去参观，行不行？”胡耀邦自打踏上安康这块土地起，就想着秋天再到安康一次。在这次会上，他又表达了这样的愿望。

“那我们来迎接。”

“迎接倒不要迎接。”

“去年还预交了今年的公购粮 11000 多斤。”

“不要交了，你们养猪嘛。”

“已经交过了。”

“交过了就算了。你们是不是想要回去？”

“我们支援灾区。”

“你也不要支援什么灾区了，顶今年的任务吧。你拿到粮食，就发展副业嘛，集体也可以发展，叫公有私养。一个生产队，养母猪、生猪娃后，作为队的积累，分给没有猪的人家喂着。你们有没有这个办法？”

“有一两个生产队就是这种办法。”

“好，好，就用这种办法。”胡耀邦带头鼓掌，全场一片掌声，送朱文孝走下台子。

一个省委书记做报告，和大队支书一起分析生产，谈得是那样具体，那样详细。这便是胡耀邦的风格。

“还有大同公社天星大队支部书记刘万甲，让他也上来讲。”

刘万甲没来开会。

“还有个五星大队的书记张永模，弓长张，永久的永，模范的模，准备当个永久的模范，来了没有？”

崔锦议答道：“没有来，有病了，大队长来了。”

“没有来。他那个大队生猪前年每户平均十头，每人平均两头多，怎么有这么多猪啊？”胡耀邦问。

韦明海答道：“这里主要是集体喂养为主。”

胡耀邦讲：“集体喂养为主。同志们，还有很多好的公社，叫五里公社、大同公社、包河公社、老君公社、八里公社，听说去年都搞得很好。五四大队、新民大队、中心大队、天星大队、五星大队，去年都是增了产的。我的意见，是要在你们这个会议上，请他们在大会上来做报告的。我们讲不好，我们都是些空空洞洞的。因此，我的意思，以后我们每年春天开一个会，都请那些生产搞得好的公社党委书记、大队支部书记，请他们来做报告。所有搞得好的公社、搞得好的大队，都是我们学习的榜样，都是我们这里的大寨。现在不是我们全国都在学大寨吗？什么五四大队、天星大队、五星大队，都是我们的活大寨，我们自己的大寨，都是我们学习的榜样，都要向他们学习。所有把生产搞得好的公社干部、大队干部都是好干部。生产搞不好，你叫什么好干部啊？哪里有这个道理！叫‘好干部，赖生产’，‘孬生产，好干部’，哪有这个道理?！我不相信这一条！

“第三条，今年大增产有没有希望？我看有希望，大有希望。你们县上想今年搞到两亿六，去年是一亿七。我们希望每个公社都讨论讨论这个问题，你们那个公社今年增产多少？每个支部都讨论一下。我们觉得今年生产大有希望，为什么？我们省委讨论了全省生产问题。我们决定，你们安康专区过去公购粮任务 1 亿 1000 万斤，从今年减下来，只要 7000 万。韦书记讲，去年到生产队的是 1 亿 2400 万，今年只要你们 7000 万。我是这样想的，明年还是只要 7000 万。

“地委分配安康县，去年是三千一（百万斤），今年就只要一千八，减了百分之四十二。‘哎呀！大概你哄我们的吧，秋后你又要加。’不允许加！哪一级都不许加！只要一千八，按一千八由县上分配到公社，公社分配到支部。你们这个会议就把它落实下来。在这个会议上，直接落实到大队，只要一千八。好嘛，我们只要你们一千八，今后多了怎么办？秋季如果来个大增产怎么办？我说有办法：第一，搞些储备粮。第二，发展养猪。第三，再没有办法，我们就采取议价收购的办法，粮食部门议价收购，愿意卖就卖。我们采取三个办法处理这个问题。为什么今年增产大有希望呢？你们的任务减下来了嘛，口粮增加了嘛，干劲就大了一些嘛。第四，棉花的上缴任务，原来你们专区 3000 担，分配安康县去年任务 1100 担。现在棉花收购我们也不要了。你们安康棉花产量曾经到过 300 多万斤。现在只有 60 万斤，越要上缴任务时就越没有。没有，我们就索性不要你们的，算了。今年我们陕西省棉花计划搞 200 万担，主要是关中。你们安康只有 60 万斤，6000 担，要你们 3000 担，不算啥，不要了。还有口粮也落实了。给了你们安康县多少返销粮？”

崔锦议答："1700万。"

"1700万，落实了没有？"

"分配下去了。"

"还有哩，我们今年准备多支援你们的化肥。又有了'二十三条'，又有这四个条件，口粮安排了，征购任务减下去了，棉花任务不要了，又支援你们化肥，生产还搞不上去吗？要是再搞不上去，就对不起国家了。因此，省委希望你们安康县的同志努力把今年的粮食生产搞上去，最好超过两亿六。你们有98万亩耕地，还有些'黑地'哟。我没讲你们的黑地。打开窗子说亮话，就算90万亩粮田，平均水、旱地全年亩产300斤，三九就是2亿7000万斤，300斤再搞不到啊，同志们，安康还叫什么安康？假使400斤哩，四九就三亿六，要是鼓足干劲，我看三亿六也有希望。请同志们讨论一下，粮食要搞上去。我们南方有许多省粮食搞得好。前年我在湖南，湖南北面有个宁乡县，有那么一天问社员，我说：'你分了多少粮食，你家里有几口人？'他说：'我家里六口人，分了16000斤。'我开始没问他的成分。我又说：'你是什么成分？'他说：'干部同志啊，对不起，我还是个地主哟。'六口之家分16000斤。同志们，我们的生活水平不高啊！口粮水平也不高。口粮水平高了，你就可以开磨坊嘛，开粉坊嘛。

"第四条，今年的粮食作物怎么搞法子？我们的奋斗目标是什么？昨天我们公社党委书记会议讨论了今年我们农业生产的方针，总结了六个大字——'两手抓，双丰收'。'两手抓'，一手抓粮食，一手抓副业和经济作物；'双丰收'，两个都要丰收。请我们的支部书记讨论一下。不但要把粮食增加上去，还要把副业经济作物也增加上去。这个方针，看你们赞成不赞成？叫'两手抓，双丰收'。"

他把白河的"三件宝"、"六件宝"又说一遍，把湖南那个生产队有千亩茶园，五口之家每户年收入250元的事再讲一遍。说到安康，他强调："我们把山开发起来，一亩20元，10亩就200元，五口之家不就是1000元？账要算。现在没有，明年搞1000元；不行，后年1000元；也不行，搞10年，总行吧？

"地委去年搞了件好事，搞了2700亩桑。昨天我们研究后定了方针，也是'两手抓，双丰收'。"

他忽地从座位上站起来，把双手伸向空中："一手抓粮，一手抓特产，有两个腰包，左手抓着了装左腰包，右手抓着了装右腰包。"

"两手抓，双丰收"的口号，自 1965 年至今，快半个世纪了，已经深深地印入了安康干部群众的心中。

"第五条，农业怎么抓法子？第一个抓粮食，第二个抓油料，第三个抓棉花。凡是能够种棉花的大队，都希望你们种一点棉花。一个大队能种棉花的地方，种上三五亩棉花，解决穿衣服的问题，不要你们的任务。你们种了棉花，卖给供销社也可以，换布也可以。我们准备讨论这个政策，你们安康一斤棉花拿到供销社去，换这么五尺、六尺、七尺布证，看等级。采取这么个政策，力求把棉花也搞上去。第四就是发展养猪。就是粮、油、棉、猪，主要是这么四项。

"同志们，我想着重讲讲棉花问题。你们 98 万亩地，全县能够拿出两万亩来种棉花，政策又搞得比较好，三落实，叫政策落实、技术落实、管理落实。能不能一亩搞 40 斤，两万亩就是 800 多万斤？你们全县 53 万人口，农村人口 48 万，每个人将近两斤。假使每亩 50 斤，全县每个人就有两斤多棉花，半斤做棉絮，一斤半换布票，比如说，一斤换六尺，一斤半换九尺。国家供应七尺，自己想办法九尺，合起来一丈六嘛，穿的就解决了嘛！请你们考虑考虑这个问题，拿出两万亩搞棉花，国家不要你们的，争取三落实，把棉花也搞上去。"

一方面免去了安康的棉花征购任务，一方面又鼓励安康农民种棉花，为农民种棉花找出路，算细账，这是一种怎样的情怀！

"第六条，抓山，开发山。我们算了账，安康专区十个县，510 万亩耕地，总面积 2800 万亩，每个人有二亩八分地，有 10 亩山。安康县哩，就有二亩半地，12 亩山。陕南地区山多，山上的东西多得很。因此，我们就要把山上的东西搞起来。山上有桐油、柿子、茶叶、蚕茧、核桃，还有龙须草、花椒、木耳、当归、党参、黄连。因此，我们说，要一步一步地把它发展起来。你们去年搞了些好事情，地委领导的栽桑，全专区搞了两千七，你们安康搞了一千一，比较好的是700多亩。去年搞了苗圃，今年再抓。”

郭毅插话道：“还有800亩茶，南茶北移。这里茶叶是南山有，北山没有。”

“就是巴山有，秦岭没有。山有岭无。”善于总结、善于上升到理论层面的胡耀邦以“山有岭无”四字把安康茶叶生产的状况脱口说出。

“湖南有些大队，一个队就有1000多亩茶叶；一千零几十人，1000亩茶叶是前几年搞的呀！一个人就一亩茶叶。有些支部书记，他有理想嘛！他理想高哩。他说，我现在多流一点汗，一年每个劳动力干20个义务工，五年以后，一亩茶叶收入50块钱。一个人50块，五口之家，五五就二百五十块。因此，请同志们想一想：每个人有12亩山，一亩山发展得好，搞五年嘛，搞七年嘛，搞十年嘛，一亩山平均只要20块钱，10亩山就200块，12亩就240块，一户5人就1200块。1200块，你们敢不敢想？同志们，你说我们农民做田就一户1200块，不敢想？干不到？我们这做田的人有那么一点吃的就算了？农民有保守思想，有些农民就叫搞一年，弄一年，他没有远大理想，过去不是有这么个歌嘛：‘三十亩地一头牛，老婆娃娃热炕头’。那就是社会主义了？那不行！因此，我们说，要把山搞好！从苗圃搞起，一个生产队或生产大队搞几亩，连续抓几年，抓出个名堂来，社员就会拥护我们了，赞成我们了。搞苗圃要有个办法，搞山里的基本建设，技术要落实，管理也要落实，叫责任到人，包给两个人管理，包给三个人管理，年年参加分配。”

胡耀邦由陕西而湖南，由宏观而微观，由山地开发到苗圃管理，一一道来，看得出他在经济上也是一个行家里手！

“第七条，要把商业工作搞好。我们的国营商店，我们的供销社，我们的商业要为生产服务。要把集市贸易搞好。现在我们的集市贸易卡得太死了，农民有那么一点儿东西卖不出去，一卖就叫投机倒把！”

《梅刀新传》中的那个情节给他的刺激或许太深，他禁不住又拿它来举例说事——

“昨天晚上看的那个戏，那戏中有这么两句话，一是‘投机倒把——香油一斤半'，一是'两分半——搞自发'。卖一斤半香油怎么叫投机倒把呢？一个中农开了两分半的荒地，就叫搞资本主义自发？这就搞得大家太紧张了，搞得太死了。侵占集体土地两分半，就叫搞资本主义自发，讲得过分了一点，帽子太大了不行，把眼睛都遮得看不见了。我们去年打击投机倒把，是有成绩的，这要讲清楚。但是我们有的界限不清楚，市场方面搞得太死了一点，农民生产的东西卖不出去，供销社又不收那么多，又不能收。比如说，半斤香油啦，半斤花生啦，一只老母鸡啦，三十个鸡蛋啦。他要买回点东西去，他没有钱买。因此，我们说，要把集市贸易放开，也请你们这次会议讨论清楚。"

"你们安康有多少大集镇？"胡耀邦问。

"四个大一点儿的。"郭毅答。

"去年你们红苕卖到一分八，萝卜卖到五分多一斤。因此，我说，生活安排落实以后，先从你们安康试个点，红苕把它开放一下，开放红苕不犯法，可以不可以？你们先试他一个月，看行不行，不行，再管嘛。花生也开放，核桃、花生、红苕都开放，请你们讨论一下，讨论清楚了哪一天开始，试一个月。不许抓人啊，告诉税收机关、公安机关，不要又是投机倒把，人家挑来了，你们又把人家抓起来。试一试看看，会不会乱，乱了再讨论。我们来公开的，公开地宣布开放，要管也公开地宣布从哪一天管。没有乱子就不要管。昨天，我们县委会、地委会讨论，就这么来，就是要刺激生产。"

说来也真怪，胡耀邦的这个讲话精神，第二天就传遍安康的长街短巷，昨天还在街上把进城农民追得鸡飞狗跳墙的戴着红袖章的市管人员不见了，原先有些偷偷摸摸虚掩着门卖花生的小商小贩把门打开了，甚至把摊子摆到了房檐下。那时省戏校汉剧班的学生，后来成了《安康日报》摄影记者的吴定国可以和他的伙伴们到东关那位马大伯家，大大方方地用五分钱称一两花生了，可以到小十字口大大方方地花五分钱买蒸红苕吃了。

安康市原歌剧团老团长、表演艺术家陈纪元回忆道：胡耀邦到安康之前，市场一片萧条，农民进城卖点儿土特产，像贼一样，偷偷摸摸，心惊胆战。1964 年夏末，他在地委靠东的小十字口见到农民挑着柿子卖，想买几个回去孝敬高龄的母亲。刚在房檐下和农民谈价钱，称秤之际，戴红袖章的市管人员来了，恶声恶气地训斥不准卖、不准买。陈纪元眼看孝敬母亲的柿子买不成了，便和市管人员争辩了起来。后来，市管人员将此事告到文教局，局领导还旁敲侧击地教育他：不要做违反市场管理的事。

胡耀邦讲话几天后，陈纪元可以在小十字口买几个红苕带回家了。

胡耀邦讲话了，胡书记讲话了，安康人奔走相告着。忽如一夜春风来，千树万树梨花开。

胡耀邦见台下的人们窃窃私语，交头接耳，感到这一条可能触到当下社会的敏感神经上了。无商不活，社会要活跃、要发展，怎么离得开商业呢？我们的政策把商业统得太死，害了谁呢？

要搞好工作，归根到底得靠人。他继续讲：

“第八条，上面讲了，从去年5月以来，我们处理了一些干部，包括生产队的，包括大队的，受了处分，或者开除了党籍的，或者撤了职的，其中有些人处分重了。处分重了的怎么办？党中央告诉我们，对干部要实事求是，要恰如其分。因此，也请你们在会上讨论一下。对有些经过社员讨论，经过大家讨论，真正处分过重了的，把处分降下来。昨天地委会上，对干部问题确定了三条，第一条，凡是处分过重了的，都修改，叫减轻处分，不管是脱产干部，不管是不脱产干部，这是第一条。

“第二条呢，有过错误，现在不继续担任工作的，要号召他搞好生产，搞好工作，可以将功补过，工作搞好了，生产搞好了，不再受处分了，将来社会主义教育运动来了，也不受处分了。

“第三条，现在担任工作的干部，要是再干坏事，那要加重处分。

“这三条行不行？但是，现在主要是有一部分干部处分得过重了，要下决心减下来，减轻处分。请你们提意见，请你们讲，哪一个干部处分过重了，请你们就在这个会议上讲出来。

“第九条，为了把今年生产搞好，我们今年冬天11月份，或12月份，要再召开一次四级干部大会。那个时候开会讲什么呀？那个时候搞评比，开一个四级干部评比大会。哪些是生产搞得好的公社、大队、生产队，先评这个，先评搞得好的，评出来后，要搞奖励，搞立功竞赛。奖什么东西？奖耕牛，奖化肥，奖农药，奖种子。搞得不好的怎么办？先请你们提出个办法来。要不要检讨？你说搞得不好要检讨，那我现在就下台不干了。我说不检讨也可以，先评比好的。”

胡耀邦这个美好的设想并未能实现。在接下来疾风苦雨般的政治斗争中，他这个美好设想付诸东流了，就像他说过的要再到安康来一次而终于未能再来那样，永远成为遗憾！

“最后一条，叫光荣到底。在讲这最后一条之前，我想和同志们谈谈形势。”安康远离西安，远离北京，交通不便，信息闭塞，胡耀邦感到应当利用这样的机会，向安康的干部讲讲形势。那时讲形势，是循着先国际后国内这个路数的。胡耀邦生活在一定的历史背景之中和当时的语境下，只是在他的讲话中多了几分幽默、几分风趣。

“春节前，北京人民又在天安门前示威了，同志们看了报，安康报也登了，天安门前有多少人示威，全国有多少人在示威呀——反对美帝国主义轰炸越南，是时局紧张起来了吗？是不是要打仗了？没事情！美帝国主义在这个时候轰炸越南，是给谁看的？是为什么？我看，原因有两条：第一，美国在南越打了败仗，平野搞掉这么多飞机，死伤了那么多的人；最近又被搞了些飞机，副司令差点儿被打死，副司令的儿子负了重伤，狗急跳墙。农村两口子吵架，老婆吵输了，抓起娃子两个耳光，她找便宜，出气嘛。这里打了败仗，那里出气，南边打了败仗，到北边出气，这是无能的表现。

“第二，就是柯西金去越南了，是赫鲁晓夫的接班人，是部长会议主席去了，美国要给苏联领导人脸色看一看。就是这两个原因。

“美国敢不敢扩大战争，我看现在决心没有下，南越都打不了，还敢扩大战争？这里有个原因，是美国鬼子力量强大还是南越人民力量强大？毛主席说，南越人民力量强大，南越1000多万人，游击战打得非常好，神出鬼没。南越打不了，还敢打北越？还敢打我们？我们有些同志怕打，解放15年，年年担心，月月担心，天天担心，担心多了就失眠，血压就高了。美帝国主义没有什么了不起，打到中国来它肯定要失败。毛主席说，我们的人民是汪洋大海。我们农业有了一套，工业也有一套，科学也有一套，我们新的都有了，讲老的，我们是熟的，不在话下，十八般武艺，件件精通。蒋介石800万人打败了，同美国也打了两年半（指朝鲜战争），打胜了，至少是平手。死伤差不多。我们死伤一个，他们也得一个；我们钱花得少，他们花得多，他们花200亿，我们花20亿。再打，他们是破产地主，我们不过由中农变成贫农，我们本来就是贫农。我们7亿人，死100万人，寡妇的比例就小；他们死100万人，寡妇的比例就大。大不相同呀，我们怕什么！不怕！为什么要示威、游行、动员、疾呼呢？那是发动群众，揭发他们的罪恶嘛。

“还有蒋介石问题。美国不怕，蒋介石更不在话下。830万都被消灭了，现在台湾的军力把马夫、炊事员算在内不过有50万人，能参战的也就30万人。1962年他想来（指蒋介石意欲反攻大陆），你们紧张，沿海更紧张。那一年我们不欢迎他来，有个原因，我们遭了灾，粮食紧张，来了麻烦，想堵住不让他来。

“现在不同了，是1965年了。现在要来，按我的想法，采取‘二十三条’的办法——‘给出路’，委员长走前头也好，走中间也好，走后头也好，坚决、全面、干净、彻底消灭之，全部捉住。跑到陕西也好，我们搞水土保持。”胡耀邦说着，自己先笑了，这个幽默太绝妙了。

“这不是大话，现在我们强大得多了，解放军在新的军委领导下，在林彪等同志的领导下，练硬功夫，真是飞檐走壁。这是步兵。还有现代武器，打下的高空飞机，2万公尺高，4万公尺高，这不是高射炮打下来的，是什么打下来的？

“我们的原子弹，世界上现在还没有停止议论，为什么？因为比美国、英国、法国都先进。美国是1945年爆炸的，苏联是1947年爆炸的，英国是1952年爆炸的，法国是1960年爆炸的，我们是1964年爆炸的。我们爆炸的原子弹是铀-235。原子弹有两种，一种是钚，一种是铀。能搞到铀，就离氢弹不远了。而且是我们自己研究，自己设计的。打起仗来，比多，我们只炸你一个，你们要丢一万个。我们第一，工厂分散；第二，一穷二白；第三，山多。安康丢了原子弹还是安康，打了秦岭还有巴山，还有昆仑山。你打我一万个，我打你三个，美国纽约、华盛顿的资本家多，那些人都怕死。美国鬼子是不敢来，不敢打。敢和想是两回事。

“中印边界一仗打得好，第一次从正面打，消灭三千；第二次从后面抄，消灭六千。他们说我们打得不正规，第三次不敢来了。在打第一次的时候，毛主席说他们还会来二次的，二次来了，毛主席说，不消灭不舒服，小消灭小舒服，大消灭大舒服。这次战斗都是毛主席亲自指挥的。因此，印度更不用担心了。”

那个时代把苏联称作修正主义，“反帝反修”是挂在嘴上的口号。胡耀邦也要谈修正主义的，不谈便不是那个时代的人物。

“修正主义，要不要担心？帝国主义都不怕，怕什么修正主义！苏联的党代会推迟到3月开，现在看5月也开不成。这次柯西金来，毛主席和他说了三条。第一条，毛主席说，我同周恩来总理、陈毅副总理他们的看法不一样，他们不同意你们开会，我同意开会，你们开了我们好开。你们开修正主义的会，我们开马列主义的会。第二条，毛主席说，我们吵架没什么关系，死不了人，团结起来反对帝国主义。今天13号，晚上中央要讲话，讲团结起来，讲给光荣的、伟大的苏联人民听。第三条，毛主席说，我们想请赫鲁晓夫访问中国，请他当反面教材。柯西金哭笑不得。对修正主义不怕，不管老的新的都要垮台。世界人民在我们这一边，马克思列宁主义在发展。有人说我们孤立，帝国主义在反对，印度反动派在反对，修正主义在反对。我们不孤立，有百分之九十的人民在我们这一边。

“至于参加联合国，我们不参加。毛主席说了三条：第一，参加联合国不自由。我们在外边喜欢怎么评论就怎么评论，说他约翰逊是战争贩子。第二，参加联合国要交会费，而且是按人头交费，按人头交费我们就多了，不合勤俭建国原则。第三，我们自己就是联合国。陕西就比南斯拉夫大。现在不是提出搞革命的联合国吗？搞个几年，全世界各国都参加，将来留一个置之脑后不让参加，不叫美国参加。”

在座的干部相视一笑。

胡耀邦喝口水，清清嗓子，继续朝下讲，他的博闻强记、他的政治家胸怀，自然表露出来——

“国内形势，就全国讲是大好形势，粮、棉生产都超过了1957年。农田基本建设，大大超过；水利建设，拖拉机，几十倍地增加。猪，去年是1.5

亿头，比苏联多两倍，他们买我们9万吨猪肉，就是1.8亿斤，还不要头头爪爪的，我们就卖给他。我们欠的账还完了，他们倒欠我们1900万新卢布。工业大发展，品种上、规格上、技术上都是大跃进。1957年钢材只有4000多吨，现在有9000多吨。飞机可以做，轮船可以做，新工具可以做。原子弹就要1万台机器为它服务。科学技术人员大增加。科技人员原来是120万人，现在是230万人。大学生76万，中学生1000万。今年再搞一年，明年开始搞第三个五年计划。我们陕西有灾，特别是去年雨水过多（1964年安康8、9、10月间连续下雨80余天），粮食比前年少一点，棉花也少一点，工厂修得不多，公路修得不多。农业怕灾，说是大好形势，我们的形势如何，这就有个从局部出发问题了。看形势要从全国看。这是个方法问题，因为没有看到的感受不深，感觉挂不上钩，一个叫大的形势，一个叫眼前时务。对这个问题要想点办法，不是别的办法，把周总理的报告念一念就行了。

“好，国际国内的事讲过了，安康的前途怎么样？是有信心还是无信心？是前途光明还是一线之光？”在座的干部把目光都集中过来，干部们最想听的就是这条了。

“最后一条，叫光荣到底，就四个大字。”

胡耀邦同志左手端着他的深筒浅黄色金边茶杯，右手把拇指折下，伸出四个指头。他是一个性情中人，好用手势，由来已久。

“同志们，你们在座的公社党委书记、社长、支部书记、大队长，我看多数同志，百分之八十，甚至九十以上，都是贫下中农出身的，或者是中农出身的，就是说，都是劳动人民出身，在旧社会都是受压迫的，都是受剥削的。共产党来了，解放军来了，革命胜利了，土改了，你们当了干部，许多同志参加了党，又当了干部，办事的能力也提高了。政治水平也提高了，文化也提高了，请同志们自己想一想，假使不参加革命，我们好些同志会不会戴上这个帽子，身上挂钢笔，拿笔记本做笔记？”胡耀邦用手掀掀他的帽子，抖抖他的上身，晃晃桌子上的笔记本。

“同志们想一想，假使你们不当干部，没有参加党，你们能不能有今天的水平，有今天的本事？我就不晓得我们有多少支部书记到过西安。我们来个这样的方法，好不好？到过西安的请举手。”

台下只有稀稀拉拉的几个人举起手。

“哎哟，没有多少，请放下。到过西安的太少了嘛，都是土包子嘛。将来恐怕要轮流到西安去一下。参加了党，当了干部，本事也强了，文化也提高了，群众也拥护你们，好！这是我们的支部书记嘛！这是我们的大队长呀！这是我们的公社党委书记呀！群众拥护你们，光荣得很。

“但是，我们有的同志……前几年困难……你们是哪几年困难？”

台下众人答道：1959年，1960年，1961年，1962年半年，三年半。

“三年半困难，一个叫粮食不够吃，一个叫布票不够用，东西太少就打了一个邪主意，你们叫孬主意，就干‘四不清’。同志们，你们想一想，‘四不清’主要是哪几年？主要是那三年半。我说许多同志‘四不清’原因是两条，一条是客观，困难！一条是志气不高。可是有的同志，人穷志不穷。我在湖南讲过一个笑话，毛主席领导我们搞社会主义，搞了一个大房子，叫社会主义大厦。这个房子可好得很哟，可是有人就打我们的主意，有些反社会主义的坏分子、四类分子中的坏分子，挖我们的墙脚，在外面挖我们的墙脚，我们有些同志也糊里糊涂，也闭着眼睛挖墙脚，搞多吃多占哟，‘四不清’哟。人家在外面挖，这叫反社会主义的强盗，拿起个锄头在外面挖呀，挖呀，想把我们的墙脚挖倒。他们是有心的，阶级敌人是有心的，就是要把我们挖垮。我们有些同志觉悟不高，志气不高，闭上眼睛也那么挖，人家用锄头挖，我们用手指甲挖，挖哪么一点儿粮食呀？20块钱呀！同志们啦，我们是无心的，人家是有心的，不管是有心无心，房子垮下来，砸死谁呀？屋子里面，贫农、下中农干部，你们支部书记呀，大队长呀！你们大家都在屋子里面。他在外面挖，想回来，就跑到这个房子里面来，想骑在我们的头上来，他们要复辟，这就叫和平演变。房子垮了，就叫蒋介石回来。蒋介石、国民党重新回来，我们的脑袋没有了。丢了就是了。我们呢？完不完蛋？除了你们自首叛变，叛变也没有好下场。假使把墙脚挖垮了，你们也完蛋了，因为你们是干部，是共产党员。同志们，这就叫阶级觉悟。当了十几年干部，八九年共产党员，我们能把我们辛辛苦苦盖起来的房子挖倒？我们困难了三年半，你们安康今年还困难，但是我们全国好转了，我们明年要开始搞第三个五年计划嘛，我们去年是三尺布票，今年是七尺，我看明年不要七尺了，明年可能是一丈，也可能是一丈二。我们国家要发展起来，明年搞第三个五年计划，你们陕南要搬很多工厂进来，要修铁路、修公路、修发电站。我们国家要一天一天好起来。三年半困难都过去了，形势好了，形势好了我不革命了？啊，干了十几年革命，当了七八年支部书记，说：我不干了，这个干部当不得哟！有没有同志这么想呢？我们要讲实事求是嘛。好！我们说实事求是地处理干部，你还不干？我们说，你有个光荣历史嘛，你劳动人民出身嘛，你还是当下去吧！还请你当下去吧！你说，我不当了噢，光荣历史我不要了哟。还有的同志发牢骚，说什么我吃不了这碗怄气饭！什么怄气？为人民服务嘛，怄点儿气怕什么。好嘛，我的意见，对干部问题处理，实事求是，但工作必须搞好。实事求是，你还不干，你的本事比诸葛亮还大？诸葛亮还叫'三请诸葛亮'，你们安康1800多年前是受过诸葛亮管辖的啊。'三请诸葛亮'，请第一次关云长、张飞没发脾气，第二次张飞就发脾气说：'这个家伙，这么骄傲自大，老子揍他！'我们对干部，也来个'三请诸葛亮'，好不好？我们说，你有成绩呀，你搞得好啊，有缺点、错误不要紧啦，'洗手洗澡'就行了嘛，你还是当下去好不好？他说我不干了，我再请第二次。第二次他说还不干，我再请第三次，叫'三请大队长'、'三请支部书记'、'三请会计'。四请不四请？我看不过四。超过请诸葛亮，但你的本事又没有超过诸葛亮。我想请同志们弄清一条，你自己说你不干，你自己要把你的光荣历史弄掉，你原来脸上是光荣的，八年的光荣历史，你自己抓起一把泥巴，擦呀擦呀擦得黑黑的。我们说有缺点，洗脸嘛，洗了不就对了，搞好工作嘛。我说，我们要爱护自己的光荣历史，搞好工作，搞好生产，为人民服务，光荣到底。是这个办法好，还是半途开小差好？光荣一半，半途而废，半路出家呀！本来光荣了十几年，说我不干了，我们要向同志们讲清，这样做不得，光荣到底呀，这才是好办法。为党服务，为人民服务，好样子。我想请你们讨论一下，归根到底是要提高觉悟的问题，做一个光荣到底的人，做一个光荣到底的共产党员、共青团员、革命干部。"

针对当时干部队伍中弥漫的消极悲观情绪，胡耀邦用"光荣到底"四个字给大家打气。他深知干部的士气是需要时时鼓励的，特别是对长年奋斗在秦巴深山中深受整人之风影响的干部，更应该多多正面鼓励才是。

"干一年、两年、三年、四年、五年，干十年，十年不行干十五年，你们不必急呀！在座的不过40岁，搞15年才55岁。毛主席今年71岁（毛泽东诞生于1893年12月26日，其时71岁生日刚过不久，已步入72岁）。要干，要一步一个脚印。我们许多高级干部，开始革命都才 20 多岁，刘少奇主席那时 26 岁。主席讲，归根到底，世界是青年人的。在省上、中央，我不能充老资格，到了安康，我有两个可以充老：第一，是老革命，先后搞了 35 年。在座的搞 35 年的寥寥无几，鄙人就算一个。第二，五十大寿。有胃病、有痔疮，牙齿掉了五个，成绩不大，身体不好，悲观不悲观？可我还想搞三个五年计划。三五一十五，那时我才 65 岁；要搞四个五年计划就是 70 岁。人活七十古来稀，七十三、八十四，阎王不叫自己去，那时我就呜呼哀哉，重新参加地下党了。

“我们有些同志，现在年轻力壮，总要有个打算呀，打算搞出什么名堂来！我们有些同志说，我们这个地方不好，很穷，要搞好有困难。好地方想去的人多，这个地方有困难，才希望有志气的人到困难的地方去。我们有些同志说，我是科员，客科员；是干事，干干事。这不对！这叫无所作为！周总理在政府工作报告中有一段话：人类的历史，就是一个不断地从必然王国向自由王国发展的历史，这个历史永远不会完结。在有阶级存在的社会内，阶级斗争不会完结，在无阶级存在的社会内，新与旧、正确与错误之间的斗争永远不会完结。在生产斗争和科学实验范围内，人类总是不断发展的，自然界也总是不断发展的，永远不会停止在一个水平上。因此，人类总得不断地总结经验，有所发现，有所发明，有所创造，有所前进。停止的论点，悲观的论点，无所作为和骄傲自满的论点，都是错误的。之所以是错误，因为这些论点，不符合大约一百万年以来人类社会发展的历史事实，也不符合迄今为止我们所知道的自然界的历史事实。”

他一字不差地把周恩来总理的这段话背了下来。背得极为流畅，没有半点磕绊。

“四个有所，四个论点，一个是正面讲的，一个是负面讲的，一个是应该的，一个是错误的。有新发现，天天都有。今天早晨我就有新发现，发现有个干部给我写信。昨天发现了忠义公社书记唐章荣，这个公社增了产，措施就只两条，一是修水田，去年修 400 亩，今年修 500 亩；二是发展红苕。

“有所发现不难，有所发明困难些。但也可以。徐寅生，26 岁，15 年前还尿到裤裆里，这个人能苦干，敢批评人，给乒乓球女队讲话特有风格。

“说起悲观，会有不少故事的。悲观，要具体分析，每个人都能找到悲观的理由。你们可以睡在床上想想，是不是这样？如人家脑子好，我脑子不好。这是不是悲观论点？人家有文化，我没有文化，这不是悲观论点？人家出身好，我出身不好，这不是悲观论点？人家没有犯错误，我犯有错误，这不是悲观论点？人家身体好，我有肠胃病、肝炎，这不是悲观论点？人家有爱人，我找了三年还没找到，等等。悲观不好，与骄傲有联系。一时悲观，一时骄傲；在这个问题上悲观，在那个问题上骄傲。悲观和骄傲是思想上的两大敌人，打倒了两大敌人，有所创造就来了。

“我这个人准备改行了，实际上是已经改行了。搞了十几年青年工作，成绩是有，也要一分为二。说我没干，吃干饭，我还不依，伸起腰杆说话。

“你们安康有成绩，对贯彻中央、主席的指示是坚决的，要站起来讲话，干的事是见得了人的，是敢在台上讲话的。成绩是主要的，但是每个人都来一分为二，有成绩有缺点，成绩要肯定，缺点要改，要克服。克服不在嘴上讲，要在实际行动中干。我的青年工作实际下台了，现在做党委工作。

“我们党、毛主席，对青年充满了希望，尤其对青年干部充满了更大的希望，因为事业要发展，人要接班。人也总是要死的，不死也不行，这叫自然法则。主席说，孔夫子要不死，活到现在，要多少人为他抬胡子。主席说，他主张死人不开追悼会，要开庆祝会，庆祝辩证法的胜利。因此，对青年人充满了希望。但希望是希望，成材不成材，要看主观努力。过去课堂上讲，‘全靠自己救自己’。要自己努力。

“我看，安康是有前途的，是无限光明的。虽然我们有困难，但是，第一，中央对我们有更大的照顾。今年全省征购任务，由 17 亿减为 13 亿，安康原来的 1. 1 亿斤，现在减为 7000 万斤；中央帮助几万吨化肥。第二，陕西是祖国的大后方，是军事大后方、工业大后方。1965 年要办许多工厂，首先要到陕南来办，厂子不是几十个，而是几百个。陕南山多，又保险，这就立于不败之地。有了厂子就要搞发电。第三，陕西潜力大，有 19. 2 万平方公里的面积，比湖北大，比山西大，比河南、山东大，比江苏也大，有 6000 万亩耕地。安康有 1. 8 万平方公里面积，耕地 600 万亩，每人平均有耕地 2. 8 亩，有山 10 亩。”

昨天下午，胡耀邦在专区十七级以上干部会上，讲了安康的前途是大有希望的，并且列举了两条理由。今天，他讲安康前途大有希望，又增加了一条——安康水多，要搞发电。不难看出，胡耀邦为安康的未来是在不断思索的。

胡耀邦的讲话，铿锵有力，在长达三个多小时的报告中，无人走动，无人交头接耳，他们为胡耀邦富有哲理的讲话所感染，仿佛一下子明白了许多事理。

胡耀邦看看手表。当人们以为他会再讲几句激动人心、鼓励大家的话语时，他却说了几句平实得不能再平实的话——

"人是铁，饭是钢，一顿不吃心发慌。大家不知道肚子饿不饿，反正我肚子是饿了。讲得时间长了，别的不讲了，要求大家团结起来，共同总结经验，不辜负党的希望，不辜负人民的希望，在光荣的事业面前，多做些贡献。"

胡耀邦在"三干会"做报告，在安康专区、安康县是件大事，组织者是十分认真地安排听众的。党员、积极分子方才可去听报告。中级法院的一位女同志因丈夫是地主成分，本已排好队前往，却被通知回单位办事。而当时的音响师不是党员，被平时爱舞弄电器的县统战部的党员干部马官生所取代。

马官生除了承担大会音响工作外，还肩负着给胡耀邦续水的任务。

他瞅准胡耀邦杯中水快喝完时去续水。

胡耀邦赶紧揭开他的搪瓷金边水杯盖子。马官生续水之后，胡耀邦眼稍稍斜视一下马官生，表示谢意。善于观察的马官生见胡耀邦上身披着大衣，脚下是一双高鼻梁的棉布鞋，那鞋上还有一块补丁呢。

胡耀邦在三干会礼堂做报告的时候，通向礼堂的兴家仓巷内来了几百群众。这些人多是穷得叮当响的人，多是平时靠着偷偷摸摸贩点儿红苕、卖点儿羊油的城市贫民。他们从口耳相传中知道了胡耀邦允许市场开放的讲话。这些人把本来不宽的巷子围了个水泄不通。

胡耀邦讲话毕，从兴家仓巷朝大街上向出走。群众高呼着"要见胡书记，要见胡书记"。工作人员护卫着胡耀邦朝出走，一看，黑压压的人群，肯定走不出去。为了胡耀邦的安全，公安干警和干部们去做开导工作：书记工作很忙，请理解。

"要见胡书记，要见胡书记！"喊声溢满巷道。

看看走不出去，工作人员护卫着胡耀邦返回县委办公室稍事休息。

马官生等工作人员又去做工作："书记暂时不走了，在县委研究工作。胡书记说了，今后还要来安康，有机会和大家见面的。"

人群慢慢散去。好多人不甘心，滞留在安康长街两旁。

胡耀邦和韦明海由专区、县上领导陪同从县委大门前的沈家巷（在今市中心仓房楼东侧，其巷现已不存在）走出。两人肩并肩，谈笑风生地由西而东向招待所走去。没有散去的群众，深情地向胡耀邦等人行注目礼，而胡耀邦也不时笑着挥手向群众致意。

安康大街上的人们永远记住了这难忘的一幕。

不少人回忆当时的情景：那是群众发自内心的对公仆的爱戴，是公仆对群众真心的热爱，不是作秀。

胡耀邦来安康的当儿，正是极"左"思潮盛行之际。农民们为了生存，进城偷偷摸摸地卖土特产，城市贫民为了生存，偷偷摸摸倒卖一点儿土特产。而这在当时全是务须斩断的"资本主义尾巴"！

胡耀邦讲话之后，这些穷汉有了撑腰打气的人。他们挎着少得可怜的几斤花生、几斤羊油，竟然到极"左"分子门前大喊："卖花生了！""卖羊油了！"

胡耀邦讲话时曾幽默地说："能不能在元宵节时让大家吃上元宵。"经过大会组织者千方百计调剂，真的让与会者每人吃上了二两元宵。参加过当年会议的人至今对此记忆犹新，津津乐道。

需要交代的是：当日晚，在距胡耀邦讲完话后不到一个小时，地委组织部组织科的王崇烈等同志就找到了何万枝，说"胡书记对你的工作问题已讲过话了，你就不要调到外系统了，就安心在法院工作吧"。

何万枝最终被安排到平利法院工作，组织上把他的妻子也调到平利。何万枝自此未离开法院工作。他说："是胡书记改变了我一生的命运。"

这里，有一段小小的插曲——

话说胡耀邦在安康县三干会礼堂给安康专区和安康县干部讲话，发表了对汉剧《梅刀新传》的批评意见之后，安康地区和安康县的领导决心创作一部新剧，来反映人民群众抓生产、改变贫困面貌的真实生活；同时也想让胡耀邦感受到安康人民的精神风貌，以展现在他“两手抓，双丰收”口号激励下，安康人民焕发出的空前劲头。汉剧《碧树银花》开始酝酿。

韦明海专门为《碧树银花》定下提纲。

剧本以获得国务院授予的全国劳模称号的安康县石转区洪山乡的养蚕能手刘家贤为原型。

安康县文教局副局长袁善荫为此专程住在汉剧团，和汉剧团团长王道中、剧团专职编剧何宏超、安康地区文化馆专职创作干部王林夫共同创作。剧本很快完成，搬上舞台后，上座率很高。到省城西安演出，颇多好评。

剧本上演不久，便有不同声音开始传出：只讲生产，不讲政治挂帅；只讲多种经营，不讲以粮为主；背离了阶级斗争为纲。地区原决定此剧去安康县之外的九县巡回演出的计划只好作罢。

胡耀邦离开安康之后，便卷入政治斗争旋涡之中，接下来，轰轰烈烈的“文化大革命”运动开始。1966 年夏天的安康教师培训会上，袁善荫因参与《碧树银花》创作而被定罪，受到了猛烈的批判：一个文教局长，为什么坐镇剧团参与剧本创作？为什么对宣传胡耀邦“两手抓，双丰收”那么热衷，那么卖力？袁善荫为此检讨十余次不得过关。

而刘家贤所在的洪山乡，虽然成了全县有名的蚕桑之乡，但未能逃脱“文革”之风的猛烈摧残。桑树作为“资本主义的尾巴”被砍去。刘家贤因为出身成分问题而受到不公正待遇。直到 1979 年下半年，才恢复其全国劳动模范称号，被授予全国“三八红旗手”称号。

但是胡耀邦在安康提出的“两手抓，双丰收”的观点，其理念却扎根人心，安康人逐渐形成了“三叶定乾坤”的指导思想——只要抓好桑叶、茶叶、烟叶，农民手头就有钱花，经济社会形势就好。自胡耀邦来过后的安康历届领导，无不循着胡耀邦指引的方向抓经济。安康人民受惠于胡耀邦的指点，可谓得益良多。

■ 1965年2月14日。安康。石泉。

公元1965年2月14日，这一天注定成为胡耀邦人生道路上最重要的一个日子，安康历史上最重要的一个日子，被后来的人们不断提起的一个重要日子。这天凌晨，胡耀邦在安康草成并发出《电话通讯》。《电话通讯》的核心是“放宽政策，搞活经济”。它是继1月22日在省委工作会议上提出的第一个治陕施政纲领“解放思想、解放人”后的又一个施政纲领。

《电话通讯》发出才三天，胡耀邦便受到西北局领导人的责难。说它否定一期社教成绩，说可能引起翻案风……胡耀邦自此陷入无穷无尽的批斗之中。《电话通讯》成为胡耀邦“文革”前走向低谷的导火索。

现在看来，《电话通讯》是一份真正的马列主义文献。我国新时期全面改革的许多观点和提法，已在其中露出端倪。

原安康地委、专署大门东墙。“文革”中许多大字报贴于此。

王爱萍　摄

晚饭后，胡耀邦谢绝了安康地委、专员公署的一切安排，和陪同他前来调研的白瑞生讨论他要白瑞生起草的《电话通讯》稿子。

胡耀邦虽是从延安走出的革命老干部，但接受新事物极快。1963年7月，胡耀邦在任湖南省委副书记兼湘潭地委书记时，就曾使用过“电话通讯”这种形式。当时一期社教中的“四清”运动已在湘潭开展。他在平江一些区、社做了调查，7月5日回到浏阳时，他立即给高臣唐等几位地委副书记写了《电话通讯》，介绍了“四清”工作进入生产队时的一些做法，并提出整个“四清”应在“双抢”前完成。

胡耀邦是尝到过这种快捷方式在工作中的好处的。在安康走过七个县之后，他又一次想用这种形式了。

当白瑞生将拟好的《电话通讯》稿交给胡耀邦审阅时，胡耀邦却表示不满意。

胡耀邦叫来郭步越，对他说：“小郭，我口授，你记录。”胡耀邦一边说，郭步越一边记录。记完之后，郭又将文字顺一遍送胡耀邦审定。

胡耀邦立即召集韦明海等地委和专署领导，从头至尾将《电话通讯》内容念了一遍，征询大家意见。大家表示无意见。看看腕上的手表，已是凌晨

2时了。他郑重地写下“胡耀邦”三个字，并写下“一九六五年二月十四日二时于安康”几个字。

那份《电话通讯》共3000余字。

《电话通讯》的抬头是——

“守一、基平、克伦、章泽、舒同、启明、肖纯诸同志，省委派去各地、县参加多级干部会议的诸同志，并地委、县委诸同志。”

整个《电话通讯》全文如下：

电话通讯（急发各地、县委）

我进入安康地区时，察觉一些县的负责同志，不敢认真按“二十三条”办事，缩手缩脚，顾虑重重，因此，我采取了日夜加班的办法，同韦明海等同志，在八天中走了七个县，同这些县的公社书记以上同志开座谈会，开门见山，提出问题，征求意见，一个一个问题排队，一件一件事情落实。据地委同志这几天反映，多数县的领导，思想已经进一步解放，到会干部情绪逐渐高涨。

今天，听到一些专区和县开会的情况，据说有的县的多级干部会议开得冷冷清清，讲解和议论“二十三条”时，照本宣科，不联系实际，不敢大胆解决问题。因此，到会干部情绪低沉，心不在焉，对省委这次工作会议决定的一些问题有所怀疑。

各县的多级干部会议都只剩下几天了。我认为现在是个关键时刻。如果我们在这个关键时刻不采取对党对人民高度负责的态度，那么，今年的生产计划就要落空，我们就要犯极大的错误。

为了把会议开好，根据安康地区的经验，我认为要着重注意以下几个问题。

（一）省委和地委派到各县参加会议的同志，必须立即同县委一起，共同负责地对县的社教工作做出肯定的估价，说清楚哪些问题做对了，哪些问题有缺点，并且明确向大会宣布，以便统一思想。只要大多数同志同意，即使将来证明某些问题说得不尽恰当，也一概不追究责任。

（二）为了正确地贯彻执行“二十三条”中关于干部问题的政

策，应该向到会同志明确宣布：(1) 凡属从社教以来被处分过重的干部，一律实事求是地减轻下来。最好选择几个典型，经过大家讨论，重新做出决定，并在大会上宣布。(2) 凡属停职和撤销工作但尚未处理的干部，一律先放到工作岗位上去，待问题完全查清或经过一个时期的考验再做结论。(3) 凡属去年以前犯有某些错误但已经交代过的在职干部（包括脱产和不脱产的干部），不再在这次会议上“洗手洗澡”。只要做好工作，搞好生产，将功补过，就一律不咎既往。(4) 凡属这次县的多级干部会议后，继续干坏事的人，不管职务高低，一律从严处理。只要我们掌握了这四条，我们就不会犯什么“左”的错误，也不会犯什么右的错误。

（三）学习和讨论“二十三条”要抓住精神实质，要明确和解决几个主要思想问题，不要咬文嚼字，不要搞烦琐哲学。要告诉大家，“二十三条”不可能一次学透，要继续在实际工作中去学，今年冬季开多级干部会议时还要学，明年还要学，要学多少年。因此，学习和讨论到一定时候就要停下来，转到讨论今年的生产问题上去。

（四）中央减轻了我省今年的粮食征购任务，这对搞好今年的生产是一件大事。要明确告诉大家，中央之所以减轻我们的征购任务，是为了使我省农民有充裕的口粮，有充沛的干劲从事生产，并且使多种经营更好地发展起来。这个任务不会变。至于我们把工作搞好了，今年大丰收了，征购任务也不再增加，而是采取：(1) 由各大队、生产队自己搞储备粮；(2) 由各大队、生产队自己用来扩大发展集体的饲养业；(3) 由省上考虑采取议价收购的办法收购一部分。同时，各县同志必须按省委、地委分配的征购数字，向大会宣布，并经过大会讨论后一道落实到大队，县上、公社和大队都不许再行追加。大队干部回去后，也要向群众宣布本大队的征购任务，以便调动广大社员的积极性。

（五）今年我省农业的增产方针应该是：“两手抓，双丰收”。即一手抓粮食，一手抓多种经营。关中地区，主要是一手抓粮食，一手抓棉花；陕南地区，主要是一手抓粮食，一手抓山货土特产的发展；陕北地区，主要是一手抓粮食，一手抓造林和畜牧业。我省山地荒坡面积大过耕地几倍、十几倍，各县同志一定要用算账的办法，鼓舞大家树雄心，立大志，从今年大搞基本建设着手，为几年后从山地荒坡上大大增加收入打基础。“过一年算一年”的思想是完全错误的。对这个问题，我们同一些社员和基层干部在认识上可能有矛盾，他们看不远，想不深，我们一定要向他们反复地做说服教育工作。不要因为他们不积极，我们也就畏难起来。

（六）要把大会开活。开活的一个重要办法，就是要选择一批增了产的典型公社、典型大队，请他们在大会上做报告，大大介绍他们的增产经验，省、地委参加会议的同志，县上的同志，都要细心地听取他们的介绍，并且大大表扬他们。还要明确宣布，他们就是当地的活“大寨”，是其他社、队学习的榜样。一切领导增了产的干部，特别是在困难条件下领导增了产的干部，就是好干部，就是真正过得硬的好干部。要使大家认识，社会主义革命的根本目的就是发展生产力，只有生产不断发展，才能谈得上大好形势，只有领导群众增了产，才能称得起是为人民忠诚地服了务。请报社的同志，大量报道这次各县多级干部会议上选择出来的增产典型，推广他们的经验，鼓舞广大干部的革命干劲。

（七）我们沿路看到一些城镇冷冷清清，手工业不兴旺，没有就业的人不少。不知其他各县是否存在这种情况，如果存在，必须认真加以解决。解决的主要办法是：(1) 活跃集市贸易；(2) 发展人力畜力的短途运输；(3) 切实解决手工业的原料供应；(4) 改进产业部门的经营管理。关于集市贸易问题，要明确告诉大家：在一个相当长的时期内，国营商业和供销社都不可能完全代替农民之间互通有无的集市贸易。农民相互之间为买而卖的小额交易，不是什么投机倒把。农民多余的农副产品，我们的供销社不可能全部收购回来，如果我们对集市贸易管得过死，就会影响农副业生产的迅速发展，手工业也还可能萎缩，这对国家、对人民都是不利的。

（八）还要提醒大家注意：算大账，抓关键，向前看。我感到一些同志，思想不开阔，在政治思想方面扣（抠）得过碎，在领导生产方面想得过窄。他们不是高瞻远瞩，大刀阔斧，而是顾虑重重，小手小脚。应该号召大家在政治思想工作方面放得大一些，在领导生产方面想得宽一些。在政治思想方面放大一些，主要是：(1) 不要着重历史问题，而要着重现在的表现；(2) 不是着重“洗手洗澡”中已经交代出的问题，而要着重今后的问题，着重“将功补过”；(3) 不是着重枝节问题，而是着重注意大的关键问题，注意对党的方针政策的执行。

在领导生产上想得宽一些，大体有五方面内容：(1) 不仅要抓粮食，而且要抓副业和山货土特产；(2) 不仅要搞好今年的生产，而且要为今后的生产大发展积极创造条件；(3) 不仅要认真注意现在的经验，而且要汲取和创造新的经验；(4) 不仅要注意增加生产，还要注意为生产服务的商业、交通、财政等问题；(5) 不仅要有具体措施，而且要有广泛的、持久的、扎扎实实的群众运动，充分发挥人的主观能动性。总之，要引导大家努力往前奔，朝气勃勃地去干工作。

以上就是我的一些意见。因为各县的情况不同，只能作为你们的参考。如果你们觉得和你们的情况不符，可以不传；如果你们觉得还有一些问题必须注意，就请你们补充。长安、西乡、延安三个点上的工作，请你们和社教工作团的负责同志另行研究和安排。

总之，我的意见是，各县的多级干部会议是今年增产的一个关键会议。机不可失，时不再来。必须按中央工作会议制定的方针政策开好。

你们的会议情况和问题，望及时向省委书记处通气。

公元1965年2月14日，这一天注定成为胡耀邦人生道路上最重要的一个日子，安康历史上最重要的一个日子，被后来的人们不断提起的一个重要日子。缘由盖因这份《电话通讯》!

陕西省委办公厅机要室于当日印发525份，发向西安市委，各地委，各社教工作团、队、组，省委常委各同志，省委各部、委，各社教指挥部，各办公室，各党委，各党组，秘书长，并存档。

同时将此《电话通讯》报送中共中央和当时的中共中央西北局。

1965年2月14日，早饭过后，胡耀邦一行车过七里沟，沿汉（中）白（河）公路向汉中进发。

现在只需一个半小时就可到达石泉的路程当时却需要四个小时。

晚上就要去汉中的西乡县了。下午，胡耀邦把他一路思考的问题，连同今日凌晨《电话通讯》中提出的问题，要向安康的同志做一个完整的讲话。刚好，省、地、县的同志都在石泉，是一次难得的机会。

于是，在石泉县委，他向到石泉送行的安康地委、安康专署和石泉县的同志做了一次讲话——

一、安康专区各级党委执行上级决议是正确的，广大干部是积极努力的，领导社教、生产特别是与自然灾害斗争是有成绩的，成绩应该肯定。问题是：

有三个问题。第一个问题是在政治思想工作方面抠得太琐碎了；第二是在领导生产方面想得太窄了；第三是在掌握经济政策方面卡得过死了。我的意思就是这样三个问题，过碎、过窄、过死。请同志们想想，是不是这样？改进的方法是：在政治思想方面要放得大一些；在领导生产方面要看得宽一些；在掌握经济政策方面要搞得活一些。其他专区是不是这样问题？我们要再跑几个专区看看才行。

什么叫政治思想工作方面要放得大一些？第一点，不要着重历史问题，历史出身要弄清楚，要着重看表现；第二点，不要着重已交代了的错误问题，要着重今后工作将功补过问题；第三点，不要着重枝节问题、小是小非问题，而要着重重大关键问题，党的政策、党的方针执行问题。

什么叫领导生产方面看得宽一些？第一，不但要抓粮食，而且要抓多种经营，就是“两手抓，双丰收”六个大字，一手抓粮食，一手抓多种经营；第二，不仅要为今年打算，还要为今后几年的发展积极创造条件；第三，不仅注意现有的经验，而且要吸取创造新的经验，包括现代科学技术；第四，不仅要注意增加生产问题的直接措施，还要注意为生产服务的商业问题、财政问题、交通运输问题；第五，不但要有技术措施，而且要有广泛的、持久的、扎扎实实的群众运动，充分发挥人的主观能动性。这是领导生产想得宽方面五个主要的内容，但是不要着急，也不要慌乱，事情要搞积极一点，大脑要清醒，一步一个脚印，过于慌乱要出毛病。

什么叫掌握经济方面搞得活一些？(1) 国营商业、供销合作社应该强调调查研究，听取群众意见，经常注意改进自己的经营管理，为生产服务，为群众服务。(2) 活跃集市贸易，我们国营商业、合作社商业不可能代替农民之间互通有无的集市贸易，集市贸易一百年以后大概还有。我们打击投机倒把是有成绩的，但是不能把打击投机倒把和正常贸易混为一谈，农民之间互通有无小额的交易不能视为投机倒把。因为农民不可能生产自己全部的生产资料和生活资料，我们说，开门七件事：油、盐、柴、米、酱、醋、茶。农民的柴可以生产，米可以生产，油可以生产，盐不能生产，醋不能生产嘛！国家要供应的生活资料多得很，农民用的生活、生产资料上千种，国营商业、合作社商业不可能全部生产、供应，如像小孩尿片怎么样供应呢？因此，在整个社会主义时期集市贸易是合法的，是社会主义经济的重要补充。还有个理论性问题，农民为买而卖，他们卖一只老母鸡、二十个鸡蛋，买一把菜刀，这叫简单的产品交换，这是政治经济学理论，马克思《资本论》第四章叫W，卖它的本身没有产生剥削，两方面，从货币到物到更多的钱，马克思叫W_1-W_2。因此说，简单的商品交换是可以的，农民本身不是剥削，因此把农民之间互通有无割断会妨碍生产，不利于社会主义建设。我们搞集市贸易一举三得，一是促进了生产，二是增加了税收，三是真正打击了投机倒把分子。所以，集市贸易要很好研究一下。(3) 要很好组织人力、畜力短途运输。短途运输这是一项辛苦的体力劳动，不是剥削，一个架子车拉上七八百斤，一个鸡公车推四五百斤，累得要命，我们应该给合理的报酬。山区的运输，我们在一个相当长的历史时期内，不可能完全用现代化的交通运输工具来代替人力、畜力的运输，所以我们要注意这件事情，搞些架子车路，如把短途运输搞起来了，对促进生产发展有巨大作用。（4）有计划解决城市里面的就业问题。安康地区有4万人没有就业。城镇就业问题，最大的出路是发展手工业、农副产品的加工。对于农民生产资料的制造，也是在一个相当长的历史时期现代化工具不可能完全代替手工业，除了这个问题以外，我的意思城市青年的就业问题要上山下乡，要订积极的计划，搞半工半读的共产主义劳动大学，全省统一搞，今年解决8000人的问题。学校设在城镇附近，今年先在西安市、咸阳、潼关、安康、白河、汉中、阳平关、宝鸡等十几个点搞，不要县县搞。采取湖南长沙的办法，学校设在城镇附近，搞山货土特产，种点儿棉花，请舒同同志兼校长，团省委要搞出一些经验，曹廷甫兼教育长，现在要开始把房子修起来，修得不要太坏，也不要太好。半工半读，一人一月十五至二十元，自己管自己，少派几个教员就行了，头一年供给，第二年补一半，第三年自己供给，不能自给第三年补助也可以。三年8000人不要紧，为我们培养了干部，在布点上要写个计划报中央宣传部，争取“五四”青年节开学，响应毛主席半工半读号召。清朝左宗棠出过新疆遍植柳树，让新疆大漠发生了变化。后来有个浙江巡抚叫杨昌睿见到这种情景，写过一首《恭诵左公西行甘棠》的诗，那诗是“大将筹边尚未还，湖湘子弟满天山。新栽杨柳三千里，引得春风度玉关”。（5）把三级财政问题很好地讨论一下。要学会节省钱，也要学会花钱，既会节约钱，又会花钱，节约为的是社会主义，花钱也为的是社会主义，这个问题请大家还是讨论一下。北京要开低产低洼地九省会议，我们省是一个，我们陕西低产地3000万亩，我的意见十年后产量翻一番。3000万亩分两个五年计划完成，一个五年解决1500万亩，下一个五年再解决1500万亩。主要三点：一个是水土保持的办法，搞坡式田。水平梯田要求太高，我们水平还达不到，不可勉强去搞那样的水平。二是要肥料，没有肥料低产田怎样解决？产量怎样上得去？第三，修梯地。每亩平均10元，3000万亩，需要3亿，第一个五年搞1亿5000万，九省我估计4亿亩，每亩10块钱问题不大，如果10块钱一亩，我看比搞水利还便宜，办不办得到？办到了，我看高山区保证翻一番，采取以农民为主、自力更生为主的办法，15块钱也可以，钱太多了中央批不准，把钱推到我们头上怎么办？五年一亿五的投资，可拿回21亿斤粮食。这是我个人想法，中央不一定这样考虑。

二、研究一下陕南为“三线”建设服务问题。陕南地区是我们“三线”建设的重点地区，是我们的方针之一。从现在开始要创造条件，为搬进来的工厂积极做好准备。做准备嘛，粮食的准备还好办，农村搬进来3万人，1500万斤粮食这个问题容易解决。我看从现在起必须及时解决以下几个问题：

（一）交通运输问题。交通运输从根本上解决问题，一个是铁路，一个是公路。但是铁路不是两三年就可以解决的，因此第一位还是公路问题。公路第一位又是什么问题？两条干线——西万、汉白路，三条大动脉。头一个是桥梁问题，其次路面问题，特别是汉白路有三大桥，石泉、城固、安康。我的意思从现在起要提出来，首先看三条大动脉有几个大桥梁，桥梁不解决困难就特别大了，桥梁一修对陕南人民也是一个振奋人心的大事，当然主要是为尽快搬进来的工厂服务。我的意思立即动手，下半年能不能开工？听说一座桥梁要400万（胡仕佳插话说：“石泉桥已用了200万。”），三座桥1200万元，立即修，如果要修提早上马，中央给钱，我们自己要积极。（省计委的处长程新文插话说：“我们已把材料报上去了。”胡耀邦指着程新文说：“你们写报告，要提高质量，枝节性的问题不要写，主要把方针政策性的问题写清就行了。”）

（二）要新开辟几条支线或者叫干线。我没有研究，你们把整个陕南地形摆出来，有哪几个干线？我知道旬阳到柞水，这条线修起来对于西安到安康的人来说，可就近便了（西康铁路、西康高速公路正是由西安通柞水而到安康的）。还有几条线？查一查。我知道四川城口离你们安康镇坪近。听说那里有煤？（高志宏插话道：“镇坪也有煤。”胡耀邦点头道：“那好，可以考虑。还有哪几条线？将来一旦有事，运输一定不会拥挤的，我们有三五条线？这是公路第二个问题。”）

（三）以农民为主，国家辅助，采取民办公助的办法修架子车路。每人一天一斤半粮，两角钱菜金，给点钢钎、炸药，农民自己干，一年搞40天，夏天10天，秋天10天，冬天20天。这样一斤半粮食、两角钱，修500公里架子车路，得750万斤粮食、100万块钱，再补多一点，打算1000万斤粮食，我们修500公里架子车路也是划得来的，这种补助我们省上要开支。

关于汉江开发。水路开发问题我没有调查。作为运输讲，汉江优点是河床固定，地质情况好，流速大，这是它的优点。它的缺点，上游同下游落差高，流速大，造成了许多浅滩和险滩。根据汉江这一特点，我看：（1）应搞低坝多级开发，不要多高，有两公尺、一公尺高，搞十几个级。低坝多级开发，这问题要研究，找一些技术员研究一下，采取这种办法有什么坏处？投多少资？除了这个办法外，还有别的办法没有？把利弊做些比较。（2）在汉江某些支流搞些低坝水库，枯水季节，可以放水调剂下游用水。这是中策。（3）临时办法花一些钱，把浅、险滩疏通一下，花很少一点钱，比如一二百万、二三百万元。三个方案都想一想，这些问题我们能不能决定？只要有理由、根据充足，都可以提出来商量。

铁路问题。从阳平关修到汉中，投资11亿，这我在北京时就知道是挂了号的，我们也不要忽视汉江低坝开发，搞好了，汉中以下可以变成风景区，我们全国还没有创造出低坝的典型，都是高坝水库。

动力问题。工厂一来没有动力怎么行？火电搬来划不着，没有煤，要很好地考虑一下水力发电问题。陕南河流很多，拐弯多，用打隧道的办法搞电站，听说两河打洞才1.1公里，用102万元，以后我们搞水电站用打涵洞的办法，不移民，不影响交通，不怕原子弹。打洞我们有经验。在安康听韦书记讲，汉江水利资源丰富。我的意思搞20万千瓦，每个要搞2000或5000千瓦以上，我的意思两三年内在石泉等地要搞几个二三千千瓦的。

燃料问题。工厂燃料怎么解决，烧木柴还行？安康燃料很成问题。

为工厂服务的某些可以开发的矿藏产品究竟有什么？这要加强

地质勘探来论证。

宁陕森林开发问题，也是山区基本建设问题。山区建设砖瓦自己搞，水泥可以上边调。要积极为搬进来的工厂做准备，地质勘探问题争取夏天动手。如果搞得积极一些，资料搞得好一些，道理充足一些，工厂可能就早搬进来；准备得迟一点，他们就说今年不能搬来，后年搬。所以要早做准备。

宁陕有木材720万立方米，现在每年才拿回来3.5万立方米，我的意思买卖要同中央森工局做，如果有720万立方米，每年拿回10万立方米，72年一个循环，从明年起多拿回一点，为国家服务。你（指中央森工局）投资修路，在宁陕搞一个公路网，这样我们一方面解决了就业问题，另一方面西安一旦有事，它就成了我们西北指挥部，最好隐蔽，可以藏粮食，也可以藏人，是避暑的胜地，什么原子弹、氢弹都不怕，比什么都保险。把情况调查清楚，写计划报中央国防部、森工局。

最后一个问题。你们的会要抓紧开，今天省委有一个电话记录稿，接到后要很快研究一下。

胡耀邦估摸着省委接到他起草的《电话通讯》之后，会很快传达下去的，他并没有详细讲《电话通讯》的内容。事实上，当时陕西省委接到他的《电话通讯》后，在第一时间便传送出去。据收到的复印件表明，安康地委在1965年2月16日，以239号安地办收字收到这份标有“机密”的陕发〔65〕48号文件。

“听你们讲会议开得好，情绪很高，粮食能搞到6700万斤。我的意见搞到6000万斤也可以，不要说大话。”

一个星期前，胡耀邦参加了石泉县公社书记以上的县委扩大会议。一星期后，他回到石泉，县上的会议即将结束，他了解到会议的不少情况。

时任专署计划建设委员会主任的段春苔插话说：“石泉搞6700万斤差不多。”

“对！那很好。主要抓措施，把措施落实，每一个大队怎么样想的？采取什么办法？不要单抓粮食，多种经营怎么样搞？把好的大队、公社典型经验搞出来。安康忠义公社去年增产4万斤，该社有一个大队去年比1963年增产百分之十九，主要两条，一是抬田，二是抓肥料。总之，有几条，总结几条。我在汉阴看到水田里面种的麦子太多了，小麦产量不高，洋芋一亩可搞到3000斤左右，折合粮食500斤。”

胡耀邦在平利时，听过平利的干部介绍四川巫溪巫山盛产洋芋，和与会者又谈起了四川洋芋的事。

“稻谷每亩可搞到700斤，两季可搞1200斤左右。可麦子有的每亩才打100多斤。我们南方在稻田里种麦子，农民叫作寅吃卯粮。我在石泉就发觉了稻田里麦子种得多，我没说，到旬阳时才说，种植不合理哟！要想办法，夏季征购要不要分配也可以考虑。多种经营现在怎么样搞上去？经营管理怎样落实？干劲鼓足了要把技术落实。民兵有个三落实，思想落实就有希望了，不落实人提心吊胆的，落实了，放心了嘛，不落实就不放心。要队队落实，项项落实。还有什么落实？”胡耀邦一时记不起来，停顿半秒。

高志宏马上补充道：“还有指标落实。”

“那好。落实了就有把握了。你们不是要找些好的大队、公社上台介绍经验吗？你们主要抓他几个典型，问他去年增产经验和今年计划增产措施。安康忠义公社去年搞400亩水田，今年计划种500亩水田。每个人发言要简单，不要说起来一大堆，计划有两张纸就行了。你们要分头参加小组会。”

高志宏说：“我们都在参加小组会。”

“还有什么？好了哟！完了。”

对安康地委、专署及石泉县的同志讲话之后，石泉县委的同志向胡耀邦反映说，这几天他们又遇到一件棘手的案子，不知如何处理是好。

胡耀邦抓紧时间和石泉县委的几个人小范围分析了那件杀人未遂案。

石泉县一位年轻干部被他的未婚妻蹬了。

痴情的男青年买来一瓶农药，把不再爱他的女青年哄到家中，要求两人一同服毒自尽。男青年并未动手，吓唬而已。女青年把男青年告到了法庭。法院按谋杀未遂罪判了刑。

县上的领导请示胡耀邦怎么处置。

胡耀邦分析道：“这个青年的做法当然是很错的。不过，他只是吓唬原来的未婚妻，希望重归于好，并没有动手强迫女方服毒，女方也没有受到伤害。这个小伙子被女青年遗弃了，已经很痛苦，再给他判刑，他会更加觉得这个社会没有温情，更加活不下去，社会上的同情就会在他一方面了。能不能说服那女青年，给男方以行政处分，让他向女方赔礼道歉，看女方愿意不愿意撤诉?”

后来，女方撤了诉，案子圆满处理。

处理完这件案子，胡耀邦一行连夜匆匆向汉中的西乡县赶去——那里是全省社教的三个试点之一。他要去那里了解社教的具体情况。

胡耀邦的安康之行，算来只有短短的九天，但他在安康的上空炸响了春雷，一扫笼罩在安康人民心头的阴霾，人们奔走相告，传颂着胡耀邦的讲话精神，传颂着胡耀邦这个人!

胡耀邦为安康人民勾勒了光明的明天，鼓舞了安康人民在艰苦中奋进。此后发生了一位新疆男青年热恋安康女青年的真实故事。女友给男友写信，把胡耀邦为安康指出的前景向新疆男友详细介绍，她说，“安康的明天无比美好，胡书记给我们青年一代指明了奋斗的方向，到安康来吧，我们共同创业”。胡耀邦没有想到，他的讲话使一对恋人成为眷属。

与胡耀邦同时于2月6日出发到渭南调研的赵守一，在接到省委传送的胡耀邦的《电话通讯》之后，于2月17日早晨在韩城给冯基平和省委书记处写去一信，表达了对胡耀邦《电话通讯》的看法。全信如下:

基平同志转耀邦同志，并书记处诸同志:

耀邦同志十四日的《电话通讯》，非常及时，很解决问题，对开活各县多级干部会议起了极大作用。

在我走过的临潼、渭南、大荔、澄城、合阳、韩城等地，各县常委会上都做了讨论，并向会议进行了传达。各县对过去错捕错办处分畸重的干部，正在选择典型案例，准备重新处理。但是，有少数县委领导同志思想仍不解放，传达各取所需，七折八扣，特别是对四条干部政策，不敢向下传达，“怕被动”，“怕起副作用”，有的借口材料不现成，不打算选择典型处理。

我以为这是一个必须解决又不难解决的问题。目前，各县干部会议都已转入讨论生产，但仍有百分之一二十的干部有顾虑，情绪沉闷，怀疑“二十三条”能否兑现。因此，我建议：（一）省委应即电告各县委，要他们公开在多级干部会议上，宣读耀邦同志的《电话通讯》（渭南地委十六日晚已告各县委）。并在县委常委会上重新讨论，打通领导思想，提出具体贯彻执行的意见。（二）把明显逮捕错了的干部，先放出来，不宜开除的干部先收回来，然后再定性定量，具体处理，免得一错再错。（三）组织、人事和监察部门，会后应立即组织力量，对前一段处理的干部重新进行审查，实事求是地再解放一批干部。（四）对干部的其他处理，必须先停下来（韩城县文教局前天还清洗了两名不应清洗的教师）。总之，要多想一些办法，首先把干部的积极性调动起来。

调动干部积极性的另一个问题，就是要使干部有长期打算。现在有不少干部，“当一日和尚撞一日钟”，没有雄心壮志。对他们除认真地进行教育外，应该在这次会议上说明：今后对干部不仅要坚持定期交流，而且要保持相对稳定。在交流时，要检查他们对本地区长远生产建设规划的执行情况，并做出鉴定，作为分配他们工作的重要根据。

如何调动中农的积极性，也是一个重要问题。目前，“中农是瞎瞎成分”，歧视中农子女，把上中农和地富平列看待的现象，各县都有反映。这对调动中农的积极性极为不利。建议在各县的干部会议上公开宣布：（一）中农是无产阶级可靠的同盟者，是重要的革命动力的一部分，必须巩固地团结中农。（二）由于是中农成分而被撤职的干部，现在表现好，群众确实拥护的，可以重新被选为干部。（三）面上不补划成分，现在仍以土改时划定的成分为准。

各县反映，在这次干部会议上，贫下中农代表比较沉默，有的认为“‘二十三条’是给干部撑腰哩!”“现在把贫下中农看淡了!”。临潼有一位贫下中农组长，以为自己在“四清”中得罪了干部，竟跳井自杀（未死）。各地应该注意这个问题。可以在这次干部会上明确宣布：（一）依靠贫下中农是党坚定不移的阶级政策，永远不会改变。（二）这次会议后打击贫下中农的要严肃处理。（三）贫下中农协会前一段工作中的一些缺陷，统由上级党委承担。（四）单独召集贫下中农代表开会，给他们撑腰鼓励。（五）奖励先进人物时，贫下中农应当适当的多一些。（六）正面讲清贫下中农协会和党支部的关系，和队委会的关系。

目前，春耕大忙在即，时间紧迫，我们要用最短的时间，讲好“二十三条”，以调动广大干部和群众的积极性，掀起生产高潮。讲好“二十三条”，首先是讲解人自己思想要解放，敢于开门见山地提出问题，直接和广大干部、群众见面，不要范围太小，层次过多，以便使基层干部和群众能够很快地领会文件精神，不要咬文嚼字，转弯抹角。讲解讨论不要分阶段、按专题，搞烦琐哲学。公社的“三干会”，着重讨论生产问题，时间不要长，三几天即可。

各县对秋后大评比兴趣很大，临潼、大荔、合阳、澄城等县准备在这次会上表彰一批先进单位。这样做有益无害，早搞比迟搞好。现在还没有打算这样办的县，如果还来得及，也可以早办；如果来不及，可以放在公社开会时办。

赵守一

一九六五年二月十七日上午于韩城

这封信 1965 年 2 月 17 日由陕西省委办公厅机要室，与胡耀邦《电话通讯》发文相同范围发到西安市委，并在第一时间报送中央和中共西北局。

就在胡耀邦在安康调研的时候，他的不少讲话就频频地传回西安和西北局。胡耀邦雷厉风行、敢说敢为的性格震动了不少人。

胡耀邦到安康调研十余天后，西北局就派出一个四五人组成的调查组，沿胡耀邦走过的地方调查：胡耀邦都做了什么讲话，接触了哪些人。

2 月 17 日晚，胡耀邦一行到达汉中。18 日凌晨，西北局主要领导刘澜涛打电话给胡耀邦，指出其在安康《电话通讯》中的“四条干部政策可能引起”翻案风。胡耀邦把省委副秘书长林牧（林牧，安康县人。胡耀邦由安康返回石泉时，他开始接替 2 月 14 日从石泉返回省城的白瑞生陪同胡耀邦去汉中调研）和郭步越找去，询问《电话通讯》中有无错误。两人表示没有发现什么错误。胡耀邦又马上打电话给韦明海，征询意见。韦明海认为当前主要倾向还是“左”。

2月24日，胡耀邦从汉中回到西安，就感到风向不对头，不同方面对他安康之行中的所为和2月14日的《电话通讯》多有指责，说他独断专行，凌驾于组织之上，特别是对于他处理干部的四条政策，指责最多。

此时的胡耀邦感到一种山雨欲来风满楼的味道。为尽快平息风雨，3月3日陕西省委以〔65〕68号文件的形式，发出了《关于执行胡耀邦同志二月十四日〈电话通讯〉第二个问题的前两条应注意的几个问题的通知》，内容如下。

关于执行胡耀邦同志二月十四日《电话通讯》第二个问题的前两条应注意的几个问题的通知

西安市委，各地委，各县（市）委并报西北局：

胡耀邦同志二月十四日《电话通讯》中第二个问题的前两条，说得简单、笼统一些。为了理解和做法上的一致，现补充通知如下，请各地注意执行：

（一）对于一九六四年下半年以来，给予一些干部的纪律处分，应持分析态度。确实处分错了的，改正过来；处分过重的，减轻下来；但处分正确的，必须加以肯定，不能随意减免其处分。对于有些人的处分轻重问题，如果大家认识不一致，或者一时弄不清的，就不要匆忙地改变其处分。

（二）已经宣布停职尚未处理或撤职尚未分配工作的干部，可以先放到工作岗位上去继续考察。所谓放到工作岗位上去，不是说一律要恢复原职，或者回到原来的工作岗位。有的人，在停职或撤职后，为了便于查清他的问题和促使他反省、交代问题，也可以暂不放到工作岗位。

（三）执行以上两条时，要注意和群众商量，并按照规定的审批手续办事。

中共陕西省委

一九六五年三月三日

1965 年 3 月 7 日晚。西安人民大厦。

是晚，胡耀邦在西安人民大厦看望安康籍的岚皋知青王建元，鼓励他谦虚谨慎，好好干。知他患有关节炎，拨给 1000 元专款治疗。

西北局抓住《电话通讯》不放，“批胡”的浪潮一浪高过一浪，大有置胡耀邦于死地而后快的阵势。西北局、陕西省委一共召开了 13 次批判胡耀邦的会议。胡耀邦在会上检讨了 6 次都未过关。批判会上，罗列胡耀邦的错误有四五条之多，要把胡耀邦朝“右倾路线”上推。

胡耀邦对速记员郭步越交心：“这是万万不能承认的，我虽然个子小，体重轻，但骨头还是硬的。”

在此不能不说胡耀邦与当时安康一位风云小人物的事。

1965 年 3 月 1 日，陕西省首届贫下中农代表大会在西安人民体育场召开。已被评为全国十佳青年之一的安康籍在岚皋插队的知识青年王建元，被省政府、团省委、省教育厅三家邀请到了大会。

此前，王建元的事迹已在《人民日报》、《陕西日报》以整版篇幅刊载。

那天，黑压压的人群在体育场听胡耀邦满怀激情做报告。

正做报告，有三架飞机飞过体育场上空。

听报告的人群中，有太多的人从没见过飞机，都仰起头来向天空张望。主持会议的人大声叫着："请听胡书记的报告，请听胡书记的报告。"但是，人们依然向天空张望。

这时，胡耀邦笑了，待飞机飞过，他说："大家都没有见过飞机。过去可能也有人见过飞机，那是日本人轰炸我们陕西陕南时见过的。现在，我们看的是人民的飞机，是我们自己的飞机啊。我建议，今天的报告明天做，下午，大家去参观飞机。大家带好干粮，散会。"这些贫下中农对胡耀邦理解他们心意的决定报以热烈的掌声。

王建元清楚地记得，当天下午，他和与会代表每人领到了两个鸡蛋、两块面包、两根油条，乘着有编号的大轿车去西安飞机场参观。

这些从未见过飞机的人们在机场无比欣喜，许多人上前抚摸飞机，他们笑谈着祖国的飞速进步，享受着幸福时光，也赞叹着这位胡耀邦书记怎么这样理解贫下中农的所思所想。当然，这些贫下中农的欣喜均被西安各报社的记者在闪光灯中拍摄了下来。

胡耀邦听到这些"土包子"没有见过电梯，更没有坐过电梯，又让会务人员组织与会代表乘坐了电梯。代表们沉浸在从来没有过的快乐之中。

王建元是从距安康 180 里外的岚皋县六口公社高峰大队步行到安康城，被安康地委的领导专门安排乘坐安康至西安的飞机而来的。他被西安高校的学生崇拜着，邀请他到各高校做报告的要求不断送到大会组委会。组委会安排王建元到学校做过好几场报告。这引起做过多年青年工作的胡耀邦的注意。

3 月 7 日晚上，所有的代表都去看电影了。一心想成为雷锋式的青年的王建元没去看，他到大会后勤处帮着工人师傅洗碗。洗毕，回到宿舍，在人民大厦东三楼安康代表团驻地写起日记来，他要把几天来的感受记载下来。

正聚精会神地写着，一位穿着短大衣、戴着鸭舌帽的领导走了进来。

王建元听过胡耀邦的报告，知道来人是胡耀邦。

胡耀邦问王建元：“这是安康专区代表的驻地吗？”王建元说：“是。”

胡耀邦对青年成长特别关注，他问：“安康代表团有一个叫王建元的岚皋县的代表在哪里，你能不能给我找来？”

王建元说：“胡书记，我就是王建元。”

胡耀邦的双手握住了王建元的一只手。

胡耀邦和王建元拉起家常，问他的家庭，问他的生活状况。

王建元回答道，自己5岁时，父亲在拉壮丁时惨死，母亲在他十来岁时也撒手人寰。自己工作在海拔2000米以上的岚皋高峰小学，是民办教师，兼着大队的出纳、县上的税收员，自己做饭自己吃。

胡耀邦听后，说：“你这个苦孩子，干得好。中国有句古话叫‘人怕出名猪怕壮’，你现在出名了，比我胡耀邦都有名，大报小报登了你的事迹，学校邀请你做报告。出名之后，更要谦虚呀。”

胡耀邦问他一月收入多少，结婚没有。

王建元回答自己没有结婚（当时王建元24岁），一月工资将近30元，还肩负着供养正上学的妹妹的任务。

胡耀邦追问道：“到底是多少钱？29元是将近，28元也是将近。”

王建元回答：“28元。”

胡耀邦鼓励他好好干：“今后可以派你到中央团校去学习。”

王建元是离不开高峰村的，那里只有两个识字的人，一个是自己，一个是地主的孩子，他要把学生都培养出来。组织上也曾准备调动他，那里的农民给他送鸡蛋，向他跪下请求他不要走。王建元把这些情况都汇报给胡耀邦。胡耀邦连连夸他是好样的。

胡耀邦问他有什么要求。王建元如实地说：“我的关节炎严重，老治不好。”

胡耀邦说：“你是个苦孩子，好好干，党和人民不会亏待你的。”

胡耀邦又问他：“你是安康人，到岚皋去锻炼，你又是贫下中农的孩子，你要说实话，你们那里的群众生活苦不苦？县太爷深入不深入实际？”

尽管农民生活挺苦，也有饿死人的现象，但王建元不敢说，只是说，“我们正在奋斗，正在改变穷苦面貌”。

正当他们交谈时，有几个年轻的工作人员气喘吁吁地走上前来，说：“胡书记，我们分几路找你，西北局通知让你去参加重要会议。”

胡耀邦重重地拍着王建元的肩膀说：“年轻人，好好干，一定要谦虚谨慎哟。”他又使劲地握着王建元的手，之后随着找他的人而去。

后来，岚皋县收到了省委寄来的1000 元汇款单，写明是给王建元治病用的专款。

王建元再一次到西安开会时，曹廷甫说：“胡书记对你太关心了，亲自叮嘱给你寄去了治病的钱。”

西北局对胡耀邦穷追不舍。他在安康、汉中等地的讲话，很快被搜集起来，摘录汇编成两大本“言论集”供大批判用。1965 年 3 月 11 日，西北局书记处召开扩大会议，要求各级领导干部拿出准备好的批判稿批判胡耀邦，并有人上纲上线说他反对国家领导人。一时间批判会的温度直线上升，发言的措辞越来越激烈。

3 月 15 日，胡耀邦给省委和西北局写了一份检查，内容如下。

关于《电话通讯》中所提处理干部问题四条意见的检查报告

省委并西北局：

二月上旬我去安康专区检查工作时，看到面上社教工作中对少数干部斗争错了或者处分过重。当时，为了克服这些缺点，调动广大干部的积极性，集中力量抓生产，二月十四日，我在《电话通讯》中提出要各县在多级干部会上明确宣布这样四条：

“（一）凡属从社教以来被处分过重的干部，一律实事求是地减轻下来。最好选择几个典型，经过大家讨论，重新做出决定，并在大会上宣布。（二）凡属停职和撤销工作但尚未处理的干部，一律先放到工作岗位上去，待问题完全查清或经过一个时期的考验再做结论。（三）凡属去年以前犯有某些错误但已经交代过的在职干部

（包括脱产和不脱产的干部），不再在这次会议上‘洗手洗澡’。只要做好工作，搞好生产，将功补过，就一律不咎既往。（四）凡属这次县的多级干部会议后，继续干坏事的人，不管职务高低，一律从严处理。”二月十七日，刘澜涛同志即在电话中向我提出，这几条意见是很不妥当的，会引起翻案风。当时，由于我思想不通，没有及时采取措施加以纠正。

二月底，我在省委书记处会上传达了彭真同志在电话中传来中央的指示和刘澜涛同志的三次来信后，三月三日省委才向各县发了一个通知。但是，这个通知并没有明确指出四条意见的错误，实际上是在肯定这几条意见的情况下，做了些修修补补，从而使这个问题错上加错。

我对干部问题的几条意见，是有严重片面性的，是错误的。既没有首先肯定面上社教中对干部的处理多数是正确的，而对这些确属处理不当的，又没有强调具体分析和区别对待，反而笼统地不妥当地提出了几个“一律”。这样，就容易在干部和群众中造成一种要纠偏的错觉。如果大家都不加分析地这样做去，就会引起思想上的混乱和助长翻案风。

为了彻底纠正我的这个错误，我建议：

（一）立即通知西安市委，各地、县（市）委，明确告诉他们，我在《电话通讯》中提出的关于干部问题的几条意见是缺乏分析的，错误的，必须停止执行。守一同志就我的《电话通讯》，在他给省委书记处的信中所说的关于干部处理问题的几条意见，也是不妥当的，也必须停止执行。

（二）在全省各县多级干部会上已经减轻处分的干部，一般的暂时不再变动。但要告诉他们努力做好工作，认真将功补过。

（三）对犯有“四清”错误的干部的处理，应当坚决按照“二十三条”的有关规定办事。对真正斗错的人，应按刘澜涛同志二月十六日在长安社教工作团干部大会上的报告中所说的原则处理。

我来陕西工作不久，许多基本情况没有弄清，对于这样重大的政策问题事先既没有经过省委会议正式讨论，又没有向西北局请示，就轻率决策，并以个人名义，一直下达下去，这从思想上和组织上检查，都是非常错误的，我应该从中接受教训。遇事注意分析，注意多谋善断，努力避免片面性，认真地把自己置于集体领导的监督之下，认真地执行向中央和西北局的请示报告制度。

是否妥当，请示。

胡耀邦

一九六五年三月十五日

但这仍不够，检查仍不深刻。陕西省委已感到莫衷一是，干脆给西北局和中央写出一份请示，请其明示。

陕西省委报送《胡耀邦同志关于〈电话通讯〉中所提处理干部问题四条意见的检查报告》的请示

西北局并报中央，加发西安市委，各地委，各县（市）委：

省委同意胡耀邦同志关于《电话通讯》中所提处理干部问题四条意见的检查报告。这四条意见和赵守一同志就《电话通讯》写给省委书记处的信中关于处理干部问题的意见，都是缺乏分析的，是错误的。省委在三月十六日已口头通知各地停止执行。

省委在这样重要的政策性问题上，没有经过集体讨论，也没有向西北局请示报告，就急急忙忙转发各地执行，这不论在思想上和组织上都是错误的。省委书记处多数同志，当时对胡耀邦同志处理干部问题的四条意见，没有提出不同意见，有的还表示赞同。赵守一同志认为，他在二月十七日写给省委书记处的信中，还提出了几条补充意见，更是有错误的。在中央和西北局指出上述错误之后，经省委常委会议讨论、由书记处审阅签发的三月三日的补充通知，仍未从根本上加以纠正，从而使这个问题错上加错。我们决心记取这个教训，继续采取措施，在实际工作中彻底纠正这个错误。

省委认为，当前阶级斗争和生产斗争，情况复杂，任务繁重，需要我们经常保持清醒的头脑，对待任何问题，都必须加以分析，努力避免片面性，反对形而上学。在今后工作中，必须坚持向中央、西北局及时反映情况，严格请示报告制度，在中央、西北局的密切领导下搞好工作，力争少犯和不犯重大错误。必须坚持集体领导，坚持由党的集体而不由个人决定重大问题的优良传统。

妥否，请西北局、中央指示。

中共陕西省委

一九六五年三月三十一日

（发至县级党委）

附：胡耀邦同志的检查报告。

胡耀邦是一个有着坚定信念的人，对于见惯了的政治风雨并不在意，在极度困难的情况下坚持继续工作。每天依然是早上6时起床，晚上直到12时以后方才休息，白天没有午休。在这个职业革命家的生涯中，节假日他是从不休息的。工作强度如此之大，工作又太不顺利。从安康离开，到汉中调研回到西安后，西北局对胡耀邦“不搞阶级斗争的路线错误”越批越烈，一共召开了13次批判会。他在会上检讨了6次都没过关。3月18日，胡耀邦突发蛛网膜炎，住进陕西省医院治疗。但陕西省委还是于3月31日寄出了这份检查报告的请示。

6月10日晚到6月11日清晨，胡耀邦和郭步越一宿未眠，郭步越协助胡耀邦字斟句酌，整理出胡耀邦在陕西省委常委会议所做的最后陈词。这既是胡耀邦的答辩，也是他的申诉。

胡耀邦当晚对郭步越讲，他和西北局主要领导的分歧其实是一个“倾”字。西北局主要领导要他承认犯了“右倾错误”（所谓“右倾错误”，就是路线错误。在那个时代，最大的错误莫过于路线错误了。一旦犯了路线错误，就要被打翻在地，再踏上一只脚，永世不得翻身的）。胡耀邦说：“这是万万不能承认的，我虽然个子小，体重轻，但骨头还是硬的。”

时间磕磕绊绊地往前走。1965年6月中旬，叶剑英元帅偕张爱萍将军来西安召开高级军事会议，知晓胡耀邦颅压正高，整天头痛不止。叶剑英到医院去探问他时说：“听贺老总说，陕西这个地方在整人哪。”

叶剑英深知政治斗争的残酷，建议他回北京。

胡耀邦摆手说走不脱，说前些天毛主席还派了北京的医学专家来看过他，现在感觉好些了。

叶剑英临别时，要求胡耀邦送他到机场。到了机场，他让胡耀邦和他再聊一会儿。他将胡耀邦拉进机舱，舱门就关了。叶剑英命令飞机起飞。

胡耀邦急了，说自己什么都没带。叶剑英说："这我不管。"

1965 年 6 月 20 日，胡耀邦在叶剑英的"挟持"下回北京治疗，暂时离开政治斗争的旋涡——西安。

7 月，中共中央办公厅安排胡耀邦去北戴河疗养，以慰其疲惫之心。

胡耀邦虽然离开了西安，但批判胡耀邦的运动似乎一天也没有停止过……

1965年9月。安康。

遵照西北局、陕西省委的指示，1965年9月，安康开始对胡耀邦进行专题批判。

"走路、吃饭，都不要议论"，"单单片片要注意自行销毁"。透过这文字不多的"会议保密制度"，可以想见当时的政治气氛和如临大敌的场景。

历史的烟云已经散尽，今天我们可以通过档案材料洞若观火地看看昔日批判的残酷，或做一番长吁短叹，或一览有些人看风使舵的劣根性、落井下石的"本领"、黑白颠倒的手段，亦可看出不少智者的斗争技巧、浊世中的人性光辉。

当批斗会转入肃清"习仲勋反党集团""罪恶影响"的时候，有人提出胡耀邦和赵守一是两个坏人勾结在一起，是"高、彭、习反党集团"的人。当时的安康地委书记韦明海站出来说："不能把'高、彭、习'的问题和胡耀邦同志的错误扯在一起，这是很不妥当的，是性质不同的两个问题，不能混为一谈。"正是由于韦明海的发言，一锤定音，才没有把胡耀邦推向"高、彭、习反党集团"行列。

1965年4月，中共西北局召开了兰州工作会议，通过了《关于西北地区社会主义教育运动的情况和今后部署的意见》，对胡耀邦的错误指出有四条。中共陕西省委举行省委常委128次会议（扩大），在《纪要》上对胡耀邦的“错误”列举了五条。所列“错误”都是以胡耀邦2月14日在安康起草的《电话通讯》为根据的。这份《电话通讯》白纸黑字，成了批判胡耀邦的口实和把柄。

为了彻底肃清胡耀邦的“流毒”，西北局和陕西省委对《电话通讯》的原发地安康格外重视，派出由中共陕西省委书记处书记严克伦，西北局陶健生、刘克俭等人组成的工作组，于1965年9月21日召开“中共安康地委常委（扩大）会议”，系统、全面地对胡耀邦进行批判。

这次会议为时半月之久。中共安康地委办公室为此编印了“绝密材料，注意保存”的批判胡耀邦安康之行的《情况简报》27份。基本上是半天出一期。

历史的烟云已经散尽，今天我们可以通过档案材料洞若观火地看看昔日批判的残酷，或做一番长吁短叹，或一览有些人看风使舵的劣根性、落井下石的“本领”、黑白颠倒的手段，亦可看出不少智者的斗争技巧、浊世中的人性光辉。

参加1965年9月21日安康地委常委（扩大）会议的人员是——

安康：崔锦议；汉阴：张继武；石泉：高志宏；旬阳：马凤来；紫阳：蔡俊卿；平利：陈进华；岚皋：张如乾；白河：阎松保；宁陕：任自斌；镇坪：李德桐。

西北局工作组：陶健生、刘克俭。

安康地委：郭毅（当年2月之后，郭毅由安康县委书记升任地委副书记）、孔芳修、刘涛、卢加谋、王锦、刘文彬、王万有、郭寿岳、石如璧、段宏勋、张光明、常兴隆、高忠秀。

党校：吴贵学。

报社：牟广钧。

军分区：杨自强。

政法系统：师文光（公）、梁丕显（检）、蒙仲奇（法）。

邮电局：张金香。

安康专员公署：黄克礼、吴仲璧。

财贸系统：修华（财贸部）、孙杰（供销社）、陈永昌（外贸）、钦海江。

安康专区49人。

县上10人。

共计59人。

召集者：王万有、崔锦议。

记录者：谢英勉、王作斌。

地址：地委三楼会议室（就是2月间胡耀邦来安康给十七级以上干部讲话的地方。半年前大家全神贯注地听着胡耀邦的报告，半年后在同一个地方口诛笔伐胡耀邦。历史就是这样叫人唏嘘不已）。

参加会议的当然还有韦明海。

会议的目的很明显，把听过胡耀邦讲话的人都要请来"洗脑"，肃清其"流毒"。

通过《情况简报》，可见许多没有出现在名录中的若干单位的负责人也到扩大会议上来发了言。看来，扩大会议是随时扩大的，涉及肃"毒"，是不能有一点遗漏的。

扩大会议任务有二：一是主要检查今年（1965年）1月以来，在省委的错误指导思想下对安康有些什么影响，表现在哪些方面、哪些问题上。"总结经验，吸取教训，澄清思想，提高认识，不一定都要层层检讨追究责任。"

"不一定都要层层检讨追究责任"。这是一种冠冕堂皇的语言，往往需要从反面来理解，从简报来看，实则是人人检讨，个个检查。

二是进一步正确对待肃清"习仲勋反党集团"的影响。严克伦书记讲："必须认识到'高、彭、习'等反党分子在西北地区工作时间长，一贯实行右倾机会主义路线，影响很深，有其思想根源、社会根源和阶级根源。我们没见其人，不等于没有受过他们的影响。例如他们的山头主义、地方主义等等，就是反对党中央、反对毛泽东思想的。必须彻底肃清他们的遗毒。"

别看这段平常文字，它险些把胡耀邦推到了"高、彭、习反党集团"行列之中。

经过一天半时间的领导动员、学习文件之后，这些曾主宰过安康一方土地的官员们，曾学过辩证法的官员们，在一种号令的鼓动下，几乎是一个腔调、一种声音，对胡耀邦的安康之行发起猛烈的批判，也可以称作批判对象没有在场的猛烈的缺席攻击。

胡耀邦不是在安康讲了社教中存在的许多问题吗？我们的官员就大谈社教以来取得的成绩：整顿了多少班子，打了多少尖子，刹了几股黑风，抓了多少退赔和干部借款归还，从阶级敌人手中夺回了多少政权，纠正了多少单干风……但胡耀邦提出的问题是实实在在存在于现实之中，不能睁着眼睛不承认呀。怎么办？这些人这时是会“辩证”地看问题的——

“但是，运动中也有一些问题，不是主流，不是本质问题。主要是对阶级斗争问题看得过了一些，对犯错误干部热情帮助和区别对待不够，对两类矛盾还区分得不清，经济退赔要求得过急，在阶级斗争中，对有些问题有简单化、庸俗化的缺点。这些问题，都是支流，也是不难纠正的，事实上已经纠正或正在纠正。”

胡耀邦大声疾呼的对干部的正确处理，就这样轻描淡写地以支流问题而一笔带过了。

胡耀邦不是在安康倡导用经济效益来衡量领导干部，主张“这领导那领导，一切增了产的领导是过硬的领导，这干部那干部，增了产的干部就是好干部”吗？胡耀邦不是根据安康乃至陕西的情况，因时因地提出“两手抓，双丰收”的口号吗？我们的官员就批判他不讲阶级斗争，只讲经济。

当时西北局的领导们批胡耀邦的“两手抓，双丰收”观点时，有一句妙语：一手抓粮食生产，一手抓多种经营，哪只手抓阶级斗争呢?！安康的官员自会发挥：“这样不符合中央提出的‘抓革命，促生产’的方针，把我们引上错误的方向。而且也不符合以粮为纲，多种经营全面发展的方针。”

安康在 1964 年 9、10、11 月间，曾遭连阴雨 80 天，粮食巨幅减产。

胡耀邦到安康之后，一个不可改变的客观事实是极大地焕发了人们的热情，生产形势比以前好多了。有资料显示，1965 年，安康地区的粮食产量达 10.68 亿斤，比 1964 年的 6.99 亿斤增长了 52.8%，创造了当时的历史最高水平。蚕茧、茶叶、苎麻、植树造林，要么大幅增长，要么成倍增长，夏季育桑万余亩，更是安康历史上破天荒的事。工交、财贸等一时形势好转。这与胡耀邦来安康激励人心、放宽政策都有关。

但这成绩怎么能归功于胡耀邦呢？我们的官员说：促成今年农业生产新高潮的，虽有种种因素，但是归根到底，主要是中共中央八届十中全会以来，在西北局和省委的正确领导下，抓了阶级斗争、两条道路斗争的结果，是

“二十三条”的伟大威力，是今春以来各级党委在生产上确实抓得突出，抓得具体，是广大干部和群众付出了艰苦劳动的结果。去冬面上社教成绩巨大，必须充分地予以肯定，那种挑挑剔剔，什么“清醒不足，坚决有余”的说法，是不切合实际的。

那个时代时兴阶级斗争一抓就灵，大丰收成了抓阶级斗争的结果。“清醒不足，坚决有余”，是胡耀邦批评陕西一度只抓阶级斗争不抓生产的话，现在成了胡耀邦的罪行。

1965年初，胡耀邦和陕西省的领导从周总理那里争取到减少陕西3亿斤公购粮的指标。回到西安，胡耀邦要求把减下来的3亿斤粮食征购指标层层分解到各地、县、区、公社，直到生产队。

正是在这样的背景下，胡耀邦来安康时宣布减少安康的征购任务，并依据陕西的种植习惯、气候特征，宣布安康从此不再有棉花的征购任务。这对贫困的秦巴山区人民不啻是一种福音。可这也不对，成了决定问题信口开河、有点冒失的证据。说他凌驾于组织之上，乱表态，不严肃。

胡耀邦是一个热情奔放，可以把心掏出示人的人。在安康讲话时，说到毛主席和苏联的柯西金谈了三条意见，说到安康是“三线”建设的重点，要建立不少工厂的。他的讲话意在鼓励安康人民的斗志。现在这也成了错误，“在讲话中有失密现象”。真是少见多怪！欲加之罪，何患无辞！

胡耀邦反对教条主义、本本主义，要求汇报的人不要照本宣科，而是冲口而谈（这是毛泽东主席鼓励的一种风气）。这也成了胡耀邦批评过的人现在批他的说辞。

胡耀邦的安康之行，是发过几次脾气的，特别是在旬阳，当听到旬阳商业部门因群众把商品销往价格高的湖北而对其围追堵截时，胡耀邦大发雷霆，说：“这是死官僚！反党！反中央！”胡耀邦的激愤之词成了批判的材料，说胡耀邦的讲话，把人吓慌了。

胡耀邦泼辣务实、不辞劳苦、刀下见菜的工作作风着实给安康的大部分干部留下深刻的印象。扩大会（实则批判会）上虽然多是随声附和，按照授意挞伐胡耀邦，但许多人却掩饰不住对胡耀邦的敬意，或者批着批着就批走了调，不觉又对胡耀邦的精神肯定了起来。

譬如一位同志介绍胡耀邦到安康的情况——

“耀邦同志是二月六日来到我区，从宁陕、石泉到汉阴，二月十四日离去。八天（不算回程在石泉的调研）跑了七个县，当时各县正开县委扩大会议；有的是多级干部会议已经开始，大部分县即将开始。胡耀邦同志同九个县的常委以上的同志，同专区十七级以上的同志见了面，分别开了座谈会，和五个县公社书记、社长以上的同志，专区机关的全体干部见了面，做了报告，直接听到报告的人恐怕有万人左右。有条件的地方都向各级干部放了报告录音；没条件的地方，也都先后传达了报告的记录稿。当时全区从干部到群众、从城镇到农村，胡耀邦同志的讲话和活动成了舆论的中心，震动很大，影响较深。以上是说影响的面。"

在安康的历史上，在胡耀邦来安康之前和之后，来过许多高级领导，来过许多干部公仆，这些人多是白天听听汇报，到几个地方参观指导一番，晚上到安康汉剧团看看汉剧而已，有谁能像胡耀邦那样夜以继日、马不停蹄、风风火火地工作，为群众解决难题？他们在胡耀邦面前都会感到汗颜，感到惭愧的。可就是这样一位亘古少有的好公仆，却屡遭风雨。面对胡耀邦，我们该有多少喟叹哟！

一位当时的官员发言："我在佐龙（安康县的一个小镇）时，群众齐声称赞胡耀邦。这是因为胡书记来安康，一、减少了公购粮任务；二、免了棉花征购任务；三、开放了市场；四、释放了关押干部，特别是处理干部的'四条规定'、'三个暂停'。"

当时紫阳县的一位领导是这样发言的：

"胡耀邦同志没去紫阳县，是派何侠同志（陕西省民政厅在给省委、省政府报告全省灾情后，派出工作组到灾区检查，何侠到了紫阳）去指导我们开会的，胡耀邦同志在石泉的讲话记录稿，是何侠同志传达的。何侠同志还以自己的口气在'四干会'上做了动员报告。胡耀邦同志在安康县多干会上的讲话，我们向'四干会'做了传达，并且又放了报告录音。胡耀邦同志在安康发出的《电话通讯》和赵守一同志提出的四条补充建议，我们原原本本地向'四干会'做了传达。县委常委除两名在家主持开会外，都来安康听了胡耀邦同志在专区和安康县干部大会上的报告和给安康县多干会的报告。紫阳县的'四干会'是根据省委一月工作会议和胡耀邦同志的指示精神召开的。我们在执行中有不足的地方，也有发挥的地方。因此，胡耀邦同志的错误在紫阳的影响也是很大的。干部在估计那次四干会议时说：‘这次会议是解放以来开得最好的一次会议。’”

“解放以来开得最好的一次会议”。能够畅所欲言，能够凝聚人心，能够解决问题，能够心情舒畅的会议是不是才可以称作那样的会议！胡耀邦在安康的许多设想都被接下来的政治斗争和接下来的“文化大革命”耽误而未能实施。假如——历史没有假如——能按胡耀邦的思路来办事，那安康不知是一种什么发展速度，一种什么繁华盛景。

一位主管教育的官员在揭批胡耀邦时发言举例：一些教师听后（指听了胡耀邦的报告），对学校中搞思想革命，抵触情绪更大。安师有个教师在讨论中说：“十五年来我心情没有舒畅过，我含着眼泪一个字一个字地听胡书记的报告。”

能含着眼泪一个字一个字听报告，那报告必然是能打动人心的报告。

孙杰是安康专区供销社的主任，他从安康七里沟上船陪胡耀邦走了“东三县”（旬阳、白河、平利），亲眼见了胡耀邦的作风。他发言道：

“从安康随胡书记向东走了三个县，听了报告，并汇报了工作，回忆起来对自己影响很大。当时所感到的是：我还没有见过高级干部像他那样处理问题干脆，干劲大，从他身上看到了总路线精神，夜以继日，走路也不忘工作，确实很紧张，值得自己学习。但也有些怕，给他的汇报不准拿本本，所以汇报前要背材料，汇报中又提心吊胆。虽说紧张，怕，但仍感到很高兴，受了教育，开了眼界，从内心感到高兴。”

这已不是批判，而是对自己所敬仰的人的心灵独白。

时隔43年后我去采访这位已经87岁高龄的老人时，他对胡耀邦的崇敬依然不减。说：“中国的官员都像胡耀邦一样，雷厉风行，说干就干，那就没有什么事干不成了！”

在扩大会上，还是有人敢于说话的，把批判会变成摆理会，评摆胡耀邦的功绩，传达群众的心声。

有一位姓何的干部说：“耀邦同志来时，我正在旬阳蹲点，未听上报告，很遗憾，到处打听讲了些什么。专区的一个同志谈，胡书记说他‘五十岁了’，再工作十五年，就成了‘地下’党员了，‘八天跑了七个县，我想休息，全省人民不叫我休息’。又说胡书记白天黑夜地工作。听了这些以后，对自己感动很大，自己也要好好工作。当时工作组有的同志说：省上和西北局来过很多负责同志，都没有耀邦同志这样到处讲，很解决问题。当时有些群众说：‘省上来了个大干部，也不来我们这里，如果来了，我们的口粮也可能提高。’”

没有听到报告觉得很遗憾，到处去打听；对胡耀邦白天黑夜工作的状态很感动，自己也要好好工作；胡耀邦同志这样到处讲，很解决问题，群众盼望着胡耀邦也到他们那里去，去了能解决实际问题。这传递出的是什么信息？是崇敬，是盼望。这是发自内心的。而对胡耀邦的指责是在别人的强使下、诱导下，违心而论。两相比较，一个真切，一个无奈。高压大棒，并不能使人心服口服，一心为民，公道自在天地民心。

胡耀邦和妻子李昭合影

“文革”中，胡耀邦被打倒。他语妻子：“我这个人，这辈子是立不了功了。”他和全国人民一起经受着空前的浩劫。

——截屏自2010年5月初香港凤凰卫视中文台《我的中国心》栏目

当批斗会转入肃清“习仲勋反党集团”“罪恶影响”的时候，有人提出胡耀邦和赵守一是两个坏人勾结在一起，是“高、彭、习反党集团”的人。韦明海站出来说：“不能把‘高、彭、习’的问题和胡耀邦同志的错误扯在一起，这是很不妥当的，是性质不同的两个问题，不能混为一谈。”正是由于韦明海的发言，一锤定音，才没有把胡耀邦推向“高、彭、习反党集团”行列。

通过当年的材料，我们隐约可以看出，当年西北局是急于或者千方百计要把胡耀邦推到“高、彭、习”行列的。当年的第一期《情况简报》上载有当时省委严克伦书记的发言——

> 严书记又讲了如何正确对待肃清“习仲勋反党集团”的影响问题。他说：“我在汉阴县听西北局工作组的老张同志说：大家在讨论习仲勋反党问题时，一些同志认为，自己和高岗、彭德怀、习仲勋等反党分子不认识，没见过面，没直接接触过，似乎没大关系，没什么意见就过去了。这种思想状况是带普遍性的问题。这是值得我们注意的！必须认识到‘高、彭、习’等反党分子在西北地区工作时间长，一贯实行右倾机会主义路线，影响很深，有其思想根源、社会根源和阶级根源。我们没见过其人，不等于没有受过他们的影响。例如他们的山头主义、地方主义等等，就是反对党中央、反对毛主席思想的。必须彻底肃清他们的遗毒。我们必须用毛泽东思想来建设我们的党。应当提到这个高度来认识。”

中共安康地委于1965年10月6日给中共西北局、中共陕西省委上报了《中共安康地委常委会议（扩大）纪要》。这份纪要是按照西北局的授意先后经过四次修改写成的，批判了胡耀邦在安康提出的解放思想、解放人，放宽政策，搞活经济等正确观点，基本上全盘否定了胡耀邦的安康之行。

中共西北局在这个时候要求安康召开这样的会议、报送这样的材料，是有其目的的，那便是想在接下来的中央关于西北问题的会议上将胡耀邦彻底整垮。

1965年6月底，胡耀邦回北京养病。但他到陕西主政200余天的事，时时在脑海中过电影。他思考着自己在这期间的工作、讲话到底违背没违背中央的精神，到底是为人民的多还是为个人私利的多。他翻阅他在陕西的讲话记录稿，翻阅在安康调查时的讲话记录稿，翻阅在安康发出的《电话通讯》，他认为自己的言论和举措，是经得起历史检验的，是出以公心的。

西北局、陕西省委、安康地委开会批判胡耀邦的消息也都通过不同的渠道传到胡耀邦那里。胡耀邦感到，从拉开的架势来看，事情不会结束，很可能还有发展。一股受了巨大委屈的心情，促使他写成了一篇长篇发言，他要在适当的时候向中央申诉。在发言稿中，他阐明了自己那些政策主张的依据，驳斥那些批判他的言论的荒谬。

10 月初，胡耀邦接到中央通知：西北局书记处和陕西省委书记处的部分成员，正在北京参加讨论第三个五年计划的中央工作会议的同志，10 月 6 日，将由中央书记处主持召开有关西北的会议，请当事双方来谈争论的情况。请胡耀邦出席。

西北局的许多材料便是为此次会议准备的。

10 月 6 日，胡耀邦带着厚厚一摞材料来到中南海。走进会议室，他看到偌大一个会议室里只有中共中央总书记邓小平一个人坐在那里。胡耀邦更感到意外的是，邓小平告诉他："你们的争论搁下，不要谈了。你不要回陕西去了，休息一段时间，另外分配工作。"

胡耀邦向邓小平提出："中央是否给我做个结论？"

邓小平说："没有必要。"

胡耀邦又说："陕西省委常委（扩大）会议纪要已经发下去了，还要在十七级以上党员干部中肃清我的'流毒'呢！"

邓小平说："他们说的不算，中央没给你做结论。"

胡耀邦提出："是否把总书记今天讲的这几点形成一个文件发下去？"

邓小平说："没有必要。"

就在邓小平同胡耀邦谈话前的 1965 年 10 月 2 日，中共中央已经发出通知，免去胡耀邦的中共中央西北局第二书记、陕西省委第一书记的职务，任命浙江省委书记霍士廉为中共陕西省委第一书记。

胡耀邦仍回共青团中央工作。1965 年 12 月，他出席了首都青年纪念"一二·九"30 周年大会。这是他"文革"前最后一次在媒体上正式露面。

接下来，胡耀邦便被"文革"大潮所裹挟，同全民族一样，遭受着空前的浩劫。

1966年6月，轰轰烈烈的“无产阶级文化大革命”开始，胡耀邦、赵守一、李启明被拼凑成西北的“三家村”，说成是“彭、高、习黑线”人物。1966年7月15日至8月5日，陕西省委召开扩大的四届五次会议，按照西北局制定的调门，揭批胡、赵、李。会议结束时做出决定：撤销赵守一、李启明等人党内外一切职务，在报纸、广播和群众大会上公开进行批判。在这次会上，与胡耀邦素昧平生的陕北红军老干部，省委常委、省政法委主任刘自义仗义执言，被扣上“胡耀邦分子”的帽子，逼得他在会场上吊自杀。这是第一位为胡耀邦的超前改革付出生命的义士和英雄。

远在安康的与之有牵连的人也未能幸免于难。安康发生了震惊全国的武斗。两派武斗残杀，旷古少见。周恩来总理为了平息安康武斗，1968年5月初不得不发出“五九指示”。几乎是全程接待过胡耀邦的韦明海被“革命群众”批斗，说他追随胡耀邦、包庇胡耀邦。有造反派翻出地委写给省委的报告，说当时是怎么写的，经你韦明海一修改，成了什么什么，这不是追随胡耀邦、包庇胡耀邦的错误又是什么？

而曾经得到过胡耀邦关照的安康知识青年王建元亦被揪出来批斗，说他是胡耀邦安插在安康的爪牙。批斗王建元时，王建元已不叫王建元，而成了“王千元”。就因为胡耀邦亲自叮嘱省上有关部门给王建元拨了1000元的治病款。

胡耀邦和华国锋、叶剑英在一起

——截屏自2010年5月初香港凤凰卫视中文台《我的中国心》栏目

1966年胡耀邦暂别中国政坛，起因多种，但他的安康之行不能不说是一个导火索。可以这样说，胡耀邦的政治生涯是自1965年的安康之行暂时走向低谷的。

1976年，中国结束了长达十年之久的“文革”，历史翻开了新的一页。胡耀邦在中国政坛开始发挥越来越重要的作用——

1977年3月，胡耀邦任中共中央党校副校长；8月，在党的十一大上当选为中央委员；12月，任中共

中央组织部部长。其间，领导了具有深远意义的“实践是检验真理的唯一标准”大讨论活动。

1978年12月，党的十一届三中全会召开。全会做出了把全党工作重点转移到社会主义现代化建设上的战略决策。全会确立了“解放思想、实事求是”的思想路线，否定了“两个凡是”的错误方针，果断地停止使用“以阶级斗争为纲”的错误口号。在这次全会上，胡耀邦当选为中共中央纪律检查委员会第三书记，随后任中共中央秘书长兼宣传部部长。他以非凡的气度，协助中央，给全国200多万个“走资派”平反，给全国55万多个“右派分子”摘了帽子，给70多万个“资本家”恢复了工商业者、劳动者的身份。刘少奇、彭德怀、贺龙、习仲勋、彭真等老一辈无产阶级革命家的冤假错案被平反昭雪。

1981年6月27日至29日，中共中央十一届六中全会上，胡耀邦当选为中央委员会主席。

在一个历经了“文革”灾难而后需要拨乱反正的时代，中国共产党、中国人民选择了胡耀邦。一个风发踔厉的新时代、一个百废俱兴的新纪元、一个人心舒畅的新时期徐徐拉开了序幕。

在这里，作者以为有必要介绍与胡耀邦有关联的两位人物的情况。

赵守一，1965年时，胡耀邦同志的老搭档，当年的陕西省委第二书记。当胡耀邦在陕西推行“解放思想、解放人，放宽政策、搞活经济”的超前改革时，他是胡耀邦最坚定最得力的合作者。他在接到胡耀邦在安康发出的《电话通讯》后，第三天上午即写出了赞同的信件给省委。当万里在安徽省推行家庭联产承包责任制时，作为省委书记处书记的他，又是万里最坚定的支持者和合作者。后来，他在担任劳动人事部部长时，又率先进行了劳动制度、工资制度和人事制度的改革。

刘澜涛，当年中共中央西北局的主要领导，对《电话通讯》首先责难并穷追不舍的人物。“文革”后调北京工作，在北京找不到房子。此时的胡耀邦是政治局委员兼秘书长。秘书长管房子。胡耀邦把高岗过去在大连住的公馆批给了刘澜涛住。有人不同意，说高岗公馆是中央人民政府副主席的规格，怎么能让刘澜涛住呢？胡耀邦说让他住了算了。胡耀邦的胸襟可见一斑。

■ 1985 年 3 月。北京。

安康籍的新华社记者万武义，写出了《被干部们遗忘的穷困角落——陕西汉阴县太平村见闻》等关于安康地区的四个调查材料，发表于新华社内参。

胡耀邦在 1985 年 3 月 24 日阅后批示：“安康地区的问题，省委应切实摸清情况和提出主张。”

习仲勋于 3 月 26 日批示：“据知，陕南不止这一个‘穷困角落’，希望派人下去好好摸一下，力争今年内改变这种情况。”

作者与新华社记者万武义（左）先生合影

1984 年秋到 1985 年春，从安康走出的新华社陕西分社记者万武义，在生他养他的土地上做了深入的调查研究，以记者特有的敏锐眼光，以一种睿智、一种担当心和对人民负责的勇气，写出了《被干部们遗忘的穷困角落——陕西汉阴县太平村见闻》、《对山区贫困现状要有足够的了解》、《在一串串增长数字面前要保持清醒头脑》、《警惕新形势下“旧病复发”》等关于安康地区的四个调查材料。

万武义 2008 年获第九届韬奋奖。十个获奖人中他名列第一。这四个调查材料是他折桂的主要原因之一。

新华社以内参的形式将调查材料呈送给中央领导。

或许是调查材料反映的问题太典型、太触目惊心，或许是胡耀邦看到他 20 年前去过的安康、汉阴、旬阳、平利这些地方太熟悉，1985 年 3 月 24 日，胡耀邦在《对山区贫困现状要有足够的了解》一文中批示道——

中央要电话告诉白纪年同志，安康地区的问题，省委应切实摸清情况和提出主张。

时隔一天，胡耀邦在《被干部们遗忘的穷困角落》一文中批示道——

请仲勋同志和白纪年同志联系一下，问清这个情况，并要问问各级领导干部作风究竟如何。

白纪年时任中共陕西省委书记。习仲勋时任中共中央政治局委员、中央书记处书记。

两天两次批示，除了用寝食不安、不能释怀来解释，还能用什么来解释呢？安康，是胡耀邦20年前去过的地方，是胡耀邦提出“两手抓，双丰收”的地方，是胡耀邦代表安康省委免去了棉花征购任务3000担的地方，是胡耀邦解放了一大批干部的地方，是胡耀邦提出安康大有希望的地方，时隔那么多年，为什么还是这种状况呢？

3月26日，习仲勋在《被干部们遗忘的穷困角落》一文中批示道——

告之民政部和陕西省委注意，除安排安康地区现在的口粮，一定要把今年的生产抓上去。据知，陕南不止这一个“贫困角落”，希望派人下去好好摸一下，力争今年内改变这种情况。

3月27日，习仲勋在《警惕新形势下的旧病复发》的调查报告中批示道——

纪年同志，请在整党中先解决这个地区的干部问题，经过民意测验把那些关心群众、廉洁奉公的干部选上来；对极少数违法乱纪、敲诈勒索的干部要严肃处理。否则，生产上不去，党风整不好。请你们连同耀邦同志的批示一并研究解决。

胡耀邦曾把当时的陕西省委书记白纪年、省长李庆伟召到北京。

胡耀邦在谈话中要求“贫困山区的扶贫帮困工作要抓起来。我们是要允许一部分先富起来，但共产党人最终要实现共同富裕。过去共产党人打天下，经常走村串户，现在，我们共产党人依然要怀着深厚的感情走村串户，访贫问苦，帮助贫困山区的人民脱贫致富”。

正是在胡耀邦、习仲勋两位中共高层领导的亲自督察下，安康地区得到了中央、省上的许多实质性支持，群众生活难关得以渡过。也正是由这件事起，全国开始了大规模的造福亿万农民的扶贫攻坚活动。

后来，中央和陕西省委派出了强有力的调查组对安康的贫困状况和干部作风进行调查，对于改变安康的贫困面貌起到了良好作用。中共陕西省委于1985年4月8日以〔1985〕16号文件的形式，发出《关于进一步加强贫困落后山区工作的紧急通知》，并全文附录胡耀邦、习仲勋的批示和万武义记者的四份调查材料。万武义记者也由此受到新华社的通令嘉奖。

■ 1985 年 10 月。商洛。

1985 年 10 月，胡耀邦从河南伏牛山一直调研到陕西商洛，离安康一步之遥，却没有跨入安康。他向曾两度到安康采访的新华社副社长郭超人了解安康情况，心系安康人民。

1975 年，当时的新华社记者郭超人曾撰写了安康发展多种经营的通讯报道，报道以大量的事实，验证了胡耀邦十年前曾在安康提出的“两手抓，双丰收”观点的正确性，认为它是安康山区发展生产的指导方针。

1983 年 8 月 4 日，胡耀邦在陕西省委书记马文瑞陪同下参观毛泽东主席在延安枣园住过的窑洞。

——选自《郎宗武摄影作品选集》

1985 年 10 月 21 日至 27 日，胡耀邦视察河南西部和陕南山区 11 个县市，他从伏牛山一路走到秦巴之间。当到达与安康相邻的商洛地区时，他还向随从采访的新华社副社长郭超人询问安康人民的生活情况、安康地区的生产情况，心系他 20 年前来过的安康。

1965 年春安康之行时的胡耀邦，曾希望当年秋天再来安康。安康之行后，他就陷进了无穷无尽的批判之中。这成了安康历史上永远的痛。

1985 年 10 月，离安康一步之遥的胡耀邦总书记未到安康，是工作安排？还是他经过审视之后不来安康？来了安康之后，那些曾经追风批判过他的人，会不会无地自容？会不会难堪尴尬？是不是出于这样的考虑，宽宏大度的胡耀邦才未再度跨进安康？总之，胡耀邦临近安康而未跨入安康。

■ 1989年4月。安康。

这位思想情感如同清澈的泉水般纯净透亮，对什么事情的爱与憎、对什么问题的是与非，都有着鲜明的态度而毫不含糊的人，遽然辞世了。这在安康人民心中激起了巨大的悲痛。查彩岭哭了三天，说：“这么好的人，怎么就这样走了！”

人们在《安康日报》上发表了大量文章，赞颂胡耀邦安康之行解民倒悬的事，称赞他是真正的共产党人。

胡耀邦领导全国人民在为国家富强的道路上所做的功绩，历史将会有公正的评说。

新华社于 1989 年 4 月 15 日发布了中国共产党中央委员会的讣告。讣告说："久经考验的忠诚的共产主义战士，伟大的无产阶级革命家、政治家，我军杰出的政治工作者，长期担任党的重要领导职务的卓越领导人胡耀邦同志，1989 年 4 月 8 日在出席中央政治局会议时，突发大面积急性心肌梗塞，经全力治疗，未能挽救，于 1989 年 4 月 15 日晨 7 时 53 分逝世，享年 73 岁。"

胡耀邦安康之行时，多次讲过"人生七十古来稀"，"七十三、八十四，阎王不叫自己去"，多次表达在为国为民鞠躬尽瘁之后，"参加地下党，去见马克思"。不期然，胡耀邦在73岁的当儿，离开了他无比热爱的祖国和人民。

这位思想情感如同清澈的泉水般纯净透亮，对什么事情的爱与憎、对什么问题的是与非，都有着鲜明的态度而毫不含糊的人，遽然辞世了。这在安康人民心中激起了巨大的悲痛。查彩岭哭了三天，说："这么好的人，怎么就这样走了!"

人们在《安康日报》上发表了大量文章，赞颂他安康之行解民倒悬的事，称赞他是真正的共产党人。

胡耀邦安康之行成了安康人民心头长久的话题。谈起胡耀邦的安康之行，安康人民总是充满了无比敬意、无比欣喜。时隔近半个世纪，安康的不少酒店还把当年胡耀邦在安康的讲话用镜框悬挂起来，作为对这位曾经给安康人民带来实实在在福祉的伟人的怀念。

胡耀邦的安康之行，犹如早春的惊雷，炸散了长期笼罩在人们心头的阴霾，安康的星空一时成为晴朗的星空、欢喜的星空；人们的心头，一时沉浸在舒畅和幸福之中。胡耀邦安康之行带给人民的福祉，将随着岁月的流逝，愈加深远地显现出来。随着安康人民对胡耀邦安康之行了解得越多，胡耀邦在安康人民心目中的地位会越高大、越久远。可以毫不夸张地说，胡耀邦的英名，将与安康山水同在!

附录

在中南海会见胡德平

2008年8月23日上午，我在中南海会见了胡德平。

当日上午9时半，我们全家正准备到北京一名胜地去游览，突然接到一个电话，自称是胡德平的秘书，说“胡部长刚从新疆归来，看过你一星期前邮来的《1965：耀邦早春行》书稿，今日上午约你谈谈”。

2008年8月23日上午，胡耀邦长子胡德平先生（左三）在中南海东侧的会稽司胡同家中约见作者。

《1965：耀邦早春行》（最初书名是《早春惊雷》）初稿写毕之后，就想请胡耀邦的长子胡德平看看，提提意见。我只读过胡德平的文章，不知地址，不知电话。请中国日报社的同志颇费周折地联系上胡德平的秘书。秘书说，“胡德平部长挺忙，你从邮局把书稿寄来看看”。

现在接到了胡部长要会见我的电话，始觉“一切皆有可能”不是一句广告词。问过地址，我们朝中南海东侧的会稽司胡同奔去。

北京真大。出租车司机将我们拉到南长安街口时，已是上午 11 时了，司机只知道大略方向。下得车来，我们走长长的路，就是不得其门而入。给门卫打电话后，秘书说，有司机小张在大门口迎接。

在来人的引导下，我们进了中南海东侧的一个四合院内。胡德平早在院子里等候我们，握手，说：路不好走吧。

让座，让烟。立即有非常朴实的中年妇女（可能是服务员）捧来茶壶茶杯冲茶。

坐下之后，胡德平看看手表，说：“咱们抓紧时间谈吧。”

我简略地介绍了书稿的情况，主要谈了胡耀邦安康之行给安康人民带来了福祉，但由于历史的原因，安康、陕西乃至全国的读者对此知之甚少。

“非常感谢你，花了这么多的精力，把我父亲的这一段历史空白填补了。我父亲‘文革’后的思想资料较多，但之前的资料相对较少，特别是集市贸易，农民为买而卖的论点，不久前我写文章时还谈到，没有你书中写得这么全面、深刻。我父亲在世时是和我谈起这个话题的。”胡德平一定翻读了书稿中胡耀邦关于这方面的论述。

谈到本书的出版，胡德平谈可以先在香港《大公报》、《文汇报》等报刊上寻求发表，在大陆外出版影响亦大。

我则希望最好在大陆出版。我们安康人非常热爱胡耀邦，可惜许多人并不了解胡耀邦在安康的全部真实细节。出这部书的目的就是希望更多的人了解一个完整的真实的胡耀邦。

我介绍胡耀邦给安康人民带来的实实在在的好处：免掉棉花征购任务、修汉江大桥、建旬阳新城……我请胡德平有暇到胡耀邦去过的安康走走看看。

胡德平说，这些都体现了胡耀邦的远见。安康人民真好。

相谈甚欢。

胡德平让警卫员拿出厚厚两大本由他母亲李昭题写书名、盛平主编、香港泰德时代出版有限公司出版的《胡耀邦思想年谱 1975—1989》，又送我们

一盒铁盒霍山黄芽茶和一盒天福茶月饼。我说，“书我收下，其余的就不要了”。胡德平和蔼地说，“中秋节马上就要到了，你们一家在北京吃吧”。

我们提出合影。胡德平说，刚才交谈时拍照多好。我们重新坐下交谈，请司机同志为我们合影。

临别，胡德平把我们引到胡耀邦生前在中南海的会客厅。那是胡耀邦生前会见外国政要和国内不少领导人的地方，据称一切如旧。我们向胡耀邦的半身铜像深深鞠躬致敬。

胡德平让他的司机送我们回北京西站马连道茶城的住所。

2008 年 8 月 23 日下午速记

郭步越采访记

2009 年 2 月 14 日，我在西安采访了当年随胡耀邦到安康调研的速记员郭步越。突然想起，44 年前的今日，胡耀邦在安康起草了使他的人生走向转折点的《电话通讯》。而这份文件正是胡耀邦口述、郭步越笔录的。冥冥之中竟有这样的巧合！

2008 年 11 月间，通过安康市档案局局长魏顺奇、宁陕县档案局局长沈兰虎提供的资料，我知道了当年随胡耀邦到安康调研的速记员，后来当了省档案局局长的郭步越就住在西安城里。读了郭老发表于《陕西党史》2006 年第 4 期《亲历亲见》栏目上的文章《随耀邦下乡》，非常激动。想：能联系上郭老，请他看看《1965：耀邦早春行》书稿，肯定会提供更珍贵的细节，使书稿更加完善。得到他的意见，我心才会踏实。

电话打过去，郭老很爽快地答应了："欢迎来西安谈谈。"从电话那端硬朗的声音里，可以感知到郭老性情的豪放、精神的矍铄。

2 月 14 日，我们住在建国路省作协招待所，想住得离郭老靠近点，方便采访他，又不给他带来过多的麻烦。

估摸郭老休息过了，下午 3 点左右，给郭老家打去电话。"郭老出去了，不在家。"正说着，郭老又回家了。我们相约在招待所门口见面。

30 多米外，见一位白发老人走来。我语我妻爱萍："这该不是郭老吧？"

到得门前，郭老望望我们，我们望望郭老。"您是郭老吧？""正是。"

"咱们不来那么多的客套，到你们住的房间去谈吧。"

谈起当年随胡耀邦到安康，郭老陷入回忆之中——

"那时我才 31 岁，胡耀邦大我 19 岁。我们到宁陕那天，是正月初五。头一天接到的通知，第二天就出发。当时我的二女儿刚出生两天，没有二话可说，那个时代谁讲家庭，只讲革命。"

“请郭老过目书稿，你的意见对我太重要了。”

郭老眼睛保养得好，翻阅书稿时不戴眼镜。当看到我写他是胡耀邦的秘书一页时，郭老随手将“秘书”二字画掉，写上“速记员”三字。

我讨教：“速记员是职业吧？”郭老说，“是的”，“许多年前，由于没有录音设备，中央、西北局、省委等机关，都配有速记员”。郭老又说，他为所有到过陕西的中央领导做过速记。在他的印象里，没见过谁像胡耀邦那样夜以继日地疯狂工作。因此，郭老对胡耀邦十分尊敬，甚至崇拜。

报告文学、纪实作品要的是细节。我请郭老讲胡耀邦当年来安康时的若干细节。郭老坦言：“时间太久了，说实话，你说胡耀邦当时穿的衣服是什么颜色，啥样的鞋，端的杯子是什么模样，我确实忆不起来了。我当时是速记员，开会时才记录，不一定每时每刻都陪着书记。到安康时是两辆车，我有时坐在前一辆，有时坐在后一辆，有时又有当地领导陪他，我就到其他车上去了。”

“时间过去44年了，我以为这段历史永远沉没了，你竟然把它写了出来，把胡耀邦许多可贵的思想、可贵的精神保留下来，太不容易了。”郭老鼓励我。我从省档案局王展志处长那里了解到，胡耀邦逝世后，时任省档案局局长的郭步越曾向他们深情忆起胡耀邦陕南之行的事，布置下属要把这段历史整理出来。谁知政治风波骤起，整理出书的愿望就此搁下。

我请郭老将书稿带回家细细翻阅，看过之后再提意见，不必太着急，年岁大了，不能让郭老紧张受累。

2月15日，早晨7时半，我因昨夜整理文字还在休息，郭老就来敲门了，并给我俩带来了早点。

我感到歉疚：“这么早害郭老就来了。”

“我连夜看了书稿，太激动了，早早来，是为了表示我激动的心情。我高兴，找到了知音，”郭老说，“你这书名起得好，卷首的那段题记也好。胡耀邦的安康之行就是早春的惊雷（书稿初名《早春惊雷》），他很早就大胆改革，这是历史的事实。胡耀邦确实是一个不谋私利、一心为着人民的好官！”

“我给你提供不了更多的随胡耀邦安康之行的细节，我掌握有胡耀邦安康之行回到西安之后的一些情况。”这方面的情况正是这本书缺少的，郭老能道其详，我是求之不得。

2009年2月15日，作者与当年随胡耀邦到安康调研的速记员郭步越在西安合影。

王爱萍　摄

“胡耀邦和我们从安康回到西安，当时西北局、陕西省委批判胡耀邦的运动一个接一个，我没有像有的人那样在‘批胡’的会上一言不发，也随大流说过胡耀邦一两句的不是，但那是违心的。当时的政治环境太残酷。在全国人民‘打倒刘少奇’的口号声中，谁没有喊过一两句口号哩。”郭老的真诚中有一种自责。多么可贵的真诚与自责哟！

“你书中写到的代表陕西省委到安康去坐镇开会整胡耀邦的那个省委书记严克伦，其实也是一个弱者，一个受害者，一个受整者。在当时，他是一个受排挤的人，许多棘手的事都派他去处理。严克伦是一个不随风跑的人，是一个敬重胡耀邦的人。越是这样的人，有人越要为难他。严克伦在安康‘批胡’会议上的那段话，是不得已而说的，也是违心的。

“西北局批胡耀邦可残酷了。当时的省委常委、省政法委书记刘自义，就因为说过‘陕西地富名额的比例是按毛主席的指示定的；陕西没有民主革命不彻底的问题；陕西上不去，与胡耀邦没有多大关系，他到陕西才几个月呀！’便被戴上了‘胡耀邦分子’的帽子，经不住政治的高压，他上吊了。

“紧接而来的‘文革’，一些‘胡耀邦分子’，当然，连同‘走资派’们，被集中到‘黑帮培训班’，简称‘黑训班’，后遣送到耀县的大深山去劳动改造。

“省委副书记宋友田被秘密带走。他的妻子海涛是西安市委的一位负责人，让儿子铁蛋去看丈夫在不在办公室，去了几次，宋书记的大门紧闭。回来说给母亲，母亲经受不了打击，喝下大把降压灵，自杀了。而宋友田在劳改的深山里，几十天不与人搭话，怕牵连别人……”

讲到这儿，郭老老泪纵横，呜呜地哽咽起来，足有五六分钟，不时用手掩嘴，擦拭眼眶。我反倒劝起他：“郭老，那都是过去的事了。”郭老说：“每忆起这段经历，人心难受呀!”

谈到了出版这部书的艰难。

他问我有什么要求，他可以尽力去办。我绕来绕去又说到出书的事上来。辛辛苦苦侍弄了好几年，又不为自己个啥，只是为了宣传、记录一个共产党领袖的高尚品质，只是请郭老用自己的影响力，联系出版。郭老沉思一会儿，拿起手机，拨通了老领导白纪年的电话，向他谈陕南有位记者写了胡耀邦在安康的经历。

……

要告别了，我让夫人为我和郭老在招待所大院合影，说今后出书要收入书中的。郭老笑曰：“都老成这般模样了，还照什么相。”我说：“老又何妨，饱经沧桑，你是历史的见证人嘛。”

照过相，我俩送郭老到招待所门口。我一再对郭老表示感谢。郭老说：“要感谢的是你，是你把胡耀邦这一段经历记录了下来，我要代表热爱胡耀邦的人群，感谢你。”

握手道别，互道珍重。我们目送郭老走入茫茫人海。

2009 年 2 月 16 日速记

本书主要采访对象和提供线索者

韦明海　陕西省人大常委会原副主任（曾任安康地委书记）

张志远　安康地区水利水电局原副局长（曾任安康地委秘书）

郭步越　陕西省档案局原局长（为胡耀邦赴安康调研时的速记员）

陈进华　陕西省档案局原副局长（曾任安康行署副专员，平利县委副书记、书记）

李鸿宾　安康行署原副秘书长

查彩岭　安康地区广播电视局原副局长（曾任白河县委办公室主任）

万武义　新华社国内部主任，新华社编委，第九届韬奋奖获得者

何建生　安康市建设局原副局长

赵朋德　安康市汉滨区人大常委会原副主任（曾任平利县组织部部长、八仙区区委书记）

王建元　安康地委党校原副处级干部，20 世纪 60 年代获得“全国上山下乡十佳青年”称号

孙　杰　安康地区粮食局原局长（曾任安康地区供销社主任）

何万枝　安康地区中级人民法院原办公室主任，副处级审判员

佘德坤　安康地区政协联络组原副组长（曾任安康县恒口区区长）

刘久恒　安康县红旗理发店原主任（曾为胡耀邦理过发）

任延年　安康县商业局原工会主席

马晓林　安康电视台主任记者

何吉祥　安康第二师范学校教师

海子久　安康市水利局高级工程师

赖敬远　安康汉剧团原演员

党永庵　陕西省歌舞剧团原团长（曾为《安康日报》记者）

陈希源　陕西省群艺馆原创作干部（曾任安康地区秦剧团团长）
陈纪元　安康地区歌舞剧团原团长
马官生　安康县委统战部原部长
刘万有　安康市农业局原农艺师（曾在平利县委农工部工作）
袁善荫　安康市移民局原党组成员（曾任安康县文教局副局长）
周邦基　安康市房地产业管理局干部
刘年福　原旬阳县修造厂退休职工

注：以上人员以采访时间为序排列

参阅资料

1. 安康市档案馆馆藏：《关于胡耀邦同志在安康地区的一些错误论点及影响的报告（初稿）》及其供批判胡耀邦用的附件多份。

2. 安康地区各县县志中有关章节。

3. 张黎群等主编、唐非撰：《胡耀邦传》（第一卷），人民出版社、中央党史出版社 2005 年版。

4. 满妹：《思念依然无尽——回忆父亲胡耀邦》，北京出版社 2005 年版。

5.《汉阴文史资料》第五辑。

6.《白河县文史资料》第二辑。

7.《宁陕县文史资料》。

8.《陕西党史》杂志上刊登的有关文章。

9.《石泉文史资料》第六辑。

10.《烛烬梦犹虚——林牧回忆录》。

| 跋 |

历经几年的熬煎，书稿总算完成了。书稿的写作并不难，难在资料的搜集。在资料搜集的过程中，我得到了太多人的支持。一方面体现了胡耀邦崇高的人格魅力，一方面体现了人民群众对胡耀邦的敬仰。

现在，我要对这些人深深地鞠上一躬，表达我的谢意了。

感谢安康市档案局晏德芝副局长、黄安蓉科长、全新芝女士、许晓红女士为我提供了至关重要的胡耀邦在安康遭受批判的卷宗，并按我所需，对材料进行复印。感谢魏顺奇局长对书稿的关注。

感谢陕西省人大常委会原副主任、曾任安康地委书记的韦明海。他以 80 岁高龄接受我的采访。

感谢曾任韦明海的秘书、安康市水利局副局长张志远。他为我提供了大量胡耀邦在安康的信息。可惜他因病逝世，未能看到此书的出版。

感谢 1965 年 2 月胡耀邦到安康调研时的速记员郭步越。他为我提供了大量的宝贵资料。

感谢张世康老人，延安时期他曾和胡耀邦在一个部队。他是最早鼓励我把胡耀邦安康之行写出来的人。遗憾的是世康老人已经离开人间。

感谢海子久先生，他在报刊上每发现有关胡耀邦的资料，立即为我或复印，或剪下邮来，更多的是送至。书稿完成之后，他又认真校阅，令我心生感动。

感谢我的同事吴定国先生。他时时把了解到的胡耀邦安康之行的故事告诉我，为我联系手头有胡耀邦照片的记者，还从电视上、画册上为我翻拍需要的胡耀邦的照片。

感谢我的同事梁真鹏。每当在网上发现什么最新的关于胡耀邦的资料，便为我下载，推荐我阅读、参考。

感谢平利县文化文物局的吴全云、石泉县方志办的吴龙晏、汉阴县政协主席陈绪伟、汉阴三沈纪念馆的胡玉厚、宁陕县档案局局长沈兰虎、白河档案局的蔡建中、旬阳县海事局的刘贵棠，还有宁陕的谭海波、石泉的胡树勇、白河的李海军、汉阴的戴辉旭等，他们或为我速寄相关资料，或为我落实有关写作中的问题，或为此书配拍照片。

感谢安康歌剧团的陈纪元、安康影剧院的颜守言。他们为一个细节在一起交流，回忆，然后把意见反馈给我。

感谢旬阳县蜀河镇党委书记吴良友对采访的支持。

感谢本地的若干文友对书稿的关注、支持。他们对书稿的问讯，在我，都是一种力量，使得我在熬煎中不放弃。

感谢安康学院中文系教授戴承元先生对本书文字的错讹给予指正。

当然，我还要深深地感谢我的夫人王爱萍。她陪我一同经受采访的颠簸劳顿，承担家务，让我集中精力和时间完成书稿。

2008 年 8 月 23 日上午，胡耀邦的长子胡德平约见我在中南海东侧会稽司胡同的家中，并带领我参观了胡耀邦生前在中南海的会客厅，我向着胡耀邦的半身铜像深深地鞠躬。胡德平详细了解了安康的发展建设情况，并对安康人民深情热爱胡耀邦表示感谢。他对初稿给予了高度评价，认为填补了胡耀邦研究的空白。他认为此书应该公开出版，能让读者了解一个真实的胡耀邦。

序言，原本想请曾任毛泽东主席的秘书、中顾委委员、中共中央组织部副部长、水利部副部长、胡耀邦研究专家的李锐先生撰写的。当我去请求他时，他说，“我已经是 93 岁的老人了，没有精力读你那么长的书稿。”李老主动提出，“为你题个书名吧。”这对我是多大的支持呀！

我又怀着诚惶诚恐之心给中国青年报的摄影部主任贺延光打去电话，请求支持一张胡耀邦的照片，贺老师非常慷慨：“给你两张。”发到邮箱里的，竟是四张。对这位陕籍著名摄影家，除了敬佩还有什么可说的呢？

这部书最终得以出版，得感谢陕西人民出版社编辑张孔明先生。2010 年夏季，在作家、书法家、我的朋友马士琦的引荐下，携稿拜访了张孔明先生。他热情地接待了我，对书稿给予了充分的肯定和具体的指导。可以说，没有张先生的慧眼识珠，就不会有这本书的出版；胡耀邦的风范，也就不会为更多的人所知。

2009 年夏，李锐先生在居室为本书题写最初的书名。

王爱萍　摄

还要感谢陕西人民出版社的彭莘女士。她对书中的文字进行整理，对大量的数字进行换算，以便规范统一。其认真负责的精神令人感佩。

书稿写成之后，只有几位同志先期阅读，他们对书稿给予了较高的评价。有的说，这部书稿应视作是对党、对国家、对民族的贡献，它保存了可贵的历史资料，让我们看到了一个活生生的胡耀邦。有的说，假如说胡耀邦是一棵大树，那他的安康之行，就是这棵大树成长的过程。

本书部分图片，来自香港凤凰卫视中文台视频截图和有关摄影集，暂时无法与之联系，作者谨向他们表示谢意。

胡耀邦安康之行，按说是一件大事，对此事的撰述，应该由一定的部门组织专门的班子来集体完成。由我这样一名无职无权，仅仅出于对胡耀邦敬重的普通记者非职业写作来完成此书，显然有许多力所不逮的地方，书稿出错的地方想必在所难免。我真诚地希望本书能对胡耀邦研究起到抛砖引玉的作用，也请一切阅读到本书的读者，能提供更多的细节，以期把这位伟人的安康之行写得更翔实、更完整，留给人间一段信史。

2008 年 7 月 22 日安康日报社办公室一稿

2008 年 12 月 25 日安康天龙居二稿

2009 年 4 月 8 日上午三稿

2009 年 11 月 27 日江北寇家沟安康日报社二楼办公室四稿

2010 年 8 月 26 日夜安康天龙居定稿